李天院士

国防科工委副主任叶正大（前排左五）和航空工业部王昂副部长（前排右五）来601所视察

李天（后排右二）与国防科工委副主任谢光（前排左四）等合影

李天院士（前排左三）参加2009年度国防科学技术奖评审会

李天（左四）与俄罗斯新西伯利亚航空研究院专家合影

李天（左二）与俄罗斯中央流体动力研究院副院长苏哈诺夫（左三）等在沈阳合影

李天与俄罗斯中央流体动力研究院副院长苏哈诺夫（左）在俄罗斯合影

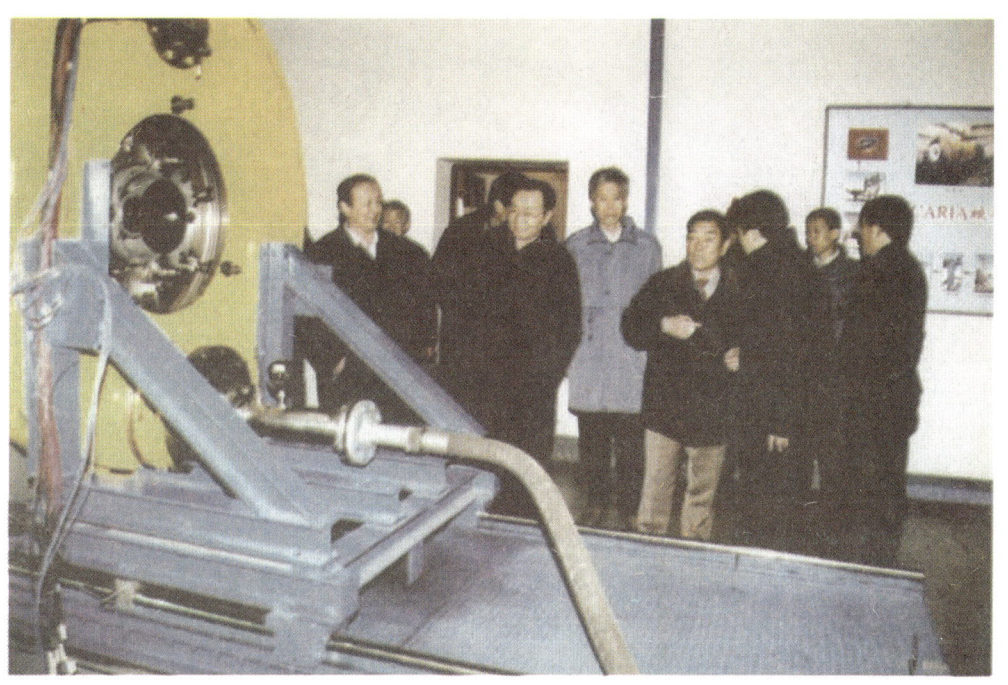

李天在气动院 2004 年八项成果鉴定会上

李天向沈阳空军司令员介绍情况

李天院士（右三）在风洞中讨论问题

李天院士（左三）等陪同顾诵芬院士（右二）来601所参观

李天院士与顾诵芬、管德、李明三住院士及孙聪所长、李燕书记在沈阳合影

李天（中）在俄罗斯航展留影

李天(右三)与崔德刚(右一)等访俄在莫斯科合影

李天院士与顾诵芬院士(左)、刘志敏所长(右)在一起

李天院士与顾诵芬院士亲切交谈

李天院士陪同顾诵芬院士夫妇参观601所展览室

李天院士与袁立本（左）、611所所长张树群（右）在伦敦泰晤士河畔留影

李天院士与魏金钟部长（左）在美国

李天院士被评为优秀共产党员标兵

李天院士在英国范保罗航展参观留念

李天院士与父亲合影

李天院士夫妇与姐妹及晚辈合影

李天院士全家合影

李天院士与姐妹在棋盘山博览园留念

李天院士与夫人、孙士

李天院士与夫人在本溪留念

李天院士与夫人在沈阳棋盘山留念

李天院士在伦敦鸽子广场

李天院士与夫人在三亚合影

李天院士与夫人在本溪赏红叶留念

情志蓝天

——记航空气动专家中国科学院院士李天

徐德起 李晓滨 杨 洋 编著

航空工业出版社

北 京

内 容 提 要

本书较系统地阐述了李天院士的成长过程。李天院士是沈阳飞机设计研究所副总设计师、首席专家。1963年毕业于清华大学工程力学数学系。多年来从事飞机空气动力设计研究工作。他谦逊谨慎，执著求索，严谨求实，艰苦创新，为航空事业做出突出贡献。于2005年被选为中国科学院院士。为实现航空报国的远大理想，他一心扑在新机设计、试验、计算和研制工作上。在飞机气动力基础研究、风洞试验、国际合作，以及在先进气动布局、隐身技术、主动控制特别是在飞机总体综合设计等国家重点课题预研上做出了开创性的突出贡献。为我国新一代战斗机研制工作打下坚实基础。同时也展现了李天院士为人忠厚、团结协作、为人师表、培养新人、自强不惜、勇于攀登的高尚品质和敬业精神。

本书内容丰富，史料翔实。适合于航空从业人员和志向从事航空事业的人员阅读。

图书在版编目（CIP）数据

情志蓝天：记航空气动专家中国科学院院士李天／徐德起，李晓滨，杨洋编著． －－北京：航空工业出版社，2011.4
（2019.1重印）

（中国航空工业院士丛书）

ISBN 978－7－80243－715－9

Ⅰ．①情… Ⅱ．①徐…②李…③杨… Ⅲ．①李天–生平事迹 Ⅳ．①K826.16

中国版本图书馆 CIP 数据核字（2011）第 040231 号

情志蓝天
——记航空气动专家中国科学院院士李天
Qingzhi Lantian
——Ji Hangkong Qidong Zhuanjia Zhongguo Kexueyuan Yuanshi Litian

航空工业出版社出版发行
（北京市朝阳区北苑2号院 100012）
发行部电话：010－84936597　010－84936343
三河市金轩印务有限公司印刷　　　全国各地新华书店经销
2011年4月第1版　　　　　　　　2019年1月第2次印刷
开本：710×1000　1/16　印张：20.25　插页16　字数：336千字
印数：4001—4500　　　　　　　　　　　　定价：88.00元

·中国航空工业院士丛书·

丛 书 序

中国科学院院士和中国工程院院士,是国家设立的科学技术和工程科学技术方面的最高学术称号,为终身荣誉。中航工业的院士群体是航空技术领域的学术权威和资深专家,他们为中国航空工业的振兴和发展建立了卓越功勋,作出了巨大贡献,是中国航空工业的宝贵财富。

探寻院士们的成长足迹,给人以启迪和震撼。他们有的少年立志,投身航空,报效祖国;有的家境贫寒,顽强拼搏,奋斗一生;有的屡遭挫折,百折不挠,矢志不渝……他们身上闪耀着坚持真理、不懈追求的科学精神,凝聚着自强不息、孜孜不倦的奋斗精神,展现了淡泊名利、爱党报国的民族精神,他们以实际行动践行了"航空报国,强军富民"、"敬业诚信,创新超越"的集团宗旨和理念,十分值得我们学习。

在中航工业加快改革步伐、全面实施"两融、三新、五化、万亿"发展战略的关键时刻,我们推出《中国航空工业院士丛书》,就是要从院士们身上汲取智慧与力量,弘扬精神,放飞思想,激情进取,创新图强,为把中航工业早日建设成为具有国际影响力的世界级大企业集团、把我国建设成为航空工业强国而努力奋斗!

中国航空工业集团公司党组书记、总经理

2010 年 1 月

序 一

李天同志1963年毕业于清华大学工程力学数学系，专攻流体力学，随后来沈阳601所从事飞机气动力设计工作。他热爱祖国，学风正派，经过长达42年的飞机气动力研究工作，做出了系统的、创造性的成就和重大贡献，在2005年被选为中国科学院院士，他是当之无愧的。

李天同志来到601所正赶上歼8飞机开始设计，歼8飞机设计中最重要的问题是如何保证在大马赫数飞行时有足够的方向安定性。他一方面做资料调查，一方面做工程估算，在有了初步方案后即去做风洞试验，也得到了一些新的创意。进一步研究超声速机动时飞机的方向安定性需要做尾喷流影响的高速风洞试验。1967年当时正值文革高潮，他不顾生活条件的困难，坚持在北京航空学院的暂冲小风洞中一点点地测垂尾上的压力，最后得出在马赫数2.0时发动机喷流对垂尾影响很小的结论。

1970年初他被下放到辽西农村插队落户。1973年初回所后，他不计前嫌，并没有委屈的情绪，而是又精神饱满地全力以赴投入到气动力设计工作中。当时美国的YF-16，YF-17战斗机刚问世，它们采用的是边条翼。因为文革中我们中断了国外期刊和资料的引进，使我们脱离了新的气动布局的进展跟踪。为了下一代高机动战斗机的设计，我们必须研究边条翼特性。李天同志立即投入到这项工作中，他到北京航空学院和他们的教师一起，做了大量的系统的边条翼试验，得出了边条翼设计的一些重要准则，回所后提出了机翼设计方案。这些研究结果的文章在北航发表，刊载在国外的航空杂志上，这里也有李天的贡献。这项研究成果实际开创了我国边条翼设计的先河。

20世纪80年代以后，他就开始了新一代战斗机的方案设计研究。当时美国等航空强国已明确要求隐身，并且还要有比F-16第三代机更好的机动性。对于隐身技术，院校的教授们仅从电磁来考虑，但没有与气动结合。李天同志一方面和他们结合深入探索隐身机理和改善方法，同时考虑如何在高性能战斗机上应用。他不仅在微波暗室里做隐身试验，同时也在风洞中做气动试验。当时国防科工委请他负责新一代飞机布局的预先研究工作，同时他在沈阳组织了俄罗斯中央流体动力研究院、米高扬设计局和我国 601、611 及 620 所的同志联合设计新一代飞机的布局方案。

在他的悉心钻研下创造出了隐身和气动优化融合的新方法，经过大量计算分析、模型微波暗室和高、低速风洞试验，得出了一个高隐身、高性能的创新飞机布局方案，获得了国防科技进步一等奖。另外，还编撰了一本《隐身飞机设计指南》，这些都为新一代飞机的研制打下了基础。

李天同志有较好的数理基础，英、俄文都熟练，勤于读书掌握新技术，对设计工作则精心细致，他的计算分析报告很少有差错。我在 601 所时，他的工作是我最放心的。

对他的成长过程和优良的道德品质，作者做了详细的描述，文笔流畅，结构有条理，对有志于成为航空科技专家的同志值得一读。

中国科学院、中国工程院院士
2011 年 1 月 19 日

序 二

2011年，中航工业沈阳飞机设计研究所即将迎来50华诞。50年风雨兼程，航空报国、强军富民的崇高理念，在研究所一脉相承。敬业诚信、创新超越的高尚精神，在研究所薪火相传。以五位院士为代表的一大批航空科技英才，见证着沈阳飞机设计研究所"战斗机研究设计的基地，航空英才的摇篮"的巍巍盛名，诠释着航空报国、创新发展的不懈追求。

李天院士就是航空科技精英中的一个杰出代表。他正直淳朴、艰苦求索、执著奋斗，在飞机气动力基础、先进气动布局、隐身技术、飞机总体综合设计和主动控制等航空技术预先研究领域做了大量创造性工作，为我国远景飞机设计研制工作，做出了坚实开拓性的重大贡献。

李天院士多年如一日为航空科研事业而求索，充分显现预先研究在型号研制中的重要作用。他的言行和工作态度真正体现出"团结拼搏、严谨求实、艰苦创新、献身航空"的沈阳飞机设计研究所的精神。

《情志蓝天》一书，充分展现出他默默耕耘、淡泊名利、洁身自律、襟怀坦荡的品格。无论是清贫的生活，还是艰苦的乱世，他都矢志不渝、潜心钻研。相信书中所及的报国情志和磊落襟怀将鼓舞更多的航空人，以更加饱满的热情投入到航空战线中，做出更多更大的贡献。

沈阳飞机设计研究所党委书记

2011年2月

编委会

主　任：褚晓文　赵　民
副主任：王永庆　赵　霞　李　斌
委　员：贾大风　邓吉宏　周善良　姚永全　马　强

审委会

主　审：赵　霞
审　稿：周善良　姚永全
保密审查：李　红　肖福璋

编写组

主　笔：徐德起
成　员：李晓滨　杨　洋
组　稿：杨　洋

前　言

2009年10月1日，在北京天安门广场首都各界庆祝中华人民共和国成立60周年大会阅兵式上，空中梯队气势磅礴，呼啸而至。12个梯队151架飞机编队飞过天安门广场。首先是多机编队的领队梯队、预警机梯队、轰炸机梯队、加受油机梯队、歼轰7梯队、歼8梯队、歼10梯队、歼11梯队，接着是直升机三个梯队，最后是由"长空花木兰，蓝天娘子军"驾驶的教练机梯队。蓝天骄子，携雷霆之势，展空中雄姿。向党和人民做了一次精彩的汇报，向世界展示了中国空军、海军和陆军的军威。举国上下，一片欢腾，为之震撼，为之感动，为之骄傲。它标志着我国航空工业的高速发展，也标志着我国我军防卫力量的空前强大。长缨在手，敢缚苍龙。

2011年春天，我们迎来了新中国航空工业成立60周年华诞。忆往昔，峥嵘岁月，看今朝，图强创新，展未来，繁花似锦。"航空报国、强军富民"的宗旨和"敬业诚信、创新超越"的理念正在进一步实践和落实。我国的航空工业经历了从无到有、从小到大、从弱到强的艰难曲折的征程，到现在基本建成有一定国际影响力、在国内举指可数的大企业集团。60年的艰辛、60年的奋斗，60年的耕耘，60年的收获，"出成果，出人才"为航空工业谱写了"保卫国家安全、铸就蓝天长城"的豪迈篇章。每个航空人都感到无尚荣光和无比自豪。鹰击长空、剑啸苍穹、壮志凌云、再展雄风。

2011年8月3日，也将迎来601所成立50周年。在党中央、中央军委一系列正确方针政策的指引下，在自力更生、艰苦奋斗精神的感召下，走"从摸透、仿制到自行设计"的道路。全所战斗在航空科研战线的广大知识分子、工人和干部，经过不懈努力，共同锤炼出601所精神，那就是"团结拼搏、严谨求实、艰苦创新、献身航空"。在这种精神鼓舞下，成功地研制出歼8白天型、歼8全天候、歼8Ⅱ型、歼8多型等歼8系列飞机，研制出受油飞机、歼11飞机……

在这里，曾经工作过为航空科研事业献出宝贵生命的老一辈飞机设计的一代宗师徐舜寿、黄志千，他们青史留名，他们为航空事业的献身精神和高尚品质，永远铭刻在为航空科研奋力拼搏的知识分子们的心里。这里曾走出叶正大、谢光等国防科工委的资深中将将军。这里曾走出以老所长刘洪志、新所长李玉海、孙聪为代表的一大批部、院、集团公司和兄弟厂所的领导干部，这里曾缔造出现代飞机设计大师、中国科学院院士、中国工程院院士顾诵芬和中国工程院院士管德、中国工程院院士李明、中国科学院院士李天、中国工程院院士杨凤田。中国工程院院士宋文骢、陈一坚也曾在这里工作过。人们都说"601所不仅是我国战斗机的摇篮，也是航空工业领导干部的摇篮，更是航空工业院士的摇篮"。

中国科学院第15次院士大会、中国工程院第十次院士大会于2010年6月7日上午在北京人民大会堂隆重召开，中共中央总书记、国家主席、中央军委主席胡锦涛出席会议并发表重要讲话，他在讲话中最后强调："中国科学院院士、中国工程院院士代表着我国科学和工程技术界的最高学术水平，肩负着党和人民重托，享有崇高荣誉，受到社会广泛尊重。长期以来，两院院士作为全国科技战线的领军人物，孜孜以求，敬业奉献，为党和国家做出了重大贡献。"胡锦涛同志的讲话在两院院士中引起强烈反响，对两院院士、对在各条战线上工作的知识分子都是极大的鼓舞和鞭策。在新中国航空工业成立60周年之际，中航工业企业文化部组织编写《中国航空工业院士丛书》为航空院士撰写传记，探寻院士们的成长足迹，给人们以启迪和震撼是一件十分有意义的工作。

《情志蓝天》一书是为航空气动力专家、中国科学院院士李天所写传记。李天院士是601所副总设计师，他那平和儒雅的面容，谦虚、刚毅的学者风范给人们留下深刻的印象。1963年他由清华大学毕业后来所工作。1982年6月加入中国共产党，先后任助理工程师、工程师、高级工程师、研究员；先后任设计员、专业组组长、研究室主任、副总设计师等职。现任601所首席专家，北京航空航天大学和中国航空研究院博士生导师、中国航空研究院技术顾问、中国航空工业集团公司科学技术委员会高级顾问。2005年当选为中国科学院院士。

从事航空科研事业是他的梦想与追求。这位航空骄子正直淳朴，艰苦求索，执著奋斗，在飞机气动力基础、先进气动布局、隐身技术、飞机总体综合设计和主动控制等航空技术预先研究领域做了大量创造性工作，为我国远景飞机设计研制工作、做出了坚实开拓性的重大贡献。李天曾获国家科技进步二等奖1项，国防科工委科学技术进步一等奖1项、二等奖2项，航空工业部科学技术进步一等奖3项，二等奖5项。2001年被中国人民解放军总装备部授予武器装备预先研究突出贡献奖。2006年被集团公司授予航空报国突出贡献奖。

长期以来，李天作为航空界德高望重的知名专家、多项新技术预先研究课题的负责人及中国航空研究院和北京航空航天大学博士生导师，共培养博士后1人，博士13人，硕士23人。同时注重航空英才的培养，在他的精心指导与培养下，他们陆续成为了航空界飞机总体技术、气动力技术、隐身技术的技术骨干和技术带头人，一批批飞机设计师和技术骨干担起了飞机设计的大梁，一批批航空英才走上了重要的领导岗位。

李天院士一贯坚持"做人以德、根本是善；做事以则、核心是信；做学以理、基础是专；做业以勤、关键是恒；做官以正、重要是清"的原则。他总是默默耕耘，不善张扬；他总是细雨无声，淡泊名利；他总是洁身自律，襟怀坦白；他总是团结协作，不显芳华，因此受到一起工作的同志和外单位协作人员的尊敬和爱戴。

由于时间紧迫，收集材料有限，现用以下12个章节来描绘他的人生轨迹：

聪颖少年愉窗寒，
报国情志矢蓝天。
动乱岁月从容度，
严谨求实干新歼。

奠实基础重试验，
呕心沥血搞预研。

> 天工人巧日争新，
> 多年艰辛铸利剑。
>
> 为人师表育英贤，
> 爱是你我苦酸甜。
> 平生磊落信步行，
> 与时俱进再登攀。

由于笔者水平不高，此传记一定不会完美，李天院士实际人生轨迹和他的铿锵足音一定比本书所描写的更为细腻，更加精彩。

谨以此书

献给新中国航空工业60华诞。

献给601所成立50周年。

献给为航空事业奉献青春、奉献终身、奉献子孙的老中年朋友。

献给热爱航空的青少年伙伴。

目　　录

第一章　聪颖少年愉窗寒 …………………………………………… 1
　　吉林育苗 …………………………………………………………… 1
　　长春遐想 …………………………………………………………… 8
　　清华水木 …………………………………………………………… 12
　　塔湾启航 …………………………………………………………… 26

第二章　报国情志矢蓝天 …………………………………………… 30
　　军旅生涯 …………………………………………………………… 30
　　四清史话 …………………………………………………………… 33
　　摸透歼7 …………………………………………………………… 35
　　研制歼8 …………………………………………………………… 38

第三章　动乱岁月从容度 …………………………………………… 43
　　文革之争 …………………………………………………………… 44
　　插队绥中 …………………………………………………………… 45
　　广阔天地 …………………………………………………………… 47
　　人过留名 …………………………………………………………… 49

第四章　严谨求实干新歼 …………………………………………… 57
　　为国争光 …………………………………………………………… 57
　　勇于担当 …………………………………………………………… 63
　　雄鹰展翅 …………………………………………………………… 66
　　舰载瀚翔 …………………………………………………………… 71

第五章　奠实基础重试验 …………………………………………… 78
　　基础研究 …………………………………………………………… 78
　　风洞试验 …………………………………………………………… 82

| 学术交流 | 87 |
| 国际合作 | 92 |

第六章　呕心沥血搞预研 　102

帅先布局	103
协管主控	111
领军隐身	116
开拓综设	135

第七章　天工人巧日争新 　140

顶层分析	140
飞推控制	143
推力矢量	146
高生存力	149

第八章　多年艰辛铸利剑 　156

攻关解难	157
贡献非凡	160
技术文献	165
远景绘蓝	166

第九章　为人师表育英贤 　175

身先示范	176
教授科研	179
硕师博导	187
桃李争艳	200

第十章　爱是你我苦酸甜 　214

互励互勉	215
共苦同甘	216
敬业之家	219
夕阳烂漫	226

第十一章　平生磊落信步行 ········ 231
　　团体协作 ········ 232
　　虚怀若谷 ········ 238
　　冰洁无瑕 ········ 242
　　润物无声 ········ 245

第十二章　与时俱进再登攀 ········ 253
　　院士风范 ········ 254
　　变体飞机 ········ 265
　　空天技术 ········ 270
　　大型客机 ········ 273

后记 ········ 279

附录一　院士简历 ········ 283

附录二　主要论文、著作和重要报告 ········ 285

附录三　院士文稿 ········ 290

第一章 聪颖少年愉窗寒

李天于1938年10月2日出生在吉林省吉林市一个普通教师家庭。年少时就读吉林市德二完小,后直入吉林省实验中学初中部。1954年以优异的成绩考入吉林省实验中学高中部。1955年吉林省实验中学随省政府一起从吉林市迁至长春市。1957年高中毕业考入清华大学,1963年大学毕业,分配到沈阳市后塔湾驻地的中国人民解放军总字922部队(即现在601所)参加工作。从而踏上了航空科研事业的征程。都说"十年寒窗苦",可对李天来说读书才是真正的快乐和幸福。

> 吉林沃土育秧苗,
> 长春攻读志自高。
> 清华水灌良才木,
> 塔湾启航步云霄。

吉林育苗

吉林省吉林市是中国北方著名的山水城市。城东有"左青龙"即龙潭山而卧;城西有"右白虎"即长白山盘踞;城南有"前朱雀"的朱雀山钟灵毓秀;城北有"后玄武"北山。松花湖若明珠,松花江似一条玉带,得天独厚的自然条件，使吉林市具备了独特的自然景观和人文景观，丰满、白山、红石三个水电站的建成，形成了"一江三湖"的美景，吉林雾凇被誉为中国四大自然奇观之一。吉林市有"远迎长白，近绕松花"的地势，吉林市是一座拥有300年历史的古城。李天就出生在这座美丽的城市。

李天的祖父李茂林少年时在辽宁锦西读过私塾，青年时到吉林市创业经商，靠开杂货铺谋生，解放后停业在家。父亲李述彭毕业于伪满国高，在吉林市任中学语文教员，1957年由吉林市九中调到长春师范专科学校任语文教师，1970年退休，1994年病逝。母亲生有五个子女，李天是唯一的男孩，排行老三，很受宠爱，但母亲身体多病，于1948年病逝，李天在童年时失去母爱，他在祖父母的照顾下长大。李天的大姐李乃倩，毕业于哈尔滨外国语学院，毕业后任哈尔滨工业大学外语系英语教授。二姐李秀，1950年初中毕业后响应抗美援朝的号召而参军，分配到沈阳军区，1958年转业分配到北京一机部电

李天（后排右一）与姐妹及家人在天安门合影

器科学研究院，在工会工作。他的大妹李立，长春理工学院毕业后，分配到阜阳市科技局工作，1973年调到吉林省龙井市政府工作，1977年任龙井市政协副主席。他的小妹李云，大连工学院化工系毕业，毕业后分配到兰州有机化工厂任高级工程师。

母亲去世后，他的父亲于1950年冬天与吉林省实验初中的语文教师杨淑兰再婚，其继母杨淑兰又生有二女李扬和李绵，一子李伸，其继母所生的两个女儿初中毕业都赶上上山下乡成为知青，回城后李扬到吉林市皮革厂从工人作起，由于工作出色，后来提升为厂党委书记，李绵一直在吉林省教育学院财务处工作，李伸中学毕业到吉林市江北化工厂工作，后任工段长。

李天与父亲、继母合影

由于家里孩子多，其继母还要供养她的父母，全家靠他父亲一人工资养活，生活比较艰苦。1957年上大学时，李天是由已工作的姐姐供给其学费和伙食费，那时比较困难，1963年李天大学毕业后又接力供给妹妹念大学，直到小妹妹1967年大学毕业后家庭经济情况才有好转，由于家庭经济状况较差，使他养成了勤俭、节约的习惯，大学6年没有买过零食，在大学期间，他入学时买的一件蓝色棉衣一穿就是6年，除了伙食费，平常的花销就是买学习用的笔记本和参考书等。

情志蓝天——记航空气动专家中国科学院院士李天

李天及夫人与两个妹妹合影

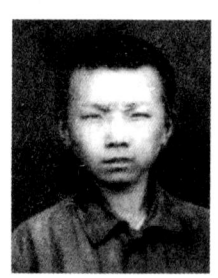

李天小学毕业照

李天的小学在吉林市德二完小读书，德二完小前身是毓文中学，吉林毓文中学坐落在吉林省吉林市松花江畔，居钟灵毓秀之地，占孔子所云"郁郁乎文"之势，其校名涵容了文化蕴藉。毓文中学始建于1917年，校训是："敦品修学，达材成德。"毓文中学历史悠久，具有光荣的革命传统。我党老一辈革命家和著名学者马骏、楚图南、尚钺和郭沫若等曾在此执鞭就教。1927—1930年，朝鲜民主主义共和国原国家主席、朝鲜劳动党总书记金日成同志曾在这里读书并从事革命活动。1945年改为吉林市德二完小，到1964年，为纪念金日成在毓文中学的经历，经邓小平同志批示，吉林毓文中学恢复校名，旧址改为金日成同志读书纪念室，并在校园塑金日成半身像。1985年，政府又拨专款重塑金日成全身像。毓文中学与朝鲜平壤市彰德学校建立起友好关系。毓文中学被誉为中朝友谊交流的窗口、桥梁和纽带。

毓文中学旧址

毓文中学金日成塑像

李天在小学时父亲经常教育他多读书，并将一些书籍借回家来让他看，包括古书《百家姓》、《三字经》和《千字文》等，不懂的地方父亲给他适当的讲解，"认真读书，诚实做人"这两句话使他永远铭记心间。通过对这些书的学习，使他养成爱读书的习惯。因为父亲知道他对算术感兴趣，常常将高年级算术书借回来给他看，因而，更使他对算术产生了浓厚的兴趣，四、五年级的算术应用题比较难，他除完成作业外，还做了大量的课外题，如"鸡兔同笼"问题、"水流"问题、"盈亏"问题等，不用解方程，而用算式求解。因为平时做了较多难题，有时老师在课堂黑板上写出一些难题，问谁能上来做这些题，李天经常自告奋勇上去解出，并能讲清楚为什么这样做，受到老师的夸奖，这更激起他对算术难题的兴趣，从四年级开始，每学期期末考试，他都排在前一二名。1951年他读六年级时，本应寒假毕业，但年初教育部决定将原为寒假毕业的学制改为暑假毕业，即小学应暑假升初中，读完六年级上学期就升中学。那年吉林市没有举行升学考试，而是采取保送方式录取，期末考试成绩前15名的同学可按志愿直接保送入初中，他以第一名的成绩保送到吉林省实验中学初中部。

吉林省实验中学位于北山下，当时教初中的老师大部分是大学毕业，有很多老师是从南方来的，他们教学非常认真，采取启发式教学，经常是边讲边提问，使学生的思维跟着老师走，培养学生勤于思考的能力，学校重视素质教育和全面发展教育，课外活动丰富多彩，夏天去北山上体育课，搞大型的攻山防守的军事活动，冬天有时到北山上滑雪课，有时在北山下一个冰封的湖面上滑冰和踢冰球。为了活跃文娱生活还经常举行歌咏比赛、诗歌朗诵与讲演比赛等。当时强调素质教育，德智体全面发展，在注重提高教学质量的同时，学校安排了很多课外活动，还成立了课外活动小组，李天的班主任老师是教生物的，老师让他参加生物组，每周活动一次，在活动组他们一起在温室里养小兔子，为上实验课做准备，还亲手进行果树的嫁接，把苹果树芽嫁接到海棠树上，两年以后当海棠树上长出苹果树枝时，看见自己的劳动成果，大家非常高兴，通过这些活动培养了初中学生对科学探索的好奇心和兴趣。儿时养成的读书习惯，使他在初中阶段更加热爱读书，他父亲又给他借了《太阳照在桑干河上》、《暴风骤雨》、《李有才板话》和《青春之歌》等中国现代文学名著和《钢铁是怎样炼成的》、《卓娅和舒拉的故事》和《青年近卫军》等外国名著，还有《三国演义》、《水浒传》等很多古典名著，他都认真阅读，其中对他影响最大的是《钢铁是怎样炼成的》的主人公保尔·柯察金的形象，他为保卫苏维埃政权而奋斗的英雄事迹以及与疾病作斗争的顽强毅力和高贵的品质，给他留下了深刻的印象。学校专门为此书还举行了读书报告会，号召大家向保尔·柯察金学习，让大家牢记作者奥斯特洛夫斯基的名言："人生最宝贵的是生命，这生命属于每个人只有一次。人的一生应当这样度过：当他回首往事的时候，不因虚度年华而悔恨，也不因碌碌无为而羞愧。在临死的时候他能够说我的整个生命和全部精力都已献给了世界上最壮丽的事业——为人类的解放事业而斗争。""不因虚度年华而悔恨"这句名言成了他和那代人的座右铭，成为他们学习和进步的动力。

上初中以后，李天家离北山下的实验中学有十几里路，每天要走四十多分钟，上学途中在临江门头道码头附近有一个文化馆，那是政府为人民群众提供阅报和借书的地方。他放学回家经过该文化馆时，经常进去看看报纸，那里报纸种类很多，有《东北日报》、《吉林日报》、《文汇报》、《人民日报》和《中国青年报》等，他最关注的是国家领导人的活动、名人消息及体育比赛等。有了这个文化馆使他养成了爱看报纸

李天初中毕业照

和关心国家大事及关注体育活动的习惯，在体育比赛的报道中他特别爱看足球比赛的报道，当时是以各大行政区组队，如华北队、华东队、中南队和西北队等，其中东北足球队、解放军队和华东队比较强，东北队曾得过全国冠军，对足球、乒乓球等体育运动比赛的关心和兴趣，从初中、高中、大学一直到现在都没减退。有电视以后，他对足球和乒乓球的重要比赛实况转播经常是必看，那时这个文化馆可谓是他关心国家大事和阅读报纸的启蒙地。

初二暑假时，除了完成作业和阅读课外书外，还练习跳高及短跑，因没有场地，他就发动几个同学，在一广场空地附近挖了一个小沙坑，从松花江边背

来沙子，还自己动手做了支横杆的架子，就这样因陋就简地完成了"跳高场地建设"，大家很高兴，每天做完作业就跑到那里进行比赛，看谁跳得高，玩得很开心。早晨几个同学还在马路上进行百米赛跑比赛，暑假玩得非常高兴，暑假结束了，身高长了近10厘米。

李天回忆中学时代的学习生活，感慨地说，现在中学生太苦了，假期既要补课，又要学琴、学画画，学英语，时间排得满满的，根本没有玩的时间，把孩子都学傻了，严重地影响了青少年的全面发展和成长。而他们那时强调德智体全面发展，课外时间较宽余，可以按自己的兴趣去做自己喜爱的事情，如读课外书、锻炼身体、参加各种活动，扩大了眼界和提高了素质，使他们快乐成长，为未来发展打下了坚实的基础。现在的中小学学生负担太重，自由活动时间太少，限制了青少年的个性发展，应引起人们的重视，青少年是我们国家的未来希望，应该给这些孩子宽松的学习环境和氛围，使他们能健康茁壮地成长。

1954年他以全校第二名的优异成绩考取吉林实验中学高中部。他是高一（2）班的班长，当时吉林省实验中学位于吉林北山下，风景优美，他们每天都要跑步到北山锻炼身体，冬天时在北山山坡上滑雪，在那里的课余生活丰富多彩。吉林省实验中学，是一所闻名全国的重点中学，是吉林省教育系统的示范校、教育教学改革的实验校，是省教育厅直属的省首批办好的重点中学。学校于1948年建于吉林市，1955年随吉林省人民政府从吉林市迁到长春市。

长春遐想

长春市是一座美丽的城市，是文明中外的汽车城、电影城。是吉林省政治、经济、文化和交通中心。素有北国春城之称，像一块晶莹的宝石镶嵌在富饶的松辽平原上。长春到处是辽金时代的古迹，作为清末最后一位皇帝溥仪在此生活过的地方，也是满洲傀儡政府的所在地，有过不寻常的历史背景和难以忘记的蹉跎岁月。长春是一座历尽磨难的文化都城，也是有着革命传统的英雄城市。这里有全国著名的汽车生产基地——第一汽车制造厂，有着中国电影事业的摇篮——长春电影制片厂。坐落在长春市的吉林省实验中学是省教育厅直属的首批重点中学，学校在教育实践中形成了"笃学、践行、求是、创新"的校风；"严谨、多思、善诱、精深"的教风；"刻苦、灵活、互助、进取"的学风，提出了"以学生发展为本，为学术终身负责"的办学理念；确定了"强化教育科研，打牢知识基础，发展创造思维，培养创新人才"的教育目标，确定了培养"基础扎实，特长明显，身心健康，素质全面的创新型人才"的教育目标。吉林省实验中学已成为吉林省基础教育战线上的旗帜学校，全面贯彻党的教育方针的示范学校。学校的升学率一直保持省内最高水平，为国家输送了大批优秀学子和各方面的优秀人才。

1955年吉林省实验中学随省政府一起从吉林市搬到长春，该校有一部分同学不能去长春，大部分同学和老师都随学校一起迁到长春市南岭南湖旁的新址吉林省实验中学学习和教书去了，李天和大家到了一个新环境，由于是新建的校舍，学生们用一周时间清理了校园，很快适应了新校园，并开始了新的学习生活。到了长春后，1956年国家号召"向科学进军"，很多科学家都参加了《我国十二年科学技术发展远景规划》的制定工作，当时由周恩来总理和聂荣臻副总理领导，全国有名的科学家、工程专家都是成员，他对钱学森、华罗庚、钱伟长和钱三强等著名科学家非常崇拜，经常从报纸和杂志上看到他们有关事迹和贡献的报道，受到很大的鼓舞，在内心激励自己要向他们学习，更加发奋地学习，将来也要成为一个对国家有贡献的科学家，为国家的科学技术发展做出应有的贡献。高中阶段正是青年人富于幻想的时期，学校为了使学生树立远大的理想，经常请一些有影响的科学家和名人为他们作报告，其中长春东北大学（现吉林大学）的一位留美归来的物理学教授余瑞璜来学校讲座，教授讲的题目是《趣味物理学》，他生动地讲述了物理学对科学和技术发展的重要意义以及物理学中一些发明趣事，鼓励大家热爱物理学、学好物理学，我们国家科学技术发展急需这方面的人才。这次讲座，给李天留下了深刻的印象，他暗下决心一定要学好物理学，他对物理、数学及科学技术方面的知识越发感兴趣。在高中学习期间他一直博览群书，上至天文下至地理，了解的东西很广泛，同学们都称李天是"活字典"。对李天影响较大的是一本《星际来客》的幻想小说，神秘的外星人到地球的来访以及有关火星上是否曾有人类引起人们的争论，这也引起他极大的好奇和关注，他还阅读了《居里夫人传》、《趣味物理学》等多种课外书。当时的中学对学生的培养很重视理想的教育，特别是毕业班的学生，有一次高三（2）班开班会，题目是《插上理想的翅膀》，让同学们畅谈自己对未来的打算，将来想干什么，有的同学说将来要当一名文学家，更好地歌颂伟大的祖国，有的要当一名医生，医好疑难病症，有的要当一名体育教练，有人要当一名工程师，李天在会上表示要当一名物理学家，为国家科学发展作贡献，这个班会在那一代年青人的心目中确实留下了深刻的印象，后来这个班的很多同学确实都如愿以偿，分别当上医生、文学家、体育教练和工程师等。为了能考上理想的大学，学习期间他努力拼搏，他除学好课内知识和内容外，自己主动到书店寻找有关数学等理科使用的参考书，他发现了一本日文的《趣味几何学》，如获至宝，尽管书很贵，他还是用从伙食费中节省下来的钱，买了这本书。这本书中有500多道各种类型的平面几何难题，好在书中日文较少，他通过书中可认识的中文字和数字，利用课余时间把《趣味几何学》中的500道题全部做完，使他掌握了很多解题方法，并锻炼和提高了思维能力。他在高中阶段，学习成绩一直是名列前茅，每年都获得"最优等生"的光荣称号。

当时的吉林省实验中学特别注意学生的全面发展。体育即健康素质教育是培养学生具有健康、强壮的身体，保证能完成繁重学习任务的前提，要求学生们应学会几种体育运动的技巧。健康的身体是成功的要素，这是不言而喻的。李天是全面发展的好学生，尽管高中学习任务很重，但他还是坚持锻炼身体，参加长跑、踢足球等活动。他是班级足球队的守门员，在一次校内的足球比赛中，他不顾自己的危险，挡住了一个前锋单刀必进的球。这场球他们班取得了胜利，但他却当场受伤了，在用手抓球时与对方前锋撞到一块，右手小手指骨折成90度，他不顾疼痛，自己用手将小手指硬拧过来。当时正面临高考，他没有到医院医治，只涂了些消炎药用纱布包上坚持复习，至今这个小手指不能伸直，一直还是弯的，留下了他当年热爱足球运动的痕迹。另外，学校有时还组织各班同学去野营和做爬山竞赛活动，相同人数的两个队同时抢占一个山头，谁先上去，上去的人数多，谁就胜利，每次这些活动，男同学是主力，他们既要保护好自己班的女同学不被对方"抓获"，又要千方百计地捉拿"敌人"，最先攀登到山头。比赛规则是双方都各自戴上自己队规定的帽子，制定自己的口令，每个人的帽子如被对方拿下，就是被俘虏了，不能再登山了，李天身体比较好，加之他很机灵，一次在爬山过程中，在他面前出现两个"敌人"，向他们喊话问口令，当时那个人答错了，他立刻机智地一手两个将两个"敌人"的帽子摘下，将其俘虏。他又带领全队同学一起首先抢占了山头，而取得这次演练的胜利，同学都称赞他在这次比赛中立下汗马功劳。

吉林省实验中学

1957年初,再有半年就要高考了,这是对每个高中生的一个重要考验,1957年又是高考招生人数大大缩减的一年,全国只招收10.7万人(1956年招收15万人,1958年招收20万人),原准备送去苏联留学的预备生当年不送苏联而改为保送上国内北京大学、清华大学等名牌大学,这又增加了考入名牌大学的难度,这对准备考北京大学和清华大学的考生是极大的挑战。这些压力没有动摇李天报考清华大学的决心,在填写报考志愿前各大学颁发学校招生专业的介绍,当他看到清华大学有工程物理系时,他非常高兴,他认为这个专业既学物理,又与工程紧密结合,是一个理工结合的新专业,所以他在报志愿表上毫不犹豫地填写了清华大学工程物理系,当时清华大学在吉林省只招20名,由于他考试成绩优异,如愿以偿地考上了清华大学工程物理系。"十年辛苦不寻常,清华学子愿已偿。"

李天高中毕业照

清华水木

1957年9月初,李天怀着一颗激动而高兴的心,告别了亲人和同学,来到北京并被接到清华园。进校后映入眼帘的是醒目的大幅标语:"清华园——红色工程师的摇篮,欢迎新同学入学!"来到培养红色工程师的摇篮,深感自豪和骄傲,他下决心要努力学习,将来做一名对国家真正有用的红色的工程师。

来校报到后离上课还有二天,他就和新同学一起游览了清华园。清华大学,英文名:Tsinghua University,地处北京西北郊繁盛的园林区,是在几处清代皇家园林的遗址上发展而成的。清华大学的前身是清华学堂,始建于1911年,曾是由美国退还的部分庚子赔款建立的留美预备学校。1912年,清华学堂更名为清

清华大学

华学校。1925年设立大学部,开始招收四年制大学生。1928年更名为国立清华大学,并于1929年秋开办研究院。自1911年清华学堂建立至今,百年春秋的发展历程,形成了清华大学独特的魅力和深厚的文化底蕴。"自强不息、厚德载物"的校训、"行胜于言"的校风和"严谨、勤奋、求实、创新"的学风构成了清华精神的核心内涵,也激励和鼓舞着一代代清华人为了中华民族的崛起与腾飞做出不懈的努力。

清华大学校训

他们先详细地观看了二校门,清华的二校门是清华大学的典型标志性建筑,也是清华建校之初最早的主校门,是一座古典优雅的青砖白柱三拱牌坊式建筑。门楣上书刻有清末大学士那桐的手迹"清华园"三个大字,因 1933 年至 1934 年间校园扩建有了新的大门后,这座最早的校门就被称之为"二校门"了。台湾

清华大学二校门

新竹清华大学也有同样的建筑模型。作为清华象征的二校门,见证了清华大学日新月异的发展和飞跃;它历春夏秋冬,经风吹雨打,默默地迎来送往每一位清华人。它不仅仅是清华园的鲜明标志,更是长期以来清华人勤奋求实、荣辱不惊之品格的象征。"文化大革命"中曾被毁,后恢复重建。

他们接着来到清华学堂,这是一座青砖红瓦、坡顶陡起、具有德国古典风格的建筑,始建于1909年,是建校初期的主体建筑。总面积4650平方米。1925年,清华在此设立"国学研究院",著名的"四大导师"——梁启超、王国维、陈寅恪、赵元任,以及著名考古学家李济、文学家吴宓等在这里荟集,形成了清华大学"中西融会、古今贯通"的办学风格。

清华学堂

从清华学堂出来,走到工字厅,那时是学校领导办公的地方,工字厅原名工字殿,是清华园中之主建筑,清华园是清朝康乾时期熙春园的一部分,咸丰登基以后把此园赐予其弟,易名为清华园。因该厅有前、后两个大殿,而中间以短廊相接,俯视恰似一"工"字,故其得名。工字厅原有房屋100余间,总建筑面积约2750平方米,院内曲廊缦折,勾连成一座座独立的小套院,形成这组建筑的主要特色。工字厅门口匾额"清华园"三字为咸丰御笔。

从工字厅出来就到了水木清华,水木清华是清华园里最幽静之处,是学生晨读和休息的好去处。山林之间掩映着两座玲珑典雅的古亭。正额"水木清华"四字,出自晋人谢混诗句:"惠风荡繁囿,白云屯曾阿,景昃鸣禽集,水木湛清华。"两旁朱柱上悬有清道光进士,咸丰、同治、光绪三代礼部侍郎殷兆镛撰书的名联:"槛外山光历春夏秋冬万千变幻都非凡境,窗中云影任东南西北去来澹荡洵是仙居。"

水木清华

从水木清华出来,他们爬上自清亭和闻亭,自清亭原名迤东亭,在工字厅东墙外的土山上。朱自清是中国近代著名的散文家和诗人,曾任清华大学文学系主任。他的散文风格素朴缜密、清隽沉郁,以语言洗炼、文字秀丽著称于世。如《荷塘月色》一文,以清华园景物为描写对象,已成为传世美文,是一代代中学生学习的范文。1948年,他因拒领美国救济粮在贫病中逝世,表现出了崇高的民族气节。1978年为纪念朱自清先生,将此亭命名为自清亭。闻亭是一座古式六角亭,原为一座钟亭,建校初即有之,为号令全校作息而设。亭内有大钟一口,径可四尺。钟声清脆,远及海淀。闻一多是中国著名的诗人、学者,在《周易》、《诗经》、《庄子》和《楚辞》的研究中有相当的成就。抗日战争期间,他目睹国内反民主的独裁政治,拍案而起,1946在昆明被暗杀。为了纪念在昆明遇害的闻一多先生,将该处命名为闻亭,亭内匾额由闻一多先生1921年的同级同学集资建成,"闻亭"二字由著名优生学家潘光旦教授所书。1986年清华师生在闻一多先生逝世40周年之际,修建了闻一多雕像,使闻亭景观益显庄严美观。李天在清华学习期间,闻亭内挂一口大铜钟,他们上下课时,除电铃响之外,还专门有一工友准时敲这口大钟,深厚而响亮,也是清华独特的一景。

在闻亭旁是大礼堂,这是学校开大会和演出等的重要场所,它是一座罗马式与希腊式相结合的古典建筑,科林斯风格的石柱,柱顶的涡形装饰带着古希腊晚期的情调,东罗马拜占庭风格的圆形屋顶,拓弘的拱形门窗有着罗马的辉煌与大气。它一直被清华师生视为自己坚定朴实、不屈不挠之性格的象征。大礼堂前面是一片郁郁葱葱的草坪。

位于礼堂西侧的是科学馆:建于1919年,是清华早期"四大建筑"之一。当时清华的理工科处于全国的领先水平,尤其是物理系可谓盛极一时。90年代曾作过统计,从此楼中曾经走出过70多位中国科学院院士。李天他们大二的中级物理实验课就是在此楼中上的。

位于大礼堂东侧的是新水利馆、电机馆、同方部。胡锦涛总书记曾在新水利馆学习。它的旁边是电机馆,朱镕基总理曾在此度过四年的求学时光。南面的同方部是当年梁启超先生作著名的《君子》演讲的地方,此次演讲之后,"自强不息、厚德载物"从此成为清华的校训,激励着一代又一代的清华学子为强国富民而刻苦读书。

最后,他们迫不及待地参观了他们即将长期为伴的图书馆,1912年清华学堂改建为清华学校,正式建立了小规模的图书室,称清华学校图书室。经过一些周折,抗日战争胜利后,清华大学迁回北京清华园。1946年复校时,图书馆已面目全非。抗战期间,日军以图书馆为外科病房,书库为手术室及药库。这期间馆藏图书损失达17.5万余册。到解放前夕,馆藏图书仅有41万余册。1948年12月15日,随着清华大学的解放,图书馆重新走上了健康发展的道路。1952年国家教育体制改革,清华大学由一所综合性大学调整为工科大学,所有文、理科及一部分工程技术院、系被调整到其他院校,相关图书资料也被调拨出去,至1958年共向外校调拨图书18万余册。但所幸的是馆藏的30万册珍贵古籍善本及甲骨文、青铜器等一批珍贵文物，在时任校长的蒋南翔指示下被保留了下来。为适应院系调整后清华大学成为一所多科性工程大学教学和科研的需要，图书馆对馆藏结构进行调整和改造，重点采集工科类图书。同时积极采集马列主义经典著作以及进步文艺作品。1966年馆藏已发展到135万余册。看到图书馆座无虚席，师哥和师姐们在那里安安静静地钻研，他很羡慕，希望能尽快进入这知识的宝库。

校园游览回来，大家深感清华园既古老、文化内涵深刻，又清新，环境优雅，是学习的好地方。

大学生活开始了，与中学不同的是主要课程如数学、物理等不再以小班（50人左右）上课，而是在可容纳几百人的大阶梯教室上课，老师讲课没有课本，只有参考书，上课必须记笔记。入学时他的眼镜已达400度，为了能在前几排找到座位，他早晨匆匆吃完早饭，就往教室跑，有时晚了，就到食堂拿一个馒头，夹点咸菜边走边吃去上课。清华大学当时强调打好基础，练好基本功。为加强学生理论知识的学习，工程物理系的数学课是采用苏联著名数学家斯米尔诺夫著的《高等数学教程》教科书，学两年。该书是苏联高等教育部审订为综合大学数学系、物理系及高等工业学院用较高深数学的各系教科书，我国教育部把它作为综合大学物理系各专业高等教育课程的教材，工程物理系的高等数学由栾汝生教授讲授，教授讲课栩栩如生，概念交待清楚，公式推理简洁并随时启发学生思考一些难解的问题，他在学习中受益匪浅。物理课是以苏联著名物理学家福里斯著《普通物理学》为教材，该书也是综合大学物理系用书，也学两年，由留美回国的谢毓章教授讲课。材料力学是由张福范教授讲课。在大三和大四时，他们还开了《积分方程》、《数理方程》、《变分法》、《复变函数》、《概率论》和《数理统计》等多门数学课程。当时清华新生的第一门外语是俄语，从大四以后开了第二外语——英语，五年级增加了专业英语阅读课，由老师指定一篇文献，每个同学阅读后写出心得，并在课堂上用英语讲述。这些课程为他后来的工作和从事科学研究打下了牢固的理论基础以及阅读外文文献和资料的能力。这对一名科技人员非常重要，他们必须了解国外的动态和发展前沿，只有这样才能达到赶超国外的先进水平，并有所创新。此外，为培养学生的动手能力和解决问题的能力，还开设了一门《中级物理实验课》。每周用一个下午时间，上课时，老师给出每人的试验题目、试验目的和试验要求外，选取什么样的试验方法、仪器设备，整个试验的操作方法和程序，线路的设计都是由学生自己完成的，最后学生要分析试验结果，并给出结论和讨论，这是一门同学们非常感兴趣的课程，也是有一定难度的课程。整个下午是一场紧张的战斗，要在规定的时间里，用所学的知识和自己的智慧，既动脑又动手，给出试验结果，这对学生是极好的培养，对培养他们独立解决问题能力及实事求是的科学态度有很大的作用，既培养了学生的动手能力，又锻炼了学生的思维和分析问题及解决问题的能力。李天回忆起这门课程，深有感触地说："这门课对我帮助很大，是对未来科学研究进行探索的启蒙。"

1957年入学时，清华大学为五年制，应该1962年毕业，当年工程物理系新生共分九个班，从物21到物29，李天分到物29班，1958年下半年，学校为提高学生的质量，加强基础课学习和基本功的训练，希望毕业生能达到硕士水平，将五年制改为六年制（即1963年毕业）。同时工程物理系分成三个系，即工程化学系、工程物理系和工程力学数学系。工程力学数学系设三个专业：流体力学、固体力学和计算数学。李天他们班分到流体力学专业，班号为力301班，工程力学数学系由著名力学家、清华副校长张维教授兼任系主任，杜庆华教授为副主任。当时大家对专业了解不多，加之那时的学生是绝对服从分配的，从来不问为什么，没想到这个专业恰好是与他喜欢的航空事业密切相关的。他对航空的热爱始于高中时读到的一本《星际来客》的幻想小说，神秘外星人到地球的来访以及有关火星上是否曾有人类的争论都引起了他的极大兴趣。考入清华大学后，苏联在1957年10月成功地发射了世界上第一颗人造地球卫星，大家为苏联在航天领域取得的成就而欢呼，李天抱着极大的兴趣开始关注这方面的报道和相关信息，一本介绍俄国莫扎伊斯基于1882年设计制造第一架只飞行了二三十米的单翼机，美国莱特兄弟于1903年设计制造第一架有动力、可操纵、能持续飞行的飞机，他们不畏困难从而开辟了航空新纪元的书籍令他印象深刻。他不断关注世界各国飞机的研制发展，并逐渐把兴趣聚焦在飞机空气动力学方面。看到美、苏在航空航天事业上的飞速发展，军民用新飞机不断飞上蓝天，而我国自19世纪最早的飞机设计师和飞行家冯如在1909年制成第一架飞机后，直到1958年才有中国自行设计的第一种飞机——歼教1飞机（此时美国已装备了F-4、F-105，苏联装备了米格-21等先进的战斗机），巨大的差距激发了李天为赶超美苏航空大国而奋发学习和工作的斗志，为我国航空事业发展贡献一生成了他不可动摇的理想和追求。

  清华大学强调基本功的训练，基础理论课程门类多，学时多，除由教授上大课讲理论外，还安排习题课，习题课是分小班上，由讲师或助教讲各种习题，以加深理论课所学内容，当时作业很多。由于学生宿舍比较小，课余时间大家都到图书馆或阶梯教室等地方去自习，清华图书馆很大，里面是一排排的大桌子，每个大桌子两边可坐10人左右，这里环境优雅，人虽然很多，但非常安静，从早到晚座无虚席，各年级勤奋好学的学生都在那里认真钻研。李天每天下午锻炼回来简单洗洗，到餐厅匆匆吃完晚饭，背着书包就往图书馆跑去，看书或做作业。晚上自习如果去晚了一点就没有坐位了。他经常一坐就是三个多小时，一直到闭馆铃声响起来才收拾书包回宿舍，每个星期日和节假日都是在图书馆度过的，大学的紧张学习生活使他养成了勤奋读书、刻苦钻研的习惯，除了老师在课堂上讲的内容完全消化和理解外，他还主动找参考书学习，不断扩展自己所学的领域和视野，同时找些课外题演练，达到锻炼思维和解决问题及举一反三的目的。五年级开设的英文文献阅读课，为他了解英、美航空技术发展开辟了一个新天地，使他通过查找相关英文参考文献掌握了如何能较快地找到所需外文文献的方法，这为他在毕业论文期间发挥了很大作用。他通过有限的关于叶栅翼型设计文献逐步扩展查到更多的有关这方面的文献资料，通过分析快速阅读和重点分析，使他归纳出一个较好的方法，帮助他较快而出色地完成了毕业论文设计工作。这也为他到601所以后能很快胜任新的工作打下了良好的基础。

李天（中）与中学同学在清华留念

1958年初，学期结束没有放寒假，学校组织全体同学去十三陵水库劳动10天，每天8小时，每人挑两个土篮往大坝上运沙土，这对他们年青学生是一个严峻的考验，李天从来没有挑过百十斤重的土篮，劳动两小时，休息15分钟，这时大家把土篮一放，四脚朝天躺在沙地上遥望蓝天不愿起来，别有一种情趣，虽然每人配一个垫肩，但劳动结束，每个人肩膀两边都肿成一个大红包，这是他有生以来第一次真正进行的劳动锻炼。

1958年大跃进和大炼钢铁运动在全国轰轰烈烈地展开，10月，清华大学参加了全国大炼钢铁的运动，李天他们班组织了突击队，他是成员之一，自己建造小高炉，戴柳条帽，手拿钢钎，冒着高温，在炉旁炼出铁料的熔化物并在钢板上"炒钢铁"，虽然炼出的真正钢不多，但也为全国实现1070万吨钢做出了贡献，当时感到很自豪，现在想起来真是年青幼稚啊。

1959年6月，清华大学又掀起勤工俭学运动，每班参加2个月的生产劳动，他们班是承担铸模车间工作，从翻砂、混砂、运砂到作砂模及浇铸。他当时身体较好，负责运砂，一个人推一个板车，从混砂机旁装满一车混好的砂，运到一千米外的铸模车间供做铸模用，一天跑几十趟，每天都是满身黑泥，汗流浃背，劳动结束身体晒的油黑，真正体会到劳动人民的辛苦和伟大。

1959年是中华人民共和国成立10周年，国家要举行阅兵典礼。清华大学承担了基干民兵方队通过天安门的任务，暑假后学校将二、三、四年级的男生组成10个民兵方队，李天参加了工程力学数学系的方队，每人发一支步枪，周六下午在学校练走步，周六晚上乘车去天安门进行预演练习，每次晚上要在天安门广场往返走两次，要保持方队整齐并雄壮地通过天安门，练习完回到学校已经是凌晨一两点，国庆节前共去了6次，也是很辛苦的。10月1日那天清华的基干民兵方队整整齐齐地通过了天安门，接受了毛主席的检阅，看到毛主席向他们挥手，大家心情非常激动，一个半月的辛苦练习没有白费，是值得的，想起这些他感到很自豪，留作美好的回忆永记心间。

六年级上学期3个月（1962年10月—12月）的毕业实习开始了，他们系有个金工车间，他们班毕业实习的任务是为金工车间设计制造一台车床，从选动力、车床尺寸、样式及性能全部由大家讨论决定，然后分工设计、加工、装配，李天小组负责总装，他们经过10天的奋战，每天工作十几小时，终于装配了一台新车床，并用新车床开始加工零件。有一天，副校长兼工程力学数学系主任张维教授来到车间视察，正值李天值班，在李天帮助下，张维教授亲自加工出一个拉伸试验件，张维教授表扬大家通过真刀真枪的实干，既培养了大家的设计动手能力，又为金工车间增添了一台设备，毕业实习成果显著。通过这次实习培养了同学们团结协作、严谨实干、精益求精的科学精神，把所学的工程知识用到了实际生产中去。

清华大学不仅在学习上严格要求，注重基本功的训练，对同学的身体健康也非常重视，当时蒋南翔校长提出：要为祖国健康工作50年。并以当时年近六旬的全国知名体育教授马约翰为例，要大家向他学习，好好锻炼身体。新生入学体育课第一课由马约翰教授站在大礼堂的讲台上，不用麦克风，用现身说法讲锻炼身体的重要性和方法。马老教授冬天不穿棉衣棉裤，上身只穿一件毛背心，下身穿一条单裤，精神抖擞地走在路上，是大家学习的活样板。除体育课外，每天下午4时30分，学校广播站开始广播，大家都走出图书馆和实验室，到大操场进行体育锻炼，这时清华大学大操场里到处是进行各种田径、体操、球类锻炼的同学们，人流涌动，热火朝天。这也是清华大学特有的一道亮丽的风景线。

李天（右）与大学同学在清华留影

从1957年入学到1963年毕业，这种景象从没有间断过。李天他们班前两年为达到劳卫制二级运动员的标准，有组织地进行了长跑、竞走等各项锻炼，达标后他们组织了篮、排、足球队，当时李天喜爱踢足球，后来清华掀起手球热，他又参加手球队。每天进行体育锻炼，他的体质有了很大的增强，这是完成繁重学习任务的保证。这也为他后来参加工作一直能精力充沛地承担各种繁重的科研任务打下了良好的基础。

  清华的业余生活也是丰富多彩的，夏天每周六晚上在大操场放一场电影，大家拿板凳一起去看电影，还举行周末舞会，李天对跳舞不感兴趣，他周末不是看电影就是到图书馆看书。学校在周日经常请各界名人来校讲学，记得1961年一个周日，工程力学系请钱学森教授来校给大家讲《宇宙航行》，李天他们早早就到阶梯教室前排坐下等待他们心中偶像的到来，钱老9点准时来到讲堂，钱老操一口纯正的北京腔，板书极为工整、漂亮，他从宇宙速度、火箭原理到如何征服宇宙，深入浅出地给大家上了一堂生动而有趣的航天科普讲座。给李天印象最深的是钱老要大家学好数学、物理和力学等基础课，掌握好英文，练好基本功，将来遇到什么难题都会迎刃而解。钱老希望大家热爱航空和航天，将来成为征服天空的探索者，为国家贡献力量。从此，他更加坚定了将来为祖国航空事业贡献力量的决心。

学校还请过北影的导演陈怀凯讲《中国电影的发展》，陈导讲话很风趣、诙谐，讲了电影界的许多趣事及拍电影的苦与乐，这对学工的同学了解文化娱乐也是一个窗口，也告诫大学生们要做好任何事情，都要有大的付出，文娱事业不仅是欢笑，更多的是艰辛。清华还请过当时国家登山队队长史占春来讲第一次登上珠穆朗玛峰的经过，特别是最后把五星红旗插到峰顶的动人故事以及他们刻苦训练，与藏族同胞一起互相帮助，团结协作的感人精神，使大家对体育健儿怀有深深的敬意，应该学习他们不怕艰难险阻，刻苦锻炼，坚忍不拔的精神。

从这些讲座中，清华学子丰富了课外知识，开扩了眼界，也看到这些名人在他们成功的背后都有鲜为人知的痛苦艰辛的付出和忘我的拼搏精神，激励清华同学要向他们学习，学习他们的精神，用在今后的学习和工作中。

1963年初他们开始做毕业论文，指导老师是蔡运时教授，论文题目是：《用渐进法优化压气叶栅翼型》。要求把原有的翼型经过优化使其压力分布达到一种设计的理想状态，升阻比增加10%以上。当时只有一篇可参考的外文资料，只讲了可用作图法逐次逼近优化的目标翼型，没有给出具体的求解法。以该篇文献为基础，李天又查阅了许多相关资料，经过分析、推导和试算，找到了逐次逼近的方法，经过大量的计算及多次作图优化，得到的新翼型的压力分布与理想状态压力分布基本吻合，升阻比增加15%，得到的这个新翼型，用于压气机的叶栅翼型设计上，可提高压气机效率。答辩委员会对他所做的工作比较满意，论文的评语为：论文具有一定创新性和工程应用价值，获得优秀成绩。通过短短的3个月论文撰写工作，对他的帮助很大，使他初步了解了进行科学研究的程序，从查国内外文献开始，边阅读边思考，确定研究方案，进行大量的计算画图，在计算中不断发现问题，再查资料解决问题，通过反复进行计算验证，最后得出准确结果，然后撰写出毕业论文。这为他在今后所从事的科研工作中提供了有价值的思路和方法。

6年的大学生涯，6年的埋头苦读，使他初步养成了自强不息、厚德载物的人格品质，严谨勤奋、求实创新的科学作风和实事求是、行胜于言的优良品质。毕业后，他被分配到位于沈阳市塔湾的中国人民解放军总字922部队。投笔从戎，开始了航空报国的远大理想，迈上了航空科研事业之路。

清华毕业照（后排左七为李天）

清华校庆86周年留念（左二为李天）

清华校庆86周年留念（前排左三为李天）

塔湾启航

沈阳位于中国东北地区的南部，辽宁省的中部。她背倚长白山麓，面向渤海之滨，是辽东半岛的腹地。在以沈阳为中心的150千米的半径内，有中国著名的钢都鞍山、煤都抚顺、煤铁之城本溪、煤电之城阜新、石油之城盘锦、轻纺之城丹东、化纤之城辽阳和粮食煤炭基地铁岭，这些资源丰富、实力雄厚的辽宁中部工业城市形成了世界上罕见的城市群。

沈阳是一座历史文化名城。因地处浑河（古称沈水）之北而得名。据对新乐遗址考证，早在7200年前的新石器时代，就有人类在此繁衍生息。战国时期，这里属燕国辽东郡境内；西汉年间，在此设立侯城、高显、辽阳、望平等郡；辽金时代设置沈州；元朝改称沈阳路；明朝设置沈阳卫。沈阳素有"一朝发祥地，两代帝王城"之称。1625年，清太祖努尔哈赤建立的后金迁都于此，更名盛京。1636年，皇太极在此改国号为"清"，建立清王朝。1644年，清军入关定都北京后，以盛京为陪都。清初皇宫所在地——沈阳故宫，是中国仅存的两个完整皇宫建筑群之一。1657年设奉天府。抗日战争胜利后，复称沈阳市。沈阳故宫、沈阳东陵、沈阳北陵是历史留下的文物景观，吸引无数的中外游客，沈阳市是我国重工业基地，为国家社会主义建设做出了历史性的巨大贡献。沈阳市也是我国最早的航空工业基地，无论是仿制还是自行设计战斗机都是从这里开始的。我国最大的飞机制造厂和发动机制造厂都坐落在这里。我国第一个飞机设计研究所和发动机设计研究所也都在这里诞生。

1963年9月4日，李天来到位于沈阳市后塔湾的中国人民解放军总字922部队，即当时的601所，报到后参加工作。从前塔湾到后塔湾要经过一个小桥，一过小桥就看到两个竖起的大牌子，一个是用中外文印的"外国人未经允许不得入内"；一个是"不准拍摄"的警示牌，这说明后塔湾是军事要地。当时后塔湾还比较荒凉，只有八一仓库、炮兵司令部、3707部队和中央警察干部学校，最里面才是解放军总字922部队（即601所）。

601所组建于1961年8月3日，当时把国内有限的飞机设计力量集中起来，形成拳头。它是由112厂设计室、军事工程学院参加东风113的设计人员和空军第一研究所的人员组成。开始分三处办公，直到1962年9月才搬入塔湾营地。这里原是炮兵侦察学校的校址，东西长约1千米，南北宽约0.8千米，占地面积接近1平方千米。地处沈阳市西北角，离市区较远，交通不便，但是环境不错。从前塔湾一过桥就可以望见耸立在岗上的无垢净光舍利宝塔。舍利塔修建于辽代，清初又进行了重修，是沈阳古建筑之一。塔高34米，八角密檐十三层宝塔，东眺昭陵，南临沼泽，古色苍然，气韵诱人。清人有诗咏道："一湾塔影水流春，寒食烟生树树新，疑是雨余青到眼，十三山色欲留人。"沈阳老人都知道"塔湾夕照"是老沈阳的八景之一。来到这风水宝地，心情格外舒畅。当时，研究所的所长是刘鸿志大校，政委是于大康大校，副所长是徐瞬寿上校、叶正大少校、郭屏上校，副政委是宁秉一上校，政治部主任是段治国上校，副主任是陈拔中校，总设计师是黄志千中校，1964年又调来副所长周景良上校。

沈阳舍利塔

1963年秋分来的新大学生有近百人，清华大学除李天外，还有固体力学专业的柴家振和林顺，共3人。其他有哈军工（包括李明等）、北航（崔德刚等）、西工大（贾鑫等）和哈工大等学校毕业生。到所后穿上军装，大家都很高兴。分到室里前先在集训队训练一个月，包括军容风纪、队列操练、所情介绍等，并到研究所在苏家屯的水稻农场去收割水稻10天，从割稻、扛稻谷（每人一次肩上放6~8捆运到打谷场。劳动强度很大、很累，对年青大学生也是一种锻炼。记得那年10月2日下了一场罕见的大雪，南方同学第一次见到这么大的雪，很新鲜。10月初按专业分到各研究室。李天分到气动研究室（二室）、室主任是王南寿少校，副主任是谢光大尉，把他分在导数组，组长是沙正平大尉，同期来的林顺分到颤振组，组长是管德大尉，安崇君在操纵组，组长是程映雪大尉，曹康家分到载荷组，组长是邝厚全上尉。模型试验组组长是郭玉章上尉，二室还有进气道组，由胡同上尉任组长，当时顾诵芬少校在操纵组，大家称他为"顾工"。到室里的第一项任务是让新来的同志帮助抄报告，当时接近年底，技术报告要求用仿宋体在描图样上抄写，李天的仿宋字写得较好且快，每天上下午各 4 小时，整整抄了一个星期，抄了六七本，给累发高烧了，住进了医务所，5 天后出院。

到 601 所后，通过领导和老同志的介绍，得知这是我国唯一搞战斗机设计的研究所，心里非常高兴，为祖国的航空事业贡献力量，缩小与苏、美先进国家的差距成为他奋斗的目标。虽然在清华大学的数、理及外文基础较好，也学习了《流体力学》、《边界层理论》、《气体力学》和《高超声速空气动力学》等专业基础课，但那时清华还是强调基本功和"通才"教育，要求毕业后适应多种工作，有关航空专业课如《飞机设计》、《部件空气动力学》等没有开。李天他们班毕业 20 多个同学分配到航天、航空、原子能、兵器、海洋、气象、地质和高校等多个单位，都能很快适应这些工作，是与其培养目标分不开的。李天在学校对飞机设计、飞机结构了解的不多，为了更快地熟悉工作，他到图书馆借了许多有关军用飞机发展、飞机机体及布局设计等有关书籍，利用业余时间发奋读书，使他很快就熟悉了飞机和他所要从事的飞机气动特性设计和计算工作。开始了他的航空人生旅途。

第二章 报国情志矢蓝天

李天来所后,在中国人民解放军总字922部队(国防部第六研究院第一研究所,即601所)参军入伍,成为一名真正的解放军战士。分到室里工作一段时间后,又按照总政规定分到部队的大学生要下放基层锻炼一年。1964年4月,到所的六三届大学生及1964年初来的大学生一起下放到旅大地区的多个基地,到机场做地勤机务兵,半年后,又到农村参加"四清"运动。

1964年9月实习期满,李天与1963年来的同志都转正,被授予中尉军衔。1965年5月国防部下令所属的五院、六院、七院等脱军装集体转业到地方,六院归到三机部,第一研究所由三机部领导。从此一年多的军旅生涯结束,开始投入到摸透歼7自行研制歼8的工作中去。

> 投笔从戎一挥间,
> 下放磨炼苦亦甜。
> 摸石过河仿歼七,
> 参研歼八赋新篇。

军旅生涯

清华大学学子李天一转眼变成了扛学员肩章的解放军战士。思想、作风和生活习惯都发生了很大变化。"日落西山红霞飞,战士打靶把营归……一、二、

三、四"。歌声响亮,威震四方。部队的军训生活使人难忘。集训时每天都要进行军事操练,"立正、稍息、左右转,齐步走、正步走。"一会跑步前进、一会匍匐前进。还要学习军事知识,如学习利用地形地貌等作战技术,有时还要学习瞄准射击,特别是有时还搞夜间紧急集合,要求五分钟从被窝爬起来,穿戴整齐,背上背包,到操场集合。这些新来的大学生很不适应,有些女同志更是狼狈不堪,有时把裤子当上衣穿。背包一走就散,逗得大家笑声不断,这种军训生活至今还十分留恋。

到设计室工作后仍按部队的习惯,每天早上6点起床出操跑步,6点半到7点20分为晨读,7点30分早饭,8点上班。晚饭后大家都到办公室去看书或加班。生活紧张而愉快。年青的学生第一次穿上军装很兴奋,周日大家一起到太原街的"生生照相馆"

李天参军留念

留影纪念。在街上非常注意军容风貌,当年军人的风采,至今还留在记忆当中。

李天到导数组工作后,沙正平大尉简单向他介绍了本组的工作任务,并找了几本报告让他看。导数组就是用理论计算方法和风洞试验方法给出飞机及各部件的气动力特性及气动导数值,包括升力、阻力、俯仰力矩、侧向力、偏航及滚转力矩(气动特性),以及它们对迎角和侧滑角的导数值,供性能组和操纵组用来计算飞机的飞行性能和操纵品质。那时理论计算方法是参考苏联列别提夫著的《导弹及飞机气动动力特性》一书给的曲线和公式计算的,属于工程估算方法,比较粗略。主要还是靠设计加工出缩比的飞机模型在高、低速风洞中通过吹风给出比较真实的飞机气动特性。1963年下半年正处于摸透歼7的阶段,导数组的任务是建立一套实用的工程计算方法,通过与歼7模型风洞试验结果对比来验证其正确性。此时飞机静导数(气动力对迎角和侧滑角的导数)方法已建立了,但动导数,即与飞机的俯仰、滚转、偏航角速度变化相关的力和力矩导数还未建立。这个任务就交给李天了，当时顾诵芬是气动研究室里唯一的少校工程师，他指导操纵、性能、导数、载荷及进气道各专业组的工作。他给李天十几篇美国 NACA 有关这方面的报告、文献，让他阅读并从中找出好的计算方法。这些有价值的参考资料多是用照相机拍的黑白胶卷制成的缩微卡，需要在特制的显微阅读仪上阅读，全所只有三台这种阅读仪，集中放在一间暗室里供大家使用。由于任务紧，那段时间里每天一上班他就到黑暗的阅读仪房间阅读英文资料，一坐就是上午四小时、下午四小时，晚上到办公室整理，归纳一天的收获。经过一个多月的奋战，查阅近百篇有关的资料、文献及计算报告，通过综合分析，公式推演，算例验证，终于建立起一套飞机气动力动导数及大马赫数下静方向安定特性的计算方法，为战斗机的气动布局设计提供了必要的手段。对比今天的工作环境，601 所现在的图书馆已建成电子书库，每人办公桌前都有一台计算机，只要把你想要查的资料名称输进电子书库，一二分钟后所要的资料就出现在你的屏幕前，好的资料马上就可以打印成纸质的，方便极了，再也不必像他们 20 世纪 60 年代那样，每天去有阅读仪的暗室去阅读外文资料了。现在看来，通过那段的苦读，不仅使李天积累和掌握了大量有关飞机气动力设计的资料和文献，学到了课本中所没有的知识，充实了他的专业基础知识，也锻炼了他的勤奋读书，刻苦学习的坚强意志，只要有强烈的事业心和追求的目标，就不怕苦，不怕累而忘我地工作。这也是今天年青人应该具备的品格。

1964 年初，总政规定分到部队的大学生要下放到基层锻炼一年。1964 年 4 月初他们六三届来的大学生及 1964 年初科大（乌克力等）和哈工大（许扬等）来的毕业生一起下放到旅大附近多个基地（普兰店、瓦房店、周水子等）。李天等五人分到大连附近的登沙河机场做机务兵，该机场位于大连金州地区，在空旷的飞机场上看到的是一排排米格-15 飞机及其教练机。接触到的是解放军的空地勤人员，开始了很有意义的工作。有飞行日时与机械师一起早 4 点多起床然后去机场，做飞行前的检查，大家跟着师傅走，看他都检查什么，师傅的认真、细微和一丝不苟的精神教育和感染了他，完成一个飞行起落后马上进行再飞前的检查，一般一架飞机一个飞行日要飞行 4~5 个起落。在机场吃早饭、中饭。飞行日结束后，飞行员乘车回去了，他和机组的同志对飞机进行一次全面彻底的检查和排故。事故不过夜，有时遇到一个大故障，要干到半夜才能回去休息。机械师的工作是非常辛苦且责任重大的。

在下放期间，他还给机务中队画了大幅彩色的飞机液压管路、电源线路和燃油管路等图片，给他们讲解和上课。后来调到周水子机场又干了两个月。回想当年在部队机场下放锻炼，学了很多实践知识，对今后的设计工作很有指导意义。同时，从空军官兵身上学到了认真负责，一丝不苟，吃苦耐劳，不计较个人得失的高尚品格。

四清史话

李天在部队锻炼半年后，按到上级通知去参加农村"四清"运动，1964年10月大家在大连集中学习一周有关政策后，分别下到大连金县各公社并与大连市机关干部组成"四清"工作队，到农村参加"四清"运动。"四清"运动是指在1963年2月，中共中央召开工作会议决定在农村开展以"四清"为主要内容的社会主义教育运动。5月，毛泽东在杭州召集有部分中央政治局委员和大区书记参加的小型会议，制定出了《关于目前农村工作中若干问题的决定（草案）》（《前十条》）。5月20日，中央把它作为指导社会主义教育运动的纲领性文件在党内传达。《前十条》对农村形势做了"左"的估计，认为中国社会已经出现了严重的尖锐的阶级斗争情况，资本主义势力和封建势力正在对党猖狂进攻，要求重新组织革命的阶级队伍，把反革命气焰压下去。文件传达毛泽东的话说，如果不抓阶级斗争，少则几年、十几年，多则几十年，就不可避免地要出现全国性的反革命复辟，马列主义的党就一定会变成修正主义的党，变成法西斯的党，整个中国就要改变颜色了。当年9月，中共中央在北京召开工作会议，又讨论制定了《关于农村社会主义教育运动中一些具体政策的规定（草案)》(《后十条》)。《后十条》贯彻《前十条》的指导思想,强调"以阶级斗争为纲",同时又指出了团结95%以上的农民群众和农村干部的重要性,规定了依靠基层组织和基层干部,以及正确对待地主、富农子女等政策。11月14日,中共中央发出《关于印发和宣传农村社会主义教育运动问题的两个文件的通知》,规定将两个《十条》印发全国农村每个支部,并在党内外宣读。此后,各地在试点的基础上,在部分县、社开始进行社会主义教育运动。"四清"运动的内容,一开始在农村中是"清工分,清账目,清仓库和清财物",后期在城乡中表现为"清思想,清政治,清组织和清经济"。

李天和工作队在集训时学习了《双十条》,学习了中央开展四清运动的有关政策和规定,当时是以阶级斗争为纲,参加"四清"运动,就是到阶级斗争的大风大浪锻炼和改造自己的世界观和人生观。当年新毕业的大学生都要经过这场锻炼和考验。李天在回忆参加四清运动时说:"我和乌克力、曹康家等人分到了金县大孤山公社大孤山大队、我在一小队、乌克力在二小队、曹康家在七小队。这里是位于海岸边的大队,男社员多是渔民,两家一个渔船。冬天,每天凌晨出海去捞海蛎子,下午回来女人在海边把蛎子刨出来交小队,夏天出海捞带鱼和虾爬子等。由于是山地,有些果树和少量包米地,那里生活并不富裕。当时工作队都是住在老乡家,吃派饭,一天三顿在一家吃,明天再换一家,轮流下去。工作队有一些特殊规定"三同"和"五不准",三同就是同吃、同住、同劳动,五不准就是不准吃肉、鸡、鱼、蛋和细粮等。到老乡家只能吃包米粥、窝头、咸菜,最好的时候有一碗炖白菜就不错了。工作队的任务是访贫问苦,扎根串连,重新登记阶级成分。依靠贫下中农清理阶级队伍,批判"地富反坏右",并清理干部和会计是否有贪污等各种问题。让每个农村干部"洗手、

李天与夫人合影

洗澡放包袱"。白天有时参加劳动，有时去外调。从部队来的年青人经常承担去外调的任务，那里是山区，连自行车都很少，都是靠双脚走，一天得走五六小时，几十里路，晚上还要访问贫下中农或参加工作组开会，生活十分紧张，非常艰苦。那时心里想的就是如何经受住考验。后来在1965年1月，中共中央发出《农村社会主义教育运动目前提出的一些问题》（即《二十三条》），文件接受了毛泽东对政治形势的基本估计，强调运动的根本性质是社会主义和资本主义的矛盾，并特别提出："这次运动的重点，是整治党内那些走资本主义道路的当权派。"实际上为"文化大革命"的发动做了准备。由于所里的工作繁忙和下放锻炼到期，李天他们于1965年4月就回所参加型号研制工作了。

摸透歼7

"通过仿制到自行设计"是中央军委为发展我国国防科学技术规定的正确方针。在六院成立大会上，空军司令员刘亚楼上将代表中央军委对六院所做的指示明确指出："摸透米格–21飞机，在摸透的基础上，自行设计比米格–21飞机性能更好的飞机。"这就是说"仿制摸透到自行设计"是院所科研工作的具体方针，实践证明正确地贯彻执行这一方针，对研究所的建设和新机的研制具有极其重要意义。601所坚决贯彻这一方针，摸透歼7工作在全所全面展开。徐瞬寿副所长指示说摸透歼7工作就要像"熟读唐诗三百首，不会作诗也能吟"那样，"摸着石头过河"，"只要功夫深，铁杵磨成针"。排除杂念，统一认识，一定认真做好摸透工作。人人制定摸透计划，结合各个专业制定摸透标准，摸透内容，大家一定要明确摸透目标，树立摸透信心。扎实地、有效地把这件工作做好，为后来研制歼8飞机打下坚实的基础。

对空气动力专业而言，所谓摸透歼7，实际是通过对歼7飞机气动特性的计算与风洞试验结果的分析，与苏联给的歼7气动特性值（以下简称资料值）对比，来验证我们的计算方法与试验技术水平，是否掌握了设计超声速飞机的方法。1965年4月下旬李天他们从农村回来，没有休息直接就投入到摸透歼7的工作中。在分析歼7飞机在我国风洞试验中得到气动数据与资料值的差别时，发现超声速时偏航力矩系数对侧滑角的导数，即 $C_{n\beta}$ 值，在马赫数2.0时两者相差近10倍，这就是当时所谓"$C_{n\beta}$ 问题"。这个问题不澄清，将直接影响歼8飞机的自行设计，因为超声速飞机的方向安定性是设计超声速飞机必须满足的一个重要指标，又是保证飞机在最大马赫数时的安全问题和实现大迎角高机动的保证因素。在飞机气动布局设计中，不仅必须给出准确的 $C_{n\beta}$ 值，还必须保证在最大马赫数时有足够余量。当时顾诵芬同志亲自抓这个问题，他指出分两方面进行，一是利用歼7飞机进行试飞测 $C_{n\beta}$ 值，二是从小风洞的试验结果找出不模拟因素，进行修正研究，试飞由顾诵芬副总师负责，程映雪代室主任领一些人进行跟飞计算、分析。风洞不模拟的弹性修正问题由管德副主任领导颤振组负责计算，而风洞模型不能模拟机头进气及尾部喷流的真实条件，机头进气及雷诺数影响由李天负责计算修正。尾喷流试验也由李天负责。

风洞是飞机空气动力设计所不可缺少的试验设备，它是按一定设计要求，在管道内（称试验段）产生可控制的各种速度的人工气流，该气流流过装有天平的飞机模型，测出其升力、阻力等气动性能，为设计飞机提供气动力数据。我国航空工业起步晚，经济实力较差，20世纪60年代国内只有尺寸较小的3米量级的低速风洞和0.6米的高速风洞试验设备，要求风洞试验模型不能大，致使试验模型与真实飞机有诸多的不同，如雷诺数小，进气道不能通气，尾部喷气也不能模拟，翼面是刚性的，利用这种模型测得的数据必须经过修正才能用于设计。他与顾诵芬商定用单座通气模型、尾部喷气模型试验来获得通气、尾部喷气对气动特性的影响量。飞机在飞行中，发动机燃烧的气体是由尾部喷管排出的，特别是战斗机，尾喷流温度高、速度大、对飞机尾部的垂尾及平尾的流场影响很大。当时由于条件限制，国内在风洞里还没有做过模拟尾喷流的试验。为了摸清尾喷流在超声速飞行时对垂尾效率的影响，在北航 G-3 超声速风洞（风洞试验段尺寸只有 0.3 米×0.3 米）做喷流模拟试验（引一股高压气流到风洞里再由飞机模型尾部喷出），试验于 1966 年 6 月开始，顾总派李天去北航参加试验及进行数据分析。开始由陆士嘉教授、徐华舫教授及青年教师李志芳、徐长林和陆志芳等共同参加，后来"文化大革命"开展起来，学校停课闹革命，青年教师都出去串联了，试验只能由李天和陆士嘉教授、徐华舫教授以及实验室工作人员共同进行，二位老教授每天按时上下班，和他一起换模型，处理数据，在风洞里爬上、爬下，他们对航空事业的热心支持及认真负责的精神对李天也是一种教育，是我们学习的榜样。试验设备和装置比较简陋，用自制的六排测压耙测垂尾表面的压力分布，没有扫瞄仪，用水银柱测压仪记录压力变化，每次试验完，读水银柱和记录数据，用手摇计算机进行积分计算。算出有、无喷流的压力分布和侧力以及偏航力矩。得出尾喷流对方向安定性不利的影响量，同时也摸清了喷流效应的流动机理。用理论计算方法修正雷诺数、机头进气及翼面弹性影响量。再用这些影响量去修正全机风洞试验得到的 $C_{n\beta}$ 数据，从而得到接近真实的飞机气动数据。用这种修正方法对歼 7 飞机风洞试验结果进行修正得到的 $C_{n\beta}$ 值与我国自己飞行试验测得的 $C_{n\beta}$ 基本一致。证明这种修正方法是正确的。后来顾总让李天用这种方法对歼 7 风洞试验得到的纵横向气动导数都进行了整套的修正计算，所得到的结果与歼 7 试飞测得的各气动导数很相近，表明这种方法可用于工程设计中去，从而建立了一套超声速飞机用小风洞试验结果修正到真实飞机的"从风洞数据修正到飞行值的相关性方法"。在歼 8 飞机设计过程中，李天就是用这种方法对歼 8 飞机的风洞试验数据进行了全面修正计算后，将修正数据提供给了性能组和操纵组进行歼 8 飞机飞行性能和操纵品质的分析计算，保证了歼 8 飞机飞行性能和操纵品质全面达到了设计指标要求。目前，该方法已成功地用于国内各飞机厂所的型号设计之中了。

研制歼 8

遵照中央军委为发展我国国防科学技术规定的"通过仿制到自行设计"、"先仿制,后自行设计"的方针,在摸透歼 7 飞机的设计思想、设计方法、设计技术的基础上,遵照周恩来总理提出的"引进,消化,改进,创新"和"初战必胜,争取时间把成果拿到手"的指导方针,于 1964 年 10 月提出了自行设计装两台 815 甲发动机的歼 8 方案。经过两个"三结合"(设计、生产、使用三结合;工人、干部、设计人员三结合)协调讨论、技术论证,确定歼 8 飞机的基本性能数据,明确战术技术指标。基本指导思想是突出高空、高速,增大航程,提高爬升率和机动性,加大火力等主要性能。1965 年 11 月,罗瑞卿总参谋长批准了歼 8 研制方案。先后又通过审查木制样机,召开了歼 8 新成品、新材料的协调会。"请进来,走出去",与有关高校、有关部队共同讨论进一步完善歼 8 研制方案,在此基础上开始启动歼 8 飞机研制工作。

1965 年上半年开始设计歼 8 飞机,当时由总体室(一室)与气动室(二室)领导及顾总初步定下双发,机头进气,加大后掠角切尖三角翼布局。通过在低速风洞试验对多种平尾及相对位置选择,确定了采用转轴形式的下平尾方案。当时室里让李天参加垂尾,腹鳍及减速板方案的选择。李天通过查找资料,分析多种飞机参数基础上,通过大量理论计算和对比分析,为保证歼 8 机在最大马赫数时的方向安定性 $C_{n\beta}$ 值与歼 7 在马赫数 2.0 时的 $C_{n\beta}$ 值相同,他选出三种垂尾,两种腹鳍。为减小垂尾面积,采用了双腹鳍方案。为保证减速板具有足够的阻力效率以及在减速板打开时飞机不能出现低头而应稍有抬头,以利于飞行员瞄准和射击,对放减速板时产生的纵向力矩有严格要求,增加了选减速板的难度。减速板的阻力效率与其开度和面积、形状都有关系,而纵向力矩与其在机身上的位置有关,他选了四种减速板,多种开度和位置,经顾总批准,进行模型设计、加工生产,然后到风洞中进行吹风试验和对比选择。由于方案多，当时测量设备比较落后，试验完只有数据，无曲线，需要他们自己快速地在方格纸上画出试验点和曲线，每吹一个方案就马上画出，然后对比分析决定方案的取舍，以及下一次吹风的方案。他在试验现场表现出的快速、正确的分析和判断能力受到试验单位同志的赞扬。做完试验向室领导及顾总汇报了试验结果和结论，得到了肯定。

1966年初，歼8设计方案冻结，开始发图，广大设计人员都到112厂实行"三结合"现场设计发图。那时候，所里没有交通工具，广大设计人员要步行穿越大韩屯一片片庄稼地，走到工厂要用一小时，在工厂的走廊和地下室设计、画图。经常加班加点，工作十分辛苦。李天他们试验组的任务是设计全机高、低速风洞试验校核模型及加工，然后是进行风洞试验。在112厂内的626所的风洞实验室做试验，当时的试验条件很艰苦，当时和李天一起参加风洞试验的626所原总师程厚梅回忆说："当时所里同志们都是步行来回到三台子参加试验，有时还要日夜连轴转，记着当时非常幽默的乌克力还编了一段顺口溜，其意思是'天气热、风洞嚎、蚊子叮、虫子咬，又累又困还得搞'。逗得大家哈哈笑。"年底进行全机的纵横向气动导数的计算，供检查歼8飞机飞行性能的操纵品质用。这项工作由李天负责，他用摸透歼7时建立的一套风洞数据修正方法进行计算，马赫数由$0.6\sim2.2$，间隔为0.1，列成数据表格形式，每一大张（8开）纸一个导数（一个迎角），静动、纵横向导数及各舵面效率，3个迎角状态，钉在一起成为有近百页的导数集，工作量很大，当时用计算尺计算（可以精确到3位有效数值），经过一个多月的苦战，按时完成了。其中动导数的计算方法原来是全用理论计算值，不太准确，经李天查阅资料、分析和研究，他提出用风洞测得的垂尾及平尾气动效率值经弹性修正后的数据代替理论计算中相关数据的方法，更准确可靠，该法得到顾诵芬总师的认可后，就用到这次计算中去了，使动导数更准确。这种用试验数据计算动导数的方法也在后来的型号设计中得到广泛应用。

歼8首飞前，空军派审查组来所审查上天前的设计报告、有关图样、计算报告等。在审查过程中对歼8没做低速喷流试验提出异议，认为平尾效率不够，影响抬前轮速度。当时，低速风洞是在哈尔滨军事工程学院内的103风洞，风洞尺寸为4米×3米，风速为90米/秒，歼8选型和校核试验都是在该风洞进行的。为做喷流试验，李天参加了设计和加工尾喷流试验模型工作，并参加了部分试验。通过试验发现，歼8有尾喷流后可使其平尾效率提高15%，并有一定抬头力矩（这也对抬前轮有利），证明歼8抬前轮没问题。

歼8首飞试飞员为尹玉焕与鹿鸣东，为让飞行员相信飞机的气动特性是可靠的，室里曾派李天陪同二人到哈尔滨参观低速风洞和风洞试验，使他们相信数据正确，增强了首飞的信心和决心。

为保证新机首飞的安全，一般在首飞前半年多的时间里要对设计方案、数据进行复查。1969年初在复查时发现飞机在起飞着陆状态的气动焦点位置及平尾效率有些问题，这是直接关系到飞机起飞着陆安全的大问题，上天前必须澄清和加以解决。为此成立了攻关组，李天是成员之一，主要负责低速风洞试验工作。当初选方案及校核风洞试验都是在原哈尔滨军事工程学院103风洞完成的，为了澄清问题和给出准确的数据，决定先在哈尔滨少做一点补充试验，然后把模型运到北京701所的09低速风洞再做对比试验。李天先去哈尔滨很快完成了补充试验，然后联系挂专列把模型运到北京之事，由于时间紧，在通过军管会及铁道部特批后，决定挂一节专列货车装歼8低速大模型去北京，并要求派人押运模型，当天下午就要发车，601所里来不及派保卫科的人去哈尔滨，就让李天跟货车押运模型到北京，当他把所有手续办完，模型装好，离发车时间只有半小时了。那时李天的爱人在黑龙江商学院任教，商学院离哈尔滨火车站很远，20世纪60年代不仅没有手机，连电话都不好打，来不及回家取牙具及换洗衣服，也没有与她打招呼，就什么也没带匆匆登上了南下的火车，直接去北京了。为了保证飞机早日安全上天，必须尽快完成北京的风洞试验，只好"过家门而不入了"。

模型到北京后，大家齐心协力，试验很快就开始了，为抢时间，每天24小时风洞不停地运转，试验分三班倒，李天负责数据分析，为保证试验顺利进行，每天只睡几小时（基本上是连轴转），经过五天奋战，终于把问题澄清了，结论很快送回所里，放飞评审顺利通过，新机如期首飞了。

1969年7月5日，天空晴朗，微风清爽，112厂的机场上，人山人海，人们平心静气地注视着停在跑道一端矫健的歼8飞机。曹里怀司令员果断命令放飞。指挥员苏国华一声令下"起飞",两颗绿色的信号弹划破长空,9点38分,试飞员尹玉焕驾机拔地而起直冲蓝天,飞至3000米高空平稳盘旋。苗条轻盈的歼8飞机在空中的雄姿给人们留下了美好的印象。飞行正常两次通场,20分钟后平稳着陆。歼8飞机首飞成功了,顿时掌声雷鸣,欢呼四起,整个机场一片沸腾,有的振臂高呼,有的欢呼雀跃,有的呜咽无语,有的互相拥抱,激动之情难以言表。首飞成功,旗开得胜,但是广大的设计人员都知道这只是万里长征的第一步,还要踏上坎坷历程,继续投入到试飞、试验、设计定型的工作中去。

两院院士顾诵芬回忆说:"当时所里资料很少,那段时间李天和乌克力他们每天都要到沈阳市科技情报所去查阅资料,那时都是骑自行车来回跑,中午饭就靠自带的两个馒头。那时吃饭要粮票,有一次乌克力没带馒头,李天就不声不响地塞给了他一个。乌克力还纳闷呢,自己也没带馒头,怎么就出现馒头呢,原来是李天默默地把自己带的馒头分给了他一个。李天关心别人还是很周到的,很愿意帮助别人。他和乌克力到哈尔滨吹风,也是很辛苦的,李天确实干了大量的实际工作。"

李天与顾诵芬院士(左)在一起

顾诵芬院士还说："李天的本事一是能看书，二是动脑筋，歼8试飞前，我进了学习班，出不来。关于大马赫数平尾效率问题，提出很多问题，当时对喷流影响问题，要查原因。当时文革期间一定要补充做试验，李天承担了这些关键问题的处理。李天基础好，办事认真。数理知识、外语都很过硬。歼8首飞前做了大量工作。确实很解决问题。记得1967年在北航做大马赫数垂尾安定性风洞试验时，把垂尾搭在后机身的喷流上时，特别是测翼面压力时，厚度只有3~4毫米，在翼面外加两个管一点一点地测，然后换手摇计算机算，这既是脑力劳动，也是体力劳动，当时北航要求教授劳改，徐华舫、陆士嘉等人本来让他们劳动，干这个就算改造了，实践证明，在马赫数2.0时，尾喷流对方向安定性影响很小，他们干了很长一段时间，解决了歼8的技术关键问题，完成任务，歼8首飞没有受影响。"顾总说有些事跟他一说就通，事就办了，问题就解决了。

第三章　动乱岁月从容度

1966年5月16日，中共中央政治局扩大会议通过了《中国共产党中央委员会关于开展无产阶级大革命的通知》（即《"五一六"通知》），一场轰轰烈烈的"文化大革命"浪潮席卷全国。"革命无罪，造反有理"的呼声震耳欲聋，革命的大字报铺天盖地，这场革命的来势之快，来势之急，来势之凶，来势之猛让人们措手不及，没有任何思想准备。大家都在高呼"誓死保卫党中央，誓死保卫毛主席"，可是喊着同一口号的革命群众却分成两大派，都标榜自己是造反派，指责对方是保皇派。在"一月风暴"的影响下，造反派夺权，各级党组织瘫痪，派性斗争加剧，武斗升级，有不少的革命干部、知识分子和革命群众做了无谓的牺牲。在"文化大革命"中辽宁是重灾区，601所是重灾户，这场动乱给国家，给国防科研事业造成的重大损失无法计算，这场灾难给人们心灵上的伤害和精神上的创伤长时间无法治愈，直到1976年一举粉碎"江青反革命集团"，1978年党的十一届三中全会后，才迎来了科学的春天，人们才过上了安定正常的生活，航空科研事业才得以迅速发展。

在那动乱的岁月里，李天这个文弱书生，本不该受到冲击，但也未能幸免。他本来应该是逍遥派，因为他的心里只有他的技术，可是大联合后，革命委员会还是把他列入了插队下放对象。送到绥中大山里，接受贫下中农再教育。在绥中的三年时间里，他和农民一起进行艰苦的农业劳动，后来又到当地中学任教员，培育山乡的中学生，他和那里的农民，那里的孩子建立了深厚的真挚感情，受到当地人的尊敬和好评。

> 文革之争闹派性，
> 插队落户到绥中。
> 广阔天地有作为，
> 山乡执教留芳名。

文革之争

  601 所经过短短 5 年建设已经初具规模，设计力量、实验室建设、试验工厂建设都有了可喜的进展，摸透歼 7 获得成功，自行设计高空高速歼 8 飞机已全面铺开。广大科技人员积极性很高，努力钻研技术业务，那真是书生朗朗，灯火辉煌，工作秩序和生活秩序都井井有条，学习基本功、学习外语已蔚然成风。贯彻《科研十四条》和《鞍钢宪法》取得显著成效。当时 601 所真是一派欣欣向荣的景象。没有想到的是《"五一六"通知》一发表，立刻掀起暴风骤雨般的无产阶级"文化大革命"。这场灾难性的文革运动，直接冲击了 601 所。不到一周就贴出了 3000 多张革命大字报，"红卫兵"、"红色造反团"、"无产阶级革命造反大军"一个个群众组织蜂拥而起，"破四旧"、"横扫一切牛鬼蛇神"、"打倒走资本主义道路的当权派"等口号响彻四面八方。抄家、打砸抢、戴高帽游街闹得乌烟瘴气，不少革命领导干部和革命群众被扣上莫须有的罪名，受到扣押、揪斗、专政，当时的混乱局面令人作呕。

  那时李天只是来所工作不久的普通设计员，他对那些过激的行动一点都不感兴趣，他离"打砸抢"、"武斗"、"到处造反"都远远的，总是默默地钻研他的技术。二室乌克力等几个党员先后写出大字报："这是为什么？""某某某为什么抓住某某某不放？"乌克力是当时国务院副总理乌兰夫的大儿子，高中毕业在哈军工念两年转到中国科技大学近代力学系学习，1964 年初毕业分配到 601 所二室导数组工作，与李天在同一办公室，为前后桌，住在一个大宿舍，关系较好。李天的毛笔字写得又快又好，因此乌克力写的小字报都让李天抄成大字报。当时谢光调到一室任主任，谢青山为指导员。这些大字报出来后引起很大震动，两室关系紧张，出现所谓"一、二室"之争。后来乌克力写的有关揭发所党委修正主义的大字报也都由李天抄写出来。李天与乌克力一起在农村搞四清半年，又在一个组工作，能谈得来。后来601所分成"红色造反团"和"无产阶级革命造反大军"两大派，还有个"东方红"派。设计室大多数同志都参加了"红色造反团"，李天同情"红色造反团"，但对其集体活动太多影响工作不太赞成，因此参加了"东方红"派，后来他觉得"东方红"派也不完全正确，就退出来不参加活动，而一心一意搞业务了。乌克力等几人以"鬼见愁"的名义写了一些针对"无产阶级革命造反大军"的大字报，李天帮他抄写，也就成了"鬼见愁"的一员。"红色造反团"属于辽宁的"八三一派"，"无产阶级造反大军"属于"辽革战派"，后来"辽革战派"在辽宁胜利，"八三一派"垮台。601所的"无产阶级革命造反大军"胜利进革委会，并开始对"红色造反团"的头头进行"清理阶级队伍"，乌克力也没有幸免而被专政，李天与乌克力的关系密切被以走"五七道路"的名义下放到绥中县加碑岩公社插队落户，二室下放到绥中的还有陈治怀、严仁达和曹康家等人。原所党委书记于达康也下放到同一公社。"五七大军"、"插队落户"也是当时辽宁革命委员会的独创，下去的基本都是在文革中，支持"八三一派"站错队的干部。

插队绥中

1970年1月2日，一所的部分技术人员及政工干部（造反团派的）几十人作为"五七大军"乘火车被下放到辽宁省绥中县插队落户。人事关系、户口、粮食关系全由601所转到绥中县。当时601所三大队政委对下放的人说："你们下去就不用回来了，就长期在那儿干下去吧！"大家心里感到凉嗖嗖的。到绥中后，李天他们乘汽车来到加碑岩公社，他被下放到东梢树大队东道子小队。这个小队的社员住在山沟里，没有车路，他带去的行李、箱子及现在仍在用的永久牌自行车都是由老乡抬上去的。房东有五间破旧瓦房，自己住三间，把另外两间腾出来让李天住。由此开始了他三年的艰苦插队生活。

加碑岩

　　插队前，李天曾多次向室指导员提出调他爱人来沈阳的事情，但都以工作难安排，不好解决两地生活问题为由拒绝了。宣布他去绥中插队后，当时的领导却积极起来，马上派人到黑龙江商学院联系让其爱人王景翰随李天去绥中插队，以解决两地分居问题。黑龙江商学院无奈也就同意放了。1970年4月王景翰也去绥中插队了。当时他的儿子李晨刚满一周岁，也一同带到加碑岩公社。公社安排王景翰到中学教课，李天在公社工作队。两人每天去公社或参加队里劳动，小孩只好放到大队赤脚医生李子厚家，由他妈妈给照看，中午在他家吃饭（每月10元钱）。李子厚的妹妹李子香在队里劳动，帮助她妈妈照看李晨，他们全家对孩子很好。虽然条件很艰苦，但生活还是很愉快的。

加碑岩插队旧居位置

广阔天地

辽宁省绥中县加碑岩乡位于县境西部距县城约 60 千米处,那里山连着山、沟连着沟,走很远都看不见人家,到处是一片荒山野岭。在那没有开发的年代里,什么奇峰异洞、娄石瀑布、五华顶峰、圣水庙、毛公像、情人石、小冰沟等美丽景点都在荒野中默默无闻,没人理睬。加碑岩乡是革命的老区,据说辽西的第一个党支部就是在加碑岩乡某个山洞中诞生。那里群山连绵,没有多少耕地,是辽宁有名的贫困乡。当时流传着"一进加碑岩(当地方言读'nié')一天一双鞋","一进大岭沟、步步踩石头","一天三顿饭、顿顿喝糊粥"。真是大山的呼唤,命运的安排,李天就在这偏僻的穷山沟里整整度过了三个年头。

加碑岩现在的路

公社领导看到上级送这么多干部来插队落户很高兴,把他们当成工作队帮助公社开展各项工作。除了参加生产队里的各种劳动,如春天犁地播种,栽地瓜苗,夏天锄草,秋天收包米、挖地瓜、摘水果,等等外,还帮助公社搞宣传和外调工作。当时政府号召社员封山育林,禁止乱砍滥伐。李天花一周多时间为公社画了几十幅这方面的连环画,并在公社展出。还参加了审查一个大队干部贪污问题的专案组,他和一个叫卢连顺的贫农干部负责外调取证工作。加碑岩公社属绥中县偏远贫穷山区,周围公社和大队之间都是山路,外调全靠双脚走,近的一天只能去一个单位,远的要走几天,中间在社员家过夜。因涉及经济问题,主要是到有关大队和公社查账,而卢连顺不识字,他陪李天是充当向导和问些问题,记录及查账都由李天负责。晚上查账总是很辛苦的事,有时白天查不完,晚上还要在油灯下查账,白天走一天路,很累很困了,但为了完成任务,只能用凉水洗脸冲走困意。在灰暗的灯光下一页一页地核对。老贫农卢连顺看他很辛苦的样子,他也睡不着觉,一会给他倒点水,一会又说几句笑话,一会开门放放风,觉得帮不上忙很是过意不去。专案组工作近半年,中间有两三个月是同卢连顺一起去外调。李天从卢连顺身上学到了老贫农待人诚恳、与人为善，对党忠诚的高尚品德，两人也结下了深厚的友谊。

从1971年下半年开始，李天除了到公社中学教书，也还帮助公社搞些宣传工作，星期天参加生产队的劳动。

李天他们住的小队做饭都烧柴，没有煤。为了解决烧柴问题，生产队派3个青年，3匹马和他一起去十几千米外的五华顶山上去拣枯死的树枝。五华顶山高千米，从沟里爬到山上要三四小时。早晨起来天不亮就出发，到能拣柴地方已近中午，大家坐下来一起吃王景翰给蒸的菜包子（平时吃不到肉，只能在老乡家里买到鸡蛋，当时是七角一斤）和煮鸡蛋，喝完水就开始拣干枯树枝，再把树枝打捆放到马的托架上，这时已近下午3点，大家急忙往回赶。虽然下山较上山省力，但还要照看牲口，也挺难走。回到家已晚上7点多了。大家一起吃顿热乎饭菜。打柴不易，节省烧，一般三四个月去一次，这也是对李天身体和意志的磨炼。

人过留名

1969年，在这个偏僻的山区成立了一所中学，全乡只有一百多个学生，县教育局派来几个老师。学生少，老师更少，家长和孩子都担心学校办不下去，就在这关键时刻，"五七战士"李天和王景翰被派到学校任教，李天教数学、物理，王景翰教语文、化学，几节课下来，这两位教师就给同学们留下了深刻的印象。他们面带笑容、和蔼可亲。课讲得好，大家都爱听，通俗易懂，引人入胜，受到山村孩子们的尊敬。当时在校学生骆素娟和妹妹听父亲说，"你们多有福呀，从城里来的大人物教你们，可你们知道他们住在哪儿吗？他们住在东道子，你们知道东道子离学校有多远吗？知道那里的山路有多难走吗？"骆素娟和妹妹都说不知道。他父亲语重心长地接着说："你们老师不容易呀，那条山路非常不好走，你们要好好学习才对得起老师。"当时骆素娟并不理解，38年后，她第一次和采访小组成员来到了当年李天和王景翰插队的东道子,使她想起了父亲当年说的话,更加敬仰这两位老师。"他们太了不起了,在这崎岖的石头沟路上,整整走了三年,他们用辛勤的汗水,培育了加碑岩第一届中学生。如今这届学生有的考上了大学;有的在乡里当上了干部;有的在当地任中学教师,这里的乡亲和他教的学生还时刻惦记着他们的老师。"

骆素娟还说:"那时山里的学校从没有过任何的体育活动和文艺活动,是那些城里人把体育活动和文艺活动带进了山区,带进了学校。在大山脚下开起了运动会进行田径比赛,在山沟里进行了文艺汇演活动,'八月桂花遍地开'就是王景翰老师利用业余时间教给孩子们的歌舞表演。山里的孩子们没有唱过歌,没有舞过彩绸,都是王景翰老师耐心细致地教这些孩子们的,至今'八月桂花遍地开'在我心里永远和王景翰老师那美丽大方的形象联系在一起。李天老师和王景翰老师给山区的孩子带来知识,给当地的老百姓带来文化。38年过去了,每逢我回到家乡,路过他们住过的小山沟时,当地的老乡都让我给这两位老师带好。老区的人们忘不了他们为加碑岩所做的贡献!"

加碑岩中学

到 1972 年下半年，根据省里精神，所里开始往回调未带家属单身下去的同志了。李天曾给所里写信询问此事，回答是因王景翰工作不好安排而暂不考虑调回的问题。李天这时给当时任 611 所副所长的谢光同志写了一封信，说在绥中已插队二年半，601 所没有调他回去的意思，611 所能否安排李天和王景翰的工作。他希望两人一起去成都工作。不久，谢光副所长让 611 所一室主任张守一给李天回封信，他信中说谢光代表 611 所欢迎李天来成都工作，家属工作也可安排，关键是 601 所是否放人？1972 年 11 月，李天带这封信回 601 所找干部科科长严春江，请他研究是否放人。他说我们研究研究。第二天，李天到顾总家看望顾总，向他汇报在绥中插队情况及想去成都的想法。当时顾总说他找当时所领导商量一下。年底所里来电话说李天还是回 601 所，王景翰的工作安排正在联系中，不要急于去成都。1973 年 2 月初，为了早些回去，王景翰自己回沈阳去沈阳药学院联系工作，药学院答应要她去教有机化学。这时601 所里决定调李天和王景翰同时回所工作，考虑到孩子小，药学院上班远，决定不去药学院了。他们全家于 1973 年 2 月从加碑岩公社回所，当时全小队的男女老少都出动了，把十几箱子、还有放了三年一次没骑的永久牌自行车都从山沟里抬了出来放到路旁，等汽车来装车。装完车后，他们俩与共同生活、劳动三年的全小队的男女老少百十余人一一握手告别，感谢大家对他们一家三口的帮助和关怀，大家热泪盈眶，惜惜相别。汽车开走了，欢送的人群还在招手，久久不愿离去，直到看不见人影为止。真是"举手长牢牢，惜别情依依。"

38 年过去了，2010 年 7 月 9 日李天院士传记编撰人员来到当年李天下放的绥中县加碑岩乡，得到了乡政府领导和加碑岩中学领导和老师的热情接待，我们走访了当年的房东，当年学校的老师，走访了当年他教过的学生，至今他们念念不忘李天、王景翰两位老师。当年他的学生现任绥中县加碑岩乡联合学校副校长骆俊山曾亲耳聆听过李天院士的教诲，欣逢为李天院士做传的良机，撷取当年李天院士教书、生活的花絮，呈现给大家，仅此表达对这位航空科学家深深的敬意。

情志蓝天——记航空气动专家中国科学院院士李天

李天与夫人在加碑岩留影

三十八年前的记忆

绥中县加碑岩乡联合学校副校长　骆俊山

随着时间的流逝,许多人都已经在我记忆的深处里淡忘了。然而,在我记忆的另一片天空里,唯有这样一个身影,却是这样清晰地存在于我记忆的最深处。他,便是我上初一时的物理老师,现任中国科学院院士、601所副总设计师——李天。

1972年春,我升入了初中,当时实行五二二学制。即,小学五年,初中二年、高中二年。记得当时是春季开学。升入初中,六年级就开设了物理学科,担任我们物理学科的教师就是李天。

开学那天,从学校的新生榜上,我知道了自己被分到了六年级一班。怀着一种忐忑的心情走进教室,按照班主任马德坤老师的编排,我在我的座位上坐下。因为刚刚跨入一个崭新的环境,同学们彼此都很陌生,所以,教室里倒是显得比较安静。

这时，一个身材高大，面容清瘦的男教师身影从教室门口映入了我的眼帘：他大约有三十多岁的样子，穿着一身褪了色的，干干净净的旧军装，戴着一副近视镜，清瘦的脸上带着些微笑，眼睛扫视了一下同学，声音低沉而缓慢地说："祝贺同学们升入初中，我叫李天，是下放到东梢树大队东道子小队的'五七大军'，从今天起，你们的物理学科由我担任，希望大家好好学习。"接着，李老师便向大家介绍这一学科的特点，用处。刚刚升入初中的我，面对陌生的环境，陌生的教师，陌生的学科，根本不明白李老师介绍学科特点这些话，只记得当时老师的目光里充满了一种期待，话语里透出一种自信。现在回忆起来，他当时是希望我们对物理学科有深刻的认识，产生浓厚的兴趣。他相信我们这些山里的孩子会学习好物理课程。可惜，当时的我没有理解老师的苦心，没能记住老师当时的话语，甚至有些学生还认为这位老师太磨叨了。有几个人还在下边偷偷地笑呢。但是我初次接触这位老师，就觉得这是一个为人谦和、学问严谨、知识渊博、精干负责任的人，这便是我第一次见到李老师时留下的印象。

以后的生活，证明了我对李老师的印象是正确的。李老师毕业于清华大学，此前任601所技术员。学识非常渊博，讲起课来娓娓动听，深入浅出，妙趣横生，很是吸引人。学生们都很折服。"亲其师，信其道"，在他的教导下，几乎每次考试，我们班的物理成绩都排在全校的前列。

记得那年下学期，学校搞学科知识竞赛，结果前三名有两名都是我们班的。也许是李老师谦和的作风感染了学生，也许是李老师严谨的敬业精神震撼了学生的心灵吧，再加上他深入浅出的教法，物理学科成了学校的王牌，学生从心底服气这位"洋教师"。在我们大伙眼里，他就像是一个慈祥的老大哥，是智慧的化身。

从此以后，这位"洋教师"成了学校的新闻人物。他的轶事悄悄地传播着。人们开始关注这位"五七大军"。人们发现，李老师和他的妻子王景翰（当时教化学课）每天是最早来到学校，一番洒扫庭除之后，便下到班里给学生辅导功课。清晨，雄鸡刚刚报晓，夫妻俩烧好了早饭，把三岁的儿子李晨托付给房东大婶，便踏上通往学校的山路。时常，放学的钟声敲响之后，李老师又习惯地走进教室给住宿生补课。夕阳落山了，深山沟里，河洼石滩留下李老师深深的足迹。余辉洒在他褪了色的军装上，映红了他清瘦的脸庞。住处离学校来回有二十多华里的山路，李老师一走就是二年。二年两度春秋二十四个月，七百二十个日日夜夜，李老师为加碑岩山区的教育事业呕心沥血，为文化的传承付出了汗水，燃烧了青春。

至今，人们还都清晰地记得李天、王景翰，虽然有些人不知道他们现在做什么、生活得怎样，现在在哪里，但是，人们知道他给山里人传播了文化，传播了新的学科——物理。李天成了加碑岩乡，大山深处文化的代名词。这种"李天效应"（学习文化的热情，高质量的文化水准）一直持续多年。

时至今日，人们每当踏上李天——这位中国科学院院士，601所副总设计师当年走过的道路，那清晰的脚印似乎依稀可辨；老师们走进当年李天老师讲课的教室，还仿佛听到那低沉而又有力的讲课的声音；十万大山记住了这位科学家的名字，记住了这位航空泰斗的功勋。他把学识传承给了辽西这块红土地，他的品格影响和感染了老区一代代人。

"文化大革命"使吾师深受迫害，但唯有吾师"出淤泥而不染，濯清涟而不妖"，"不以物喜，不以己悲"。这情操，这胸襟着实让人由衷地钦佩。

三十八年，弹指一挥间。许多老师甚至于连名字都忘了叫什么，惟有这位谦和、严谨、敬业、渊博的李天老师的身影，却始终清晰地铭刻于我的心底，是那样的高大，那样的给我以激励！

和李天一起工作过的高级工程师李洪杰回忆说："我是和李天以前在一起工作过的同事，我是文革所里实行军事管制期间进所的，当时601所归属第三机械工业部管辖，对外番号是中国人民解放军沈字601部队。当时也正是"五七大军"陆续从农村返城回单位的时候。我来所的时候，李天和其爱人王景翰还在绥中加碑岩公社教书。据我爱人骆素娟讲李老师和王老师在加碑岩公社教了很多学生，两个人教书教得比较好，而且为人正直，他们不仅教书而且也育人，在他们的教导下，有很多学生都比较有出息，现在有的是在国家机关和重要的科研单位，我的爱人骆素娟就是李天和王景翰培养出来的学生之一。我爱人骆素娟在农村曾受过李天和王景翰两位老师的启蒙教育，1974年从农村考入北航，1978年分配到沈阳601所工作，先后在飞机结构疲劳实验室、组织部工作。1994年组织部任命为飞机结构疲劳实验室党支部书记，兼副主任。（现已退休在家）。回想我爱人骆素娟的成长经历与李天和王景翰老师的启蒙教育是分不开的，这也是李天、王景翰老师教书育人回报社会的一个缩影。

由于我和骆素娟的关系，经常去加碑岩探望我年迈的岳母，有一年经骆素娟的指引下，我来到了李天老师当年插队居住和生活过的地方。那是一个比较偏僻的小山村，从一个很狭窄的小山口里进去，踏着崎岖不平的羊肠小道，说实在的每走一步都很艰难，稍不注意就容易崴了脚脖子。当我来到他们当年的住所时，我简直就不敢相信我的眼睛，映入眼帘的是简陋的房屋，窗户没有玻璃，只是在窗框外面糊了一层纸。看到这一切之后，我的心情久久不能平静，这种条件到了冬天防寒是可想而知的，据当地老乡讲这里的生活条件确实很艰苦，别的暂时不提，就是每天吃的生活用水得到很远的井里去挑，再说道路又不好走。李天当年和王景翰老师就是在这种生活条件比较艰苦的情况下，没有一丝怨言，勤奋而忘我的工作，为这个贫穷落后的小山村培养出一批又一批国家有用的人才。由于我回加碑岩的次数多了，也结识了不少的当地老乡。在与他们交往中有很多人都是李天和王景翰当年教过的学生，从言谈话语中我能感觉出他们对两位老师的感情较深，这么多年过去了，还没有忘记两位老师，所以见到我都主动打听两位老师的生活和工作情况。可想而知，两位老师在这些学生的心目中的威望是如此的高，尤其是李天、王景翰在教书育人方面的高尚品德和忘我的工作热情受到了当地许多人的高度赞誉。"

李天当年在加碑岩中学的学生骆素娟还说："1974年我被推选到北航上大学，当李天老师得知我上北航学习时，他出差时曾两次到北航去看我，鼓励我要好好学习，从大山里走出来不容易，他告诉我要多花时间学好英语，他还曾几次在信中再三提醒我要学好英语、学好每门功课，不辜负山区人民对我的希望，要为山区的孩子们争光。我从北航毕业后，有幸被分配到601所工作，当我得知李天老师和王景翰老师就在601所时，我高兴极了。到所后，二位老师在工作、学习各方面都给我更多的关心和帮助，在他们的影响下，我从一个山区的无知穷孩子到一个大学生，又从一个技术员到高级工程师，我走的每一步都离不开他们的关心和帮助。是他们的人格魅力影响了我的一生。我是加碑岩第一届中学毕业生的幸运儿，又来到李天老师身边工作，这是我一生中最大的幸福。加碑岩的父老乡亲和我的同届同学都很羡慕我，因为我永远有李天老师的关怀和帮助。李天老师永远是我最崇拜的人。"

第四章　严谨求实干新歼

李天于1973年初又回到601所仍在气动室导数组工作，当时正赶上歼8设计定型工作阶段，他马上参加到影响定型的关键问题的攻关中去。那时所里承担着歼8白天型、歼8I型（全天候）、歼8II型（两侧进气），接着又搞歼8III型和歼8出口型等歼8系列飞机的研制工作。除此之外，所里还进行过歼9、歼13、轻型轰炸机和垂直起落飞机、舰载技术的设计工作。由于种种客观原因，有些机种研制工作半途而废，但是参研人员却得到基本功的训练，增加了不少设计知识和技术储备。李天为研制成功的飞机如歼8系列飞机、受油机、歼11和舰载技术做了大量工作，他为实现国防现代化增强我军防卫力量做出了贡献。

> 国产战机翱苍穹，
> 浩瀚天海筑长城。
> 雄鹰长空冲霄汉，
> 舰载远航缚蛟龙。

为国争光

李天在绥中县加碑岩公社东梢树大队东道子小队的大山沟里，一待就是三年。清华大学的高才生，在艰苦的环境中，"卧薪尝胆"，刻苦学习，勤奋工作，最大的收获就是一种特殊意志的磨炼。"夫君子之行，静以修身，俭以养德，非淡泊无以明志，非宁静无以致远。夫学须静也，才须学也。非学无以广才，非志无以成学。"李天正像诸葛亮《诫子书》中说的那样，品德高尚，德才兼备是依靠内心安静，精力集中来修养身心的，是依靠俭朴的作风来培养品德的，不看清世俗的名利就不能明确自己的志向，不身心宁静就不能实现远大理想。学习必须专心致志，增长才干必须刻苦学习，不努力学习就不能增长才智，不明确志向就不能在学习上获得成功。三年的插队生活，是对他进行的一次严峻考验，农村艰苦生活并没有动摇他的"志当存高远"的信念，他的航空报国之心一点没有改变，"沉舟侧畔千帆过，病树前头万木春。"李天回到所里很快投入到新机研制工作中去，进一步发挥自己的聪明才智，要用更多的科研成果为国争光。

1973年初回所后，他仍回气动室导数组工作。这时气动室主任是管德，书记是谢青山，副主任是方宝瑞和李明。顾诵芬在总师办任总设计师。原导数组与模型试验组合成一个大组，有二十几人，由王惠轩任组长。当时所里承担歼8白天及全天候定型工作、歼6后继机的方案研究工作。开始组里让他参加由方宝瑞副主任领导进行的歼6后继机的方案研究工作，他参加该项工作之前已有了4种机翼方案，但平尾是采用斜轴还是直轴，垂尾和腹鳍方案也未定。方主任让他负责平尾和垂尾的选型设计和试验工作。他接受工作后，很快把前面做的工作以及方案的计算、试验报告熟读后，开始计算和设计平尾、垂尾的方案，通过计算分析选了3种直轴和2种斜轴平尾参数，5种垂尾参数进行模型和风洞试验。当时风洞测试记录水平仍很低，大量的风洞试验数据仍是靠大家在方格纸上点点和画曲线，这项工作花去了很多时间，分析总结和写报告的时间就显得紧张了。通过试验及综合分析，对比计算，最终选定了直轴平尾和一种效率较高的垂尾。

在歼8定型阶段，有几个关键问题没解决而影响定型，其中之一是放减速板振动大的问题。当时，设计减速板时只考虑了气动效率，即选用了小面积大开度（开65度）方案，而忽略了振动问题，由于放减速板开65度，角度太大引起气流分离,造成飞机强烈振动,当把减速板的开度减到45度时,振动解决了,但阻力增量也减少了,飞机减速性差而达不到要求。这成了歼8飞机定型的一个拦路虎。为解决此问题,所里成立攻关组,任命李天为组长。李天通过在低速风洞中流态观察及试飞测量发现,振源来自减速板后的气流分离及从减速板两侧形成类似卡门涡街的旋涡,该旋涡不断形成并不断流走,每当旋涡流走时,绕流流线会产生振荡,如此反复的非定常运动会产生低频压力脉冲,当这种旋涡从平尾附近流过时,容易引起平尾的结构响应而使飞机产生强烈的振动。在不能再增大减速板面积的前提下,他提出在减速板上采用开孔的办法来消除振动,通过孔的高能气流可将板后拖出的大旋涡分割成小旋涡,经过黏性耗散绕流流线的振荡减弱,因而其脉动压力强度也大大下降,不易引起平尾结构响应。由于孔的边界层作用,对板的阻力影响不大,可以起到增阻减振的目的。然而,孔的形状、大小、位置却是设计的关键。为获得定量结果,在国内首次开展了在高速风洞中对在减速板上开孔进行了系统的减振增阻研究。当时,仅找到两份国外有关低速风洞试验报告,没有国外关于这方面的高速风洞试验报告,李天请626所的天平专家陈广玉设计了一种专门测阻力和纵向力矩的二分量天平,还设计了装有可以测尾流脉动压力的kulit动态压力传感器的探头和支架。李天设计了多种开孔方案的减速板,采用在高速风洞试验中同时测阻力及减速板尾流脉动压力的方法,得到了既满足增阻又不产生强烈振动的减速板开孔方案。通过风洞试验选出了6种对增阻减速有效的开孔减速板进行了装机试飞验证,通过试飞证明在风洞试验中所选方案是正确的,试飞结果与风洞试验结果基本一致,证明在减速板上开孔是消除振动,但阻力效率又不下降的好方法,为设计高效率减速板提供了有价值的参考资料。最后选出一种开孔方案的减速板再次装机试飞,飞行员反映振动明显减小,可以接受,而飞机的减速性同时达到设计指标。从而很好地解决了歼8定型中的一个拦路虎。该成果获航空工业部科技进步二等奖。李天排名第一。

李天（左三）和沈阳空军司令员等留影

歼8机定型后，顾诵芬总师提出为装大口径雷达，将歼8机头进气改为两侧进气。为加快进度，只动29框前的机身。方案出来后进行气动特性计算，发现由于前机身改成两侧进气，前机身侧面变得平直，歼8原来圆形截面的前机身变成立椭圆形，其侧向力较原型加大，且在重心之前，造成了偏航力矩导数（$C_{n\beta}$即方向安定性）减小，使歼8Ⅱ在最大马赫数时的$C_{n\beta}$值达不到设计指标。李天与顾总商量，因歼8垂尾面积已很大了，不能再加大面积了，他建议将原来两片侧向小腹鳍改成单片大腹鳍，但为防止着陆时擦地，必须做成可收放式的。刚好米格-23是采用这种形式的可以参考，结构问题迎刃而解，关键是选多大面积及什么样的平面形状的腹鳍才能产生所需要的$C_{n\beta}$值。他通过计算和分析，经多种方案选择、对比，从中选出3种方案进行高速风洞试验选型，他从头到尾参加试验、画曲线、分析数据，最后选定了一种腹鳍方案，经顾总批准，由结构室发图，工厂生产。在歼8Ⅱ定型试飞中，其最大飞行马赫数超过了设计指标，表明该腹鳍方案正确，保证了歼8Ⅱ飞机顺利定型。

歼8Ⅱ飞机设计定型后开始装备部队使用。空军对歼8Ⅱ期望很大，不仅由原 5 个挂架改成了 7 个挂架，而且希望能挂各种空地武器，这不仅使飞机的重量①增加，各种外挂物的尾流还严重影响平尾效率，增大了飞机起降速度，不满足空军的要求。歼 8 Ⅱ 机翼为大后掠小展弦比机翼，根据俄罗斯中央流体动力研究院的结论，对这种小展弦比三角翼飞机的后缘襟翼的偏度只能到 24.5 度，不能再大了，因此飞机起降时升力系数比较小。这时李天已调到总师办任气动副总师（1985 年 10 月），他与气动室的同志研究，提出要打破这个框框，增加襟翼的偏度，他查阅了大量资料，系统地研究了增大襟翼偏度时，用襟翼缝隙的气流控制流动分离的方法，并研究了襟翼偏度与最有利缝隙大小的密切关系。

他提出将襟翼偏度增大到 30 度，通过选择有利缝隙宽度来控制其气流分离，以达到增大升力的目的。经过计算和分析，确定大偏度后缘襟翼具有不同缝隙宽度的方案，模型加工完成后，他亲自率队到北京航天部 701 所的低速风洞去做选型试验。试验实行两班倒，他为了及时分析数据，白班除中午小睡一会儿，一直跟全班。晚饭后他又与晚班的同志一起参加试验和研究试验结果，直到午夜才回宿舍。通过一周的奋战，终于得到了襟翼偏度与襟翼缝隙大小的关系，试验结果证明了小展弦比三角翼飞机的襟翼偏度通过控制襟翼缝隙大小可以增大到 30 度，并选出了襟翼偏度 30 度时可获得最大升力的最佳襟翼缝隙的尺寸。试验数据表明，该方案可使着陆升力系数增加 20% 左右。试验回来后，经顾诵芬总师批准，将歼 8 Ⅱ 飞机襟翼改为下偏 30 度，缝隙按试验选出的尺寸控制。改装后，经试飞验证，采用这种襟翼可使飞机起降速度降低 10% 左右，改善了歼 8 Ⅱ 飞机的起降特性。

空军决定在歼 8 Ⅱ 上挂装一种新型中程拦射导弹，其弹翼很大，为获得其气动特性，进行了高低速风洞试验。低速试验发现，在放襟翼时，该导弹使全机焦点前移，而变成静不安定状态。为解决此问题，李天副总师领导气动室的同志先在 29 基地的水洞中进行流态观察试验，发现襟翼洗流与导弹弹翼气流相耦合对平尾造成强下洗流。他提出通过在机翼上表面的襟翼前加翼刀的方案，用

---

① 本书所提"重量"均为"质量"概念，单位为千克，吨等。

翼刀改变襟翼洗流位置使其避开弹翼尾流,消除耦合作用以减弱对平尾的下洗影响。然后在低速风洞中进行测力试验,选不同形状和位置的翼刀,通过试验及分析试验结果,最终选出了位于襟翼前加一个前宽后窄形的小翼刀,可使带中程导弹放襟翼时的全机焦点前移量减小,保证了纵向力矩随迎角变化变为安定的了,从而解决了带多种外挂物对飞机起降特性的不利影响。

在歼 8Ⅱ飞机上挂中型拦射导弹在国内是首次,在空中发射更没有进行过。为了保证飞机飞行中安全发射,对飞机挂中距导弹的状态必须做风洞捕获轨迹试验(Captive Trajectory Test,CTS),目的是通过风洞试验来判断发射导弹时是否会与飞机相碰撞,这是判断导弹运动轨迹是否会危及飞行安全的重要依据。所谓 CTS 试验,又称可控轨迹试验,它是一种先进的、风洞和计算机一体化的测量飞行器投放外挂物投放轨迹的试验,试验装置复杂,技术难度大,当时国内风洞还不能做这种试验。为了保证发射安全,1985 年初,顾诵芬总师通过飞机局王若松局长批准,准备去法国宇航院莫当 1.75 米跨超声速风洞做试验,经过多次与法方谈判与技术协调,签订了试验合同。所里决定由李天带队,二室的郭金锁和 626 所的王辰生三人组团去完成试验,并学习和掌握试验方法及熟悉试验设备。他们于 1985 年 10 月去法国,经过 10 天试验,圆满完成任务回国。这是李天带队第一次出国访问,在莫当风洞试验时,法方给他们每人 1500 法郎做零用钱,他们认为国家已给补助了,回国时如数将法方给的法郎交给了航空工业部外事局。通过这次合作,不仅得到了导弹发射轨迹数据,还掌握了试验设备情况以及如何进行试验与计算的方法,为后来发展和建立我国捕获轨迹试验设备及开发计算方法提供了非常重要的参考资料。这种试验比较复杂,除把载机模型支撑在支架上外,还有一套可六自由度运动的支撑导弹的运动机构。导弹比较小,为测其气动力需要加工直径 5 毫米左右的六分量天平。试验时,把导弹放在挂架上的一个起始位置上,测出该位置导弹的气动力,然后将此气动力、导弹推力、导弹的质量、惯性矩一起代入飞行力学运动方程中,由风洞外的计算机实时算出在 Δt 时间后导弹应运动到的下一个位置,然后计算机自动控制六自由度机构伺服系统将导弹移动到该位置。这时,计算机再根据在该点测得的导弹的气动力及导弹的推力及质量、惯性矩等代入飞行力学运动方程中算出第二个 Δt 时导弹应运动到的位置，依此连续做下去，直到导弹运动到飞机机头前边为止，进而得到导弹在发射过程中的运动轨迹，按 x、y、z 坐标给出，从中判断导弹发射过程的运动轨迹与载机的三坐标距离是否存在不安全因素。

为了能用理论计算方法模拟飞机与导弹的相对运动，李天在先进气动布局课题里设立了这个题目，请北航张启南教授（气动力学）、肖叶伦教授（飞行力学）及601所二室王兆千等组成数值计算课题组，经过四年多的努力，开发出了可以计算飞机发射导弹时导弹相对飞机的运动轨迹。为了保证软件方法开发的正确，李天头三年只给他们有关飞机与导弹等的原始数据，而风洞试验结果不提供，留做考察方法时用。因为若先把试验结果给他们，会使他们产生一种依赖性，在试算时经常与已知结果对比，只要凑上就行的做法会影响计算方法的通用性和准确性。这也促进了他们更加认真地开发软件。最后开发出的软件计算结果与试验结果比较吻合，并获得了航空工业部科技进步二等奖。

601所退休高级工程师杨永和回忆说："当年我在结构室参加由李天任组长的歼8定型排振工作，感觉李天人特别好，能和群众打成一片，没有一点架子，能把大家团结在一起共同奋斗，解决了不少关键问题，我特别愿意和他一起工作。排振工作结束后，我就从结构室调到了总体室。李天院士给我留下了非常美好的印象，他确实是我们学习的榜样。"

勇于担当

1972年，601所开始研究搞歼6后继机的问题，除了气动布局进行选型研究外，主要是选用什么发动机的问题，先提出选用英国罗·罗公司的斯贝发动机，但经过了解其高空高速性能差，不能用做歼6后继机的动力（虽然后来中央决定引进贝斯发动机）。因空军要求歼6后继机的性能要接近美国 F-16 战斗机的水平，后来又提出采用两台 811 丙发动机或一台 910 发动机方案，到 1980 年后又决定采用苏联米格-23 的涡喷 15 发动机作为歼 6 后继机的动力。

1. 边条翼布局原理研究

在顾总及 601 所有关同志与 606 所、空军及三机部热火朝天论证用什么发动机时，顾总在 1974 年底让气动室研究边条翼布局方案。所谓边条翼布局就是在中等后掠角（30 度~45 度）、中等展弦比（2.5~3.5）的基本机翼内侧加一个向前延伸的大后掠角（60 度~70 度）尖前缘的边条。这种布局较常规布局优越之处是这种大后掠尖前缘边条在较大迎角时可产生一个很强的脱体涡，除这个涡本身具有高的升力增量外，它还能控制和改善基本机翼的外翼分离流动，从而也提高了基本机翼对升力的贡献。这是一种新形气动布局形式，可使飞机在大迎角时具有高的机动性，美苏已在 F-16、米格-29 等飞机上应用。当时，室里决定由李天、程映雪、何辅佼等人组成课题组开展研究。此时北航流体所的刘谋佶教授、忻鼎定教授，以及邱成昊、吕志咏等人也在研究边条翼问题，经室里及顾总同意，决定与北航合作共同研究边条翼布局的流动机理、流态分析并在其低速 G3 风洞进行测力测压试验。李天负责方案设计，通过理论计算和分析，他选取了两种基本翼（后掠角为 30 度和 40 度），十多种边条翼方案，包括长、短、宽、窄……直线形，拱形和 S 形等不同面积和平面形状的边条。所里车间加工好模型后于 1975 年 4 月去北航，由于北航当时的招待所较小，气动室技术人员及车间工人去的较多，招待所安排不下，大家就住在学生宿舍。在学生食堂吃饭，条件较艰苦，但大家不计较这些，每天加班加点地工作，除了参加试验，画试验曲线分析数据，每隔两三天还与北航老师共同讨论试验中的问题，大家畅所欲言，对边条翼布局特点有了较深刻的认识。在这期间，李天曾回所向顾总汇报进展情况，并得到他的指示，他要求要细致地研究，争取得出参数影响规律，为今后型号应用提供方向。根据试验情况，又补充加工了几种新方案，使该研究做得更全面。通过近两年的研究，基本掌握了边条翼布局的特点及边条的作用，包括如何产生高的涡升力，减少配平阻力，降低抖振强度及改善横航向特性等优点，也发现了边条翼的不足及在设计中应注意的问题。

为在新歼布局中选用边条翼布局打下了坚实的理论基础。

两院院士顾诵芬回忆说:"搞歼13,搞边条翼,李天在北航做了大量试验。他出了不少力,北航发表的成果论文,里面也有李天的贡献,这项研究成果开拓了我国边条翼设计的先河。"

2. 新歼布局研究

新歼的方案研究始于1972年,经过发动机的选型及布局初步研究,中国人民解放军总装备部(简称总装备部)于1976年批准了空军提出的歼6后继机的战术技术要求,三机部将新歼正式取名为歼13飞机,由601所进行研制。在方案研究初期,通过计算和风洞试验比较发现,无尾布局方案很难满足高亚声速机动格斗性能及短距起落要求;可变后掠机翼布局方案虽然能解决高、低速气动特性矛盾,但由于转轴机构使结构付出的重量代价太大,机构复杂也不易采用;鸭式布局方案虽然有较好的机动性能,但机翼与前翼之间的位置关系,参数匹配需要大量的计算和风洞试验才能确定,且大迎角俯仰力矩不易控制,因此也未选用。而边条翼已经有了一定的基础研究,设计方法也初步掌握,因此所里决定选用带边条的有尾正常式布局形式作为歼13的方案。

歼13飞机模型

1975—1981年，气动室在顾诵芬总师及方宝瑞副主任领导下曾对6种基本机翼，2种机翼位置，20种边条，8种前缘襟翼，5种垂尾、6种平尾（直、斜轴）及腹部与两侧两种进气形式的多种组合方案进行了计算分析及经过1万多次的高、低速风洞试验，最终选出了一种较好的边条翼布局方案。

1982年初，李天由导数组长升任气动室副主任，主管气动布局设计、性能计算、风洞试验、操纵稳定性分析及数值计算等专业，主抓歼13飞机的气动布局设计工作。根据1982年4月在北京召开的新歼"06会议"精神，他领导气动室对原歼13方案采用涡喷15发动机重新修改了气动布局，除机身按面积律修型外，又新选了2种边条，2种前缘机动襟翼及后缘襟副翼，3种座舱盖及2种腹鳍以及减速板和各种外挂物，加工了高、低模型，在高、低速风洞进行了基本气动特性及低速大迎角纵横向气动特性试验，总计吹风近1500次，使该方案更加完善，满足了空军的指标要求。

虽然601所在歼13飞机布局方案上做了很多工作，基础比较扎实，也进行过方案评审，但最后国防科工委让601所设计歼8Ⅱ。新歼由611负责。601所做的大量新歼工作进了档案室，算是技术积累和锻炼设计队伍吧。李天院士认为工作不会白做，只要努力工作就有收获。不断积累新机研制的经验教训，不断增加新机设计知识，这对他后来勇于担当多种预研课题的牵头人，为新一代战机的预研打下了牢固的基础。

雄鹰展翅

苏-27飞机是俄罗斯苏霍伊设计局在20世纪70年代设计研制的主要用于争夺制空权的双发重型长续航能力的制空战斗机，其主要作战对象是美国当时全力以赴研制的空中优势战斗机F-15。苏-27CK飞机采用翼身融合机体，作为前缘边条的整流段使机身外侧的外翼融合成一个完整的升力面，巡航或高速飞行时，由外翼提供升力，在近距格斗时，充分利用边条涡提供高机动升力。飞机的发动机АЛ31Ф具有良好的加速性，在3~4秒内可使推力从低速平飞推力，达到最大加力推力，进气道具有较大的喘振裕度，可保证发动机在恶劣条件下正常工作。飞机采用放宽纵向静安定性的主动控制技术，允许飞机在静不安定条件下飞行。苏–27飞机优异的大迎角操稳性能和良好的发动机、进气道共同工作特性，典型地体现在"普加乔夫眼睛蛇"机动动作中，飞机快速拉到迎角为110度~

苏–27飞机

120度时，仍能保持发动机稳定工作和恢复可操作状态。飞机的续航时间可达5小时，可远离基地截击入侵敌机，也可深入敌后进行攻击。飞机装有大功率脉冲多普勒雷达，探测距离可达100千米，并能与光电雷达和头盔瞄准具，构成三位一体的目标探测系统，使飞机在远距和近距条件下实现上视上射，下视下射的全向攻击能力。全机具有10个外挂点，主要攻击武器为中距拦射弹和近距格斗弹，配有一门ГШ-30航炮，具有一定的对地攻击能力。飞机在结构设计中采用了先进的强度规范，并大量采用钛合金、高强铝合金等航空材料，工艺方面广泛应用钛合金焊接技术和各种加工成形工艺，达到加工精度和粗糙度要求，飞机具有较高的结构效率。

苏-27飞机是一种先进的第三代战斗机，它的引进和建线生产对提高我国的航空工业水平具有重大意义，使我国战斗机研制升级跨代迈出了重要的一步。

1993年初，上级决定引进苏-27飞机生产线，经过谈判，卖给中国生产图样，设计资料一概不卖，为了掌握苏-27的气动设计思想和气动特性，李天副总师组织和领导气动室的设计人员进行摸透工作。首先根据生产图样由外形反推出全机理论外形及各翼面翼型，苏-27是边条翼融合体布局，是一个升力体下吊挂两个发动机，在气动设计上堪称追求完美的典型。由于双发动机之间间距大，在高速风洞中用一个天平杆很难支撑模型。他向气动院提出加工音叉式双杆天平，难度比较大，而用单天平杆只能在后机身加大鼓舱，如何进行支架干扰修正至关重要。他领导气动室赵霞、王永恩等与气动院的同志一起研究出如何扣除加粗支架对气动影响的修正方法，这必然增加了试验工作量，但为了摸清问题，只能如此。俄罗斯做苏-27低速风洞试验时是用张线支撑模型，没有支杆干扰问题。为了完成低速试验，李天要求气动院设计加工张线天平，这在国内也是首次，气动院在郝卫东副院长的带领下，加工出了张线天平，为获得准确的苏-27气动特性做出了重要贡献。后来气动院（哈尔滨）还设计和加工了**旋转天平**测出苏-27的动导数。为了保证风洞试验数据的可靠，除在气动**院做试验**，还到29基地及国外的风洞做对比试验，对试验结果采用李天建立的从风洞试验数据修正到试飞数据的相关性方法进行修正后，与我国自己试飞苏-27测得的气动特性基本一致。从而掌握了苏-27的气动特性，为结构强度设计、操纵品质和飞行性能分析提供了可靠的气动数据。为自行设计新型号提供了设计方法。

李天（中）在车间审查风洞模型

在苏-27低速大迎角风洞试验中，李天发现迎角在40度左右飞机横航向特性出现不安定现象，这是40度~45度后掠翼的特有现象，但为什么苏-27可以做快速俯仰到120度的眼镜蛇机动呢？为了摸清这个问题，他提出请气动院研究一种可以做快速俯仰120度的动态试验机构，研究苏-27在这种运动状态时的气动特性，这在国内也是首次做出这种机构和试验，研究由气动院总师范洁川及唐敏忠博士领导的课题组完成。试验发现，当边条翼布局飞机做快速大迎角俯仰运动时，机翼产生一个很大的不定常的升力增量，使飞机运动到90度以上，当飞机向下运动时其升力增量为负值，使飞机自动低头恢复到原来状态，这个过程只有3~5秒中，这种动态过程飞机横航向是安定的。但如果把飞机慢慢拉到40度左右，这时横侧静不安定出现了，飞机会失控。因此苏-27在常规操作时，迎角限制到30度为止，不能再大了，而动态时可拉到90度~120度。摸透这个机理，对后来设计背景机有很大的参考作用。要保持飞机在60度迎角以内可控，必须保证在此迎角范围内，纵横向特性都是安定的。这就为背景机的气动布局和总体设计打下基础。

歼 11 飞机

从引进苏–27 飞机组装到歼 11 飞机的研发成功，体现了我国坚持独立自主、创新发展的基本思想，实现了我国航空工业技术发展的飞跃。雄鹰展翅，歼 11 研发成功壮大了我军的防卫力量，这里也记下了李天院士为航空事业所做的贡献。

舰载瀚翔

李天院士是601所舰载飞机技术预研的发起人。

舰载飞机主要是指舰载战斗机，顾名思义是以航空母舰为基础的军用飞机。舰载机的主要任务是配合舰队完成海上作战任务，夺取海上和沿岸地区的制空权。对海上舰船和沿岸地区陆上目标实施攻击，完成海上和沿岸的战斗任务。舰载飞机和航空母舰组成的武器系统是现代海军最强大的武器系统，是海军作战的核心力量，是控制海域和沿海地区重要的军事力量，是保卫祖国、控制制海权的有力武器。我军在加强现代化建设中把研制航母和研制舰载飞机作为战略目标。由于我国的经济基础比较薄弱，研制航空母舰和舰载飞机有许多困难，但是我们有决心一定要在不远的将来研制出我们自己的航空母舰和舰载飞机。

由于舰载战斗机以航空母舰为使用基地，主要是在海上作战，这就使其与一般战斗机有所不同，舰载战斗机有其许多技术特点，在外形上尽量采用提高升力设计以适应降低舰上起飞和降落速度的要求；机翼需要折叠以减少舰上停放空间。由于在舰上快速起飞和拦阻着舰要求结构上有很大的变化，舰载战斗机要有好的加速性、可靠性和防腐性，对于系统和机载设备都有些特殊要求，在使用维护方面也要有特殊要求，特别强调要防盐雾、防潮湿和防霉菌的"三防"能力。所以舰载战斗机的预研工作早已列入601所的研制日程。而李天副总师则是航空舰载技术预研第一引领人。

601所早在20世纪60年代初期就开展了对美制F-4B舰载飞机残骸的特种技术的研究工作，为80年代深入开展预研工作做了良好的铺垫。参加舰载飞机预研工作的601所老研究员云梦东说："80年代中国海军正式提出建造航母的论证及研讨，当时由于种种原因未能在国家立项，在这种航母建造处于低潮情况下，作为601所主管预研课题的副总师李天提出，中国作为一个海洋大国，为了保卫祖国庞大的海疆，迟早要建造自己的航空母舰。它是舰载机的起降平台，因此舰载机的特种技术的研究必须要走在航母预研的前面，他甚至说国家暂时不投资，我们自筹资金也要上，他坚定地决策舰载机特种技术预研工作上马，历史证明了他的决策是完全正确的，为顺利完成未来的舰载机技术设计工作做出了重要贡献，也说明了李天在抓预研工作上的高瞻远瞩。"

在预研课题的研究中，李天主张真抓实干，既重视软件开发也重视硬件开发，在课题预研过程中，有的课题组为了应付年终检查临时抱佛脚，东拼西凑弄一篇毫无科研价值的报告报上来，李天看了十分生气，给予了严肃的批评，并要求重新改写。正是他这种求真务实的科学态度保证了课题的预研质量。课题组就是在他这种思想指导下，经过10年的艰苦努力完成了3项舰载机特种技术的课题预研工作，并被航空工业部和国防科工委对这3项成果授予了科技进步三等奖。这3项课题是：用于薄翼机的单轴机翼折叠机构；用于较厚机翼的一轴一铰的机翼折叠机构；用于舰载机甲板高机动性的前轮转弯机构。

在李天的主持和倡导下还完成了大量舰载机特种技术的储备工作，如：着舰捕捉钩机构及钩子材料的研究工作；后背式的机翼折叠机构的研究；前轮弹射发射杆的研究等。

海军装备部的领导来所视察舰载机特殊技术预研工作，在听了601所汇报以后说："我们只有在601所看到了，看得见、摸得着的舰载机特种技术的储备。"这充分说明了李天所倡导的科学务实搞预研工作在601所的落实。601所在舰载机特种技术的预研上不仅出了成果，而且培养了一批有真才实学的技术人才。

1988年8月，国防科工委科技委4名兼职委员根据有关文件分别提出了进行航母和舰载飞机的发展可行性研究的立题建议，在科技委聂力副主任的具体指导和组织下，经国防科工委批准，以科技文件下达任务，将该课题列入国防科工委科技委1989年软科学研究计划，1989年1月正式成立了专门课题组。课题组的主要任务是通过对军事需求、科技发展和经济条件等因素的综合研究，分析我国发展航空母舰和舰载飞机系统的意义和目标、技术构成和难点、发展途径和可能，并弄清关键技术，提出预研和研制安排的建议，为高层宏观决策提出科学、客观和公正的咨询参考意见。

考虑到这一课题涉及领域宽阔、部门众多、技术储备基本属于空白、研究难度很大的特点，为便于系统工程论证，成立了若干分课题组。根据课题组的委托，1989年3月，601所参加了其中舰载飞机技术分课题组，主要任务是进行舰载飞机技术总体方案和特种技术研究。李天副总师担任601所课题组长，一室倪景连主任为课题副组长。

601所对舰载飞机技术论证工作十分重视，组织了强有力的技术骨干队伍，所长解思适、党委书记刘春义亲自挂帅，对参加论证工作的同志反复强调，在论证中一定要实事求是，对国家负责，对海军建设负责，对历史负责。

李天（右二）与顾诵芬院士（中）等在机库留影

海军领导对我国发展航空母舰及舰载机技术系统尤其重视，为了安排落实研究任务，对国内的技术状况进行了广泛的调研。1989年5月，海军装备技术部部长郑明率团来601所考查，601所从技术、日程安排和接待上做了充分准备，郑明部长听取了601所技术实力、某型号方案和发展思路介绍，参观了601所舰载机技术储备并接受601所赠送的精美的舰载机模型后，对601所的研制能力给予了充分肯定。

1987年，提出搞舰载飞机预先技术研究工作，601所由李天负责研究歼8改舰载机的可能性。他领导总体室倪景连主任、刘华翔副主任，气动室郭金锁主任、赵波副主任等组成课题组进行论证，首先必须搞清舰载机技术与陆基飞机的不同，通过查找国外有关舰载机技术的文献资料，参考外国舰载机的设计，搞清了为保证在舰上安全着陆必须有足够的升力，这就要求舰载飞机的着陆速度在规定的范围内是靠气动力设计加以保证的。其次为保证在机库里存放，飞机的机翼必须折叠，为拦阻着舰必须有着陆钩，因舰载飞机着舰时无平漂段，其下沉速度是陆基飞机的2倍以上，其主起落架必须能承受相当于陆基飞机4倍的撞击载荷，这是靠结构设计保证的。此外，飞机在海面上长期飞行、存放，必须能防盐雾、潮湿与霉菌等。这给舰载飞机的设计与制造增加了很多难度。在摸清了机体设计存在这些关键技术后，对歼8Ⅱ飞机做出了改进方案，为提高升力，加大了机翼面积并采用高增升装置。

1989年6月，由李天副总师带队，向海军副司令员李景做了汇报，李景对601所的技术实力、发展舰载机的思路和方案给予了鼓励和支持。

通过现有飞机改舰载飞机技术可行性论证，601所总的认为：由于舰载飞机以航空母舰为起、降场地所带来的特殊要求，使得舰载飞机与现有这类第二代陆基飞机在气动、结构强度、材料、起降系统、座舱、通信导航系统和武器系统等方面都有较大差别，所以在以陆基飞机作原型机发展舰载飞机时要做大量工作，比如：气动布局要作相应调整，增升装置要重新布置，结构要加强，起落装置要重新设计，机载设备要重新选择等。这是一项十分复杂的研制工作，基于我国的具体情况，不宜采用陆基飞机改舰载飞机的技术发展途径。

601所又让李天副总师负责组织歼13改舰载飞机可行性的研究，歼13是601所"六五"、"七五"的预研成果，经过12年方案论证、进行过1万多次高、低速风洞试验、初步设计及初步成品协调，其"实验室技术"是成熟的。

利用歼13成熟的"实验室技术"，改舰载飞机是601所的主要方案。601所提出的歼13改舰载战斗机发展策略是"一步到位，分步改进"，"一机多型，两个市场"。

"一步到位"是指机体结构设计研制一步到位。"分步改进"是指分步换装中等推力涡扇发动机、综合火控系统、主动控制技术和隐身技术，首先突破舰载技术，分步提高其作战能力。"一机多型"是指舰载型和陆基型，歼攻合一。"两个市场"是指国内、国外两个市场，国内作为歼 7 的后继机，国外作为出口型。

歼 13 改舰载飞机是一种单发、单座，性能优良的超声速歼攻合一的舰载型战斗机，它具有全天候作战能力；飞机采用翼下两侧进气型式，采用带边条的中上单翼，中平尾，单垂尾，正常式气动布局，翼身融合体，机翼可折叠，前三点式起落架，双轮支柱式前起落架，机身式主起落架，后机身下方装有着陆（舰）钩。该方案可以满足舰上起飞和着舰要求，满足海上环境、舰上停放和使用维护要求。总之，可以满足各种舰载飞机特殊要求。

601 所从 1983 年开始，利用收集到的舰载机残骸和具有拦阻着陆能力的飞机，全面开展了舰载机特种技术研究，其中包括：

某舰载机机翼折叠技术；某着陆（舰）捕捉钩技术；某双位前起落架技术；某前轮转弯机构；某双前轮设计技术；某机身起落架技术；某某翼尖挂弹技术。

1989 年 12 月，航空航天工业部在北京召开舰载机方案论证会，601 所以歼 8 Ⅱ 改舰载机方案提交大会；611 所以歼 7 改舰载机方案提交大会。经过专家评审，认为两所方案各有所长；决定从"八五"规划开始，开展舰载机关键技术预研，由 620 所任组长单位，由 620 所副总师孔繁训担任组长，601 所李天、611 所谢品为副组长，由此开始了舰载机特殊技术的预研工作。

课题组分工让 601 所负责折叠机翼设计技术，611 所负责主起落架设计技术，要求两家各做出原理样机进行试验，关于顶层论证及气动布局、高增升装置等课题由两所分别承担，着舰导引以 618 所为主。三防以 605 所负责，601 所和 611 所参加，北航与 601 所负责起降动力学课题，从此开始了舰载机的预研攻关。"九五"舰载机预研规划从 1996 年开始，海军要求 601 所以×××上舰为背景方案，611 所以××上舰为方案进行预研。折叠机翼分课题 601 所由云梦东研究员负责，他工作非常认真敬业，也比较有远见，当时他在外机组，是他建议顾总把某折叠翼的残骸买到所里，进行了分解和摸透。在李天的支持下，他们课题组克服了经费少，技术难度大的缺点，高质量地做出了某折叠翼的样机，做了动载和风载试验，突破了该项技术，并获得了部级二等奖。2000年又做出了某三代机折叠翼。在李天的领导下，气动室王永恩等对某三代机改舰载机技术的气动布局进行了系统的研究，包括加小前翼，加大机翼面积及采用双缝襟翼等措施，使其着陆升力达到了舰载机技术的要求。李天还领导操稳组开展了起降动力学的研究，与北航金长江教授合作，自主开发出弹射起飞拦阻着舰以及复飞运动分析程序。通过3个五年规划的预研，基本突破并掌握了舰载机各项特殊技术的关键技术，为舰载机技术的研制打下了坚实的基础。

在李天副总师的具体领导下，601所舰载机技术的预研工作主要研究内容及成果如下：

1989年至1992年5月，601所先后进行了歼8Ⅱ、歼13改舰载飞机技术可行性研究，向课题组、海军科研部、航空航天工业部课题组提交了《舰载战斗机技术途径可行性论证报告》、《第一代舰载战斗机可行性方案初步论证报告》、《舰载战斗机技术可行性论证报告》、《舰载战斗机简要技术可行性论证报告》、《歼13改舰载机技术可行性论证报告》、《歼13改舰载机技术可行性论证报告》、《舰载战斗机发展途径综合论证》和《歼8Ⅱ改舰载战斗机方案可行性论证报告》，李天修改并审阅了上述全部报告，并编写了歼13及歼8Ⅱ改舰载机技术方案可行性论证报告。

以601所为主开展的舰载机关键技术研究包括：折叠机翼技术研究；高升力布局和增升装置研究；舰载机起飞着舰动力学研究；滑跳起飞动力学研究；舰载机结构动力学研究；机/舰适配性研究；舰载机起落装置及其机构研究；舰载机标准、规范的收集、分析及应用研究等。

为了在有限航母甲板和机库中存放更多舰载机，舰载机应采用翼尖折叠技术，为此需突破以下技术：

翼尖收、放、开锁、上锁作动技术和控制技术；翼尖放下定位作动技术；折叠机构设计技术；折叠结构设计技术；翼尖折叠机构及系统的功能试验和性能试验技术；机构及系统的可靠性试验技术。

1995年11月，中航总在301所举办部内预研成果展览，舰载机技术参展项目有：翼尖折叠技术演示样件；舰载机起、降动力学分析演示软件；舰载机滑跳起飞动力学演示软件；舰载机结构动力学演示软件以及相关研究报告。

1995年12月，国防科工委在军事博物馆举行国防科工委系统预研成果汇报展，601所翼尖折叠技术演示样件及牵制杆参加了展览。

在"八五"末期，国防科工委对我国国防预研提出重点课题，舰载机技术是其中的一项。舰载机特殊技术继续作为"九五"国防重点预研项目开展工作，总目标为：舰载飞机特殊技术研究在"八五"预研成果的基础上，重点深入研究总体综合设计技术，着舰导引技术和起落技术；加强各项关键技术研究的工程化和综合验证；通过验证获得用第三代陆基战斗机改型设计为舰载飞机所需的成熟技术。

601所主要承担了五项舰载飞机特殊技术研究为型号设计作技术储备。经过"八五"、"九五"两个五年规划的预研，601所基本掌握了设计舰载飞机的特殊技术，同时培养了一批年青的技术带头人。

我国是海洋大国，我国的国土和海疆绝不允许任何人侵犯。中国人民有志气，有能力研发出自己的航母和舰载飞机。舰载翱翔为期不会遥远。李天院士为舰载机研发工作做出了重要贡献。

第五章　奠实基础重试验

战斗机的研制工作是国防工业的系统工程，搞一项重点工程需要全国众多单位大力协同、共同工作，只靠哪个人或哪个单位是搞不出来的。搞重点工程更离不开基础研究和科学试验。搞飞机工程是最复杂的系统工程。离不开飞机空气动力学研究和风洞试验，李天院士就是把他全部的精力都投入到飞机气动研究和风洞试验工作中，真是"痴迷勤耕作、梦寐苦越攀"。为解决飞机研制中出现的技术难题和把先进技术用到新机的方案中去做出了卓越的贡献。

> 基础研究苦越攀，
> 风洞试验不厌烦。
> 学术交流长补短，
> 国际合作闯难关。

基础研究

李天一直保持着勤奋好学的优良作风，只有勤奋才能积累知识、增长才干；只有勤奋才能不畏艰险、创造奇迹；只有勤奋才有科学活动的生命力。"旧书不厌百回读，熟读深思子自知"。他深深地懂得"不积细流，无以成江海"，他更知道"业精于勤荒于嬉"，"有志者事竟成"。他一直坚持理论联系实际，结合设计工作实际来研究基础理论，一定要在本学科有所创新、有所突破。

空气动力学是航空技术理论中最重要、最基础的理论之一,空气动力的基本原理是空气流过静止物体时会产生力,反之,当物体在静止的空气中运动时也会产生力,只要空气与物体有相对运动,空气在物体上就会产生力,这个力叫空气动力。空气动力除了物体和空气要有相对运动外,空气还必须有一定的密度和质量。空气动力和物体运动的速度密切相关,低速和高速有很大的不同。气流和物体之间的相对运动以及产生的空气动力,都必须遵循相对运动原理、连续性原理和伯努利定理及可压缩性原理。空气动力学是在流体力学基础上发展起来的一门学科,他是研究气体的运动规律以及他们与物体相对运动时相互作用的科学,特别是研究飞机在大气中飞行的原理。空气动力学作为一门独立的科学,诞生于19世纪末。20世纪初科学家推演出二维机翼的升力公式,使空气动力学更具有实践指导意义。1901年美国莱特兄弟建立了一座小型风洞,用天平测出升力、阻力和压力中心等数据。正是这座风洞帮助莱特兄弟实现了人类第一次有动力的飞行。后来,空气动力学又分为理论空气动力学、试验空气动力学和计算空气动力学等。李天院士毕业于清华大学工程力学数学系流体力学专业,到飞机设计研究所从事飞机总体气动设计工作,虽然他的基础好,但要想进一步做好飞机总体设计工作,还要必须加强基础理论的学习和研究。新技术不断涌现,科学技术不断发展,只有奠实基础理论、不断求索,才能跟上时代的步伐,才能有所发现、有所创新。

李天院士在刻苦研究

基础研究是以探索未知，揭示客观规律和培养高素质创新型人才为使命，基础研究的成果具有超前性，其深刻的内在价值，往往当时并不被认识，但基础研究的每一个重大突破都对提高人们认识世界和改造世界的能力，对日后高科技产业或工程项目产生深刻的影响。

通过参加摸透歼7、设计歼8的工程设计工作，李天感到，要在技术上有创新，在飞机气动布局设计中有新的突破，必须加强基础研究，尽管601所主要承担飞机设计工作，但要做好工程设计，空气动力的基础研究也不能放松。

飞机气动布局设计离不开气动特性的计算，20世纪70年代初，国内计算流体力学（Computational Fluid Dynamics，CFD）还刚刚起步。而飞机气动特性计算仅仅靠"列别提夫法"是远远不能满足要求的，在顾总及"7210"办公室的支持下，从1973年下半年开始，李天积极参加了《航空气动力手册》纵航向部分的编写工作，以引进的"date com"方法为基础，编出适于中国设计飞机用的气动力计算手册。手册由秦丕钊（与航天孙家栋院士同期留苏，1963年前曾任601所气动室副主任，后调到中国航空研究院任气动强度处处长）任主编，集中了北航（赵世诚教授和冯亚太老师）、西工大（乔志德老师）、29基地（杨其德等）、603所（赵学训）、601所（李天）搞气动计算的专家，分章编写。李天负责全机纵航向气动特性及平尾下洗特性的编写，是飞机各部件气动特性的综合计算。要求给出完整的计算方法，并提供算例进行验证。由于当时所里型号任务比较繁重，编手册属于计划外任务，李天只能利用晚上和周日时间进行翻译文献，分析各种参考资料，并进行大量计算工作。虽然编手册有一定的难度，还要花费大量休息时间，但他感到这是空气动力计算的一项基础研究和基本建设工作，这不仅可为飞机的气动力计算提供快速可靠的方法，也可使新来参加工作的气动专业大学生较快地胜任设计工作，同时也是对李天过去在导数计算方面工作的拓展及深化，因此他以极大的热情和积极性投入到该项工作中，比较出色地完成了所承担的任务，接着又参加了横航向气动力手册的编写。该手册属于国内首创，被评为国家科技进步二等奖。

1974年底与北航合作完成了边条翼布局的机理研究，但由于经费有限，风洞尺寸小，研究得还不够深入，李天注意到第三代战斗机都采用了边条或近耦合鸭式布局，采用了涡控制技术，这是先进布局方向，应该进一步地开展涡控制技术的基础研究。他于1980年初向三机部科技局申请开展《涡控制技术的基础研究》项目，科技局同意在"六五"预研规划中立项，从1981—1985年以《边条翼布局研究》为题下达给601所，所里让李天牵头开展研究，他编写了课题任务书及研究计划，提出通过对边条翼及近距耦合鸭式布局的流动机理及气动特性研究，掌握两种布局的特点，摸清边条及前翼对气动特性的影响规律，为气动布局设计提供有价值的参考资料。这也是601所开展的第一个正式预研课题。

前面已提到，边条翼布局是边条产生的脱体涡控制基本翼的分离流动（基本翼后掠角小于45度，不能产生脱体涡），称为混合流型，而近耦合鸭式布局也称为短间距前翼加机翼布局，即在基本翼（也称主翼）前加前翼，两者前缘后掠角都在50度以上，大迎角时可产生脱体涡，由于前翼与机翼间距短，两个脱体涡可产生相互有利的耦合干扰，产生较大的涡升力，所以称为脱体涡流型。其缺点是无平尾，要保证大迎角的俯仰控制难度较大。欧洲第三代战斗机都采用近耦合鸭式布局方案。

李天当时已是气动室的副主任，他亲自制定了五年的详细研究规划，研究内容及研究方案。提出要系统地研究边条翼布局中边条的参数，包括边条前缘半径、后掠角、平面形状及相对机翼面积的影响及流动机理、涡的控制方法等，同时研究近耦合鸭式布局前翼的平面形状、面积大小，以及前翼与机翼的上下、前后位置的影响及流动机理、涡的控制方法等，在选平面参数时先进行大量的理论计算，从中选较优秀的方案进行低速模型设计和加工，然后在低速风洞进行流态观察试验、机理分析及测力试验研究，再优选出几种性能好的方案在高速风洞中进行校核试验，五年中做了五期低速试验，两期高速试验。每次试验李天都亲自带队，和大家一起画出曲线、分析数据，有时受试验启发，临时加工新的边条，经常变更试验计划，尽管这样给试验单位带来不利，但大家认识到这是研究性的试验，经常要选择对比、淘汰或增加新的方案，带来麻烦是可以理解的，大家互相配合，试验任务完成得很好。他亲自写课题总结报告和亲自向验收组汇报课题进展情况。对该项研究，他撰写一篇《边条翼与近耦合前翼布局的气动特性研究》论文，由航空工业部的中国航空科技文献（HJB870532）收录出版。

由于李天具有较强的探索和创新能力，总装备部和航空工业部领导把有关飞机空气动力的预研项目交给他来负责。李天从"七五"规划开始，他连续20年担任总装备部的《先进气动布局》课题负责人，领导601所及航空工业部有关研究所及三院校开展前沿的先进的飞机气动布局的基础研究及应用研究，使我国有关军用飞机气动布局研究赶上了世界先进水平，为开展新一代飞机的气动布局设计开创了道路，打下了坚实的基础。

风洞试验

李天不仅废寝忘食，刻苦钻研基础理论，他更注重科学试验。他从事飞机气动力研究离不开风洞试验。他深入实际，一丝不苟，忘我工作，把很大一部分时间和精力都投入到风洞试验中去。

纵观一百多年空气动力学的发展史，可以发现，作为空气动力学研究三大手段之一的风洞试验，与试飞及计算流体力学另外两种手段相比，仍然占据主要地位。长期以来，风洞试验是提供气动力数据、获得新的气动力现象及概念的主要手段。尽管近年来计算流体力学发展很快，在飞机设计中的作用不断在增加，但风洞试验作为对飞机流场的直接物理模拟，其作用是计算流体力学所无法取代的。

所谓风洞，是指在按一定要求设计的管道（可圆形或方形）内，产生人工可控制的气流，以模拟飞行器或物体周围气体的流场，并可测量气流对物体的作用以及观察物理现象的、供空气动力学研究的试验设备和工具。主要用于研究空气动力学的基本规律，通过风洞试验确定飞行器的气动布局和评估其气动特性。风洞试验是飞行器研制工作中不可缺少的重要手段。风洞按速度范围分为低速风洞（$Ma \leq 0.3$），亚跨声速风洞（$0.3 < Ma \leq 1.4$），超声速风洞（$1.4 < Ma \leq 3.0$），高超声速风洞（$3.0 < Ma < 12$）。按用途分为：常规风洞和特种风洞（如尾旋风洞、结冰风洞等）。

1871 年，英国航空理论家维纳姆自行研制成功世界上第一座开路式小型风洞。该风洞为木箱结构，尺寸是 0.475 米 × 0.45 米 × 3.05 米。1884 年英国人菲利普又改制出第二座小型风洞，风洞的出现使飞机的气动设计与计算有了比较科学的试验工具。1901 年，美国莱特兄弟建造了一座小型风洞，他们先后试验了 200 多种翼型，研究了双翼机和三翼机的布局，为他们发明"飞行者 1 号"发挥了重要作用。

飞机在研制过程中要做大量的试验，其目的是设计和评价飞行器的布局和性能，其中首先要进行的是模型试验，称之为风洞试验。飞机设计最常用的是风洞测力试验，即在吹风状态下用天平测量出作用在静止模型上的空气动力试验。它是飞行器模型的最基本和最重要的试验项目。无论在飞行器的选型，定型还是改型阶段，都要进行各种测力试验。试验目的是测出飞行器模型在各个马赫数，以及迎角、侧滑角下的升力，阻力，俯仰力矩，侧力，偏航力矩和滚转力矩；测量舵面效率及飞行器各部件如机翼、机身、平尾及垂尾，外挂物等对气动特性的影响。

从 20 世纪 60 年代到 90 年代，由于我国计算流体力学手段比较落后，60 年代初期，设计气动计算基本采用工程估算及手册方法，精度不够，只能做初选布局方案作对比用，70 年代开始发展了有限元的面元法，可以计算线性范围的气动特性，到 90 年代开始采用欧拉方程计算方法，目前已发展到使用 N－S 方程计算了。在方案初步设计阶段已得到广泛应用，但到评审设计阶段飞机布局的气动特性的确定还是要靠风洞试验。因此，对我国来说，风洞试验是气动力设计不可缺少的重要试验手段和方法。

李天从1963年9月来601所至今近50年从事飞机气动力设计和气动布局研究工作,与风洞试验结下了不解之缘,参加风洞试验成了他科研工作的重要内容之一。

李天(左四)在风洞试验现场

他第一次参加风洞试验是在1965年7月,刚从农村"四清"锻炼回来,室里交给他的第一项任务是通过风洞试验选择满足歼8指标要求的垂尾及腹鳍参数。由于歼8最大马赫数较歼7大,要保证其最大马赫数时应有足够的方向安定性,必须加大垂尾面积,加多大,如何选参数,经过讨论初步确定了三种垂尾和三种腹鳍,经过理论估算,基本可以满足要求,但哪个更好,就需风洞试验确定。确定方案后,设计和加工好模型,拟定出试验大纲,经顾诵芬总师批准后,去沈阳北陵的626所高速风洞中去试验(主要是在大马赫数下确定垂尾效率)。由于是选型试验,每完成一次吹风,就要立刻根据试验结果,决定下一次试验的状态。当时风洞试验数据采集系统还比较落后,试验完只能打出不同迎角(或侧滑角)对应的气动力数值,要求出相应的气动导数必须先画出曲线才能得到。数据一打出来,他马上在方格纸上画出三条曲线,即偏航力矩系数对侧滑角的导数$C_{n\beta}$,滚转力矩系数对侧滑角的导数$C_{l\beta}$,侧力系数对侧滑角的导

数 $C_{c\beta}$,然后求取导数 $C_{n\beta}$,$C_{l\beta}$,$C_{c\beta}$,比较其大小,以决定该方案是继续吹下去,还是不理想而舍掉。李天非常认真负责,分析判断能力较强,敢于果断地下决定。这需要丰富的知识,也需要有负责的精神。当然,也有一种偷懒或轻松的办法,即按大纲吹一批数据,风洞停下来画曲线再分析,然后再继续吹下去,这不仅浪费许多次不该吹的试验次数,还耽误了风洞试验完成的时间,也浪费了许多电力,因为试验开始,压气机就不停地工作和增加气源压力,一般每 15～20 分钟吹一次,如果一两小时不吹,压气机不停白白浪费了能源。李天参加选型试验做到了随做随分析、随决策。风洞试验单位的同志对他都很佩服。这次试验选出和确定了歼 8 飞机的垂尾面积和几何参数以及双腹鳍的平面形状及几何参数,为歼 8 确定方案做出了贡献。

李天（右）在风洞试验现场

1969 年歼 8 首飞前,要气动室给出准确的起落状态的飞机气动焦点位置。李天负责此项工作,去哈军工 103 风洞（现气动院 627 所）做低速风洞试验。首飞前评审组认为歼 8 能否抬起前轮问题是个关键,因此必须给出歼 8 机起落状态的气动焦点位置。在哈军工试验完,调研组又决定到北京云岗 701 所风洞去做校核试验。为了抢时间,李天在哈尔滨做完试验,拆下模型马上装箱,连家也没来得及回，跟运模型的火车直接去了北京，并很快完成试验，给出了准确气动焦点位置，保证了首飞的安全。

1975年上半年，601所让他负责与北航流体所合作探索和研究边条翼布局的流动特性及气动特性。他通过计算，提出了十几种边条方案，包括不同面积，不同前掠角和后掠角及不同形状，期望通过试验，得出一些参数变化规律。北航的老师负责机理及流态分析，试验是在北航流体所 G-1 低速风洞进行。由于方案多，试验工作量大，他和程映雪、何辅攸等人在北航一住就是两个多月，每天按时到风洞中去，先确定当天试验计划，然后测力并进行流态分析。边条翼属于脱体涡流型中的混合流型。一般试验迎角要做到40度以上，这在国内属首次进行这种大迎角试验，当时国内低速试验的最大迎角不超过25度。边条在机翼的前面，机翼前缘后掠角为40度，迎角超过20度翼面上表面气流就开始分离，加不同的边条后，边条产生的脱体涡可把分离流扫除，表面升力增加，加上边条本身产生的涡升力，与无边条方案相比，有边条的机翼其升力可增加10%~30%。流态变化是靠在机翼上表面涂油，进行油流分析，根据其不同形态来判断分离点和分离区，北航刘谋佶教授是这方面的专家，李天从他那里学到很多有益的知识，而边条翼产生的气动力特性对飞机性能的影响则由李天向北航老师介绍，理论和工程的结合，使大家初步掌握了边条翼的机理及初步设计方法。白天与北航老师一起试验，画曲线，观察飞机流态。晚上，李天和601所的同志总结一天的试验情况，试验有哪些新发现，边条参数影响规律是否找到，是否要增加新的边条方案，明天计划如何进行和调整，这些问题一讨论就到深夜。那时一周六天工作，周日他们也不休息，李天把时间都用在整理、分析试验数据上，尽管生活紧张、辛苦，但想到经过试验，掌握新的气动布局设计方案便兴奋不已，疲劳早已云飞雾散了。

从"六五"规划开始，他负责边条翼及前翼气动布局课题研究，到"七五"作为总装备部重点预研课题《先进气动布局》课题负责人，他组织领导601所的团队及北航、西工大、南航、626所、627所等课题人员进行气动攻关和探索研究，每年都抽2~3个月到哈尔滨低速风洞及沈阳高速风洞参加试验，和大家一起参加试验，分析数据，找出新方案。夏天的哈尔滨有时是凉爽的，但低速风洞是闭口回流风洞，一天两班，每次吹风十多分钟，停两三分钟进洞换模型状态，由于空气在风洞中循环流动，洞外30多摄氏度，可洞内温度最高可达50多摄氏度，进风洞如进火炉。为了保证飞机模型状态的准确和快些换完，尽快离开风洞，李天也和年青同志及工人师傅一起进洞去换模型，丝毫没有领导和专家的架子，这对大家也是一个鼓舞。由于课题的风洞试验多属探索、研究和优选性质，试验计划经常被打乱，有时还要工人随时加班加工新模型，这给试验单位试验运行带来很大的挑战。为使他们理解课题研究的难度，李天每次都向试验单位的同志详细说明为什么要这么做，理由是什么，使他们也能和设计单位的同志一样了解情况，大家都为一个目标，攻克新技术，选出好方案，得到他们的理解，大家劲往一处使，使每次试验都圆满顺利完成。

学术交流

李天院士几十年来把全部精力和心血都倾注在航空气动力研究试验上，他具有高度的责任心和牢固的航空报国信念，激励他有强烈的求知欲和敬业心。他钻研技术，重视试验，为了提高整体水平，他不断学习，不断探索，并积极参与各种学术交流活动。他多次参加国际技术交流活动并发表论文，也经常在国内组织本专业方面的技术交流活动。通过技术交流，学习国外先进技术，掌握国内技术水平，不断更新知识，跟踪先进技术，为不断创新和超越而不懈努力。

自"七五"开始，李天作为国防科工委重点预研课题负责人，负责组织领导航空院、所参研人员进行技术攻关，他从自定课题目标、研究规划，到每年的研究内容、各单位承担的任务及经费分配都认真仔细地规划好。作为课题负责人，他提出每年开一次课题年会，主要内容为：一是各承担单位汇报一年来工作进展，取得的成果，并进行技术研讨；二是根据总规划及上一年工作进展，确定下一年度各分课题的预研任务。

他把年会定义为学术交流会，通过学术报告，使课题组全体成员都了解本课题各分课题的进展情况，取得的阶段性成果，达到互相启发及促进，互相了解和交流的目的。他在先进气动布局课题年会上亲自做601所承担课题的技术研究报告，十多年来他分别做了如《边条翼与近耦合前翼布局气动特性，低阻外挂技术研究》、《高机动高隐身气动布局研究》、《复合平面形状机翼及其襟翼的低速风动试验研究》、《双三角翼布局的高速气动特性研究》、《超声速巡航战斗机气动布局研究》、《三翼面布局气动特性研究》和《新一代战斗机先进气动布局研究》等技术报告，并把它撰写成文章，在中国航空科技文献及空气动力学研究文集上发表，供广大空气动力研究者参考。

中俄空气动力及强度学术会议创始于1989年，中方主席是顾诵芬，苏方主席为中央流体动力研究院副院长巴甫拉维茨教授及新西伯利亚航空研究院副院长卡沙夫特基诺夫教授。双方商定每两年举行一次，分别在中、俄两国轮流召开。目的是交流两国在空气动力学及强度（固体力学）领域的新进展、新技术和新的研究成果。第一届年会于1990年2月在莫斯科及新西伯利亚召开。中方代表团长为顾诵芬，团员有29基地的骆嘉陵院士（报告有关高超声研究进展）、焦安昌（当时是602所所长，后为总装备部科技委副主任，现已退休，他的报告是6米×8米风洞建设）、北航朱自强教授（报告是跨声速计算）、627所原总师范洁川（报告是流场显示技术）和李天，李天的报告题目是《复合平面形状翼身融合体气动布局研究》，俄方的报告有关于民机机翼气动设计（巴甫拉维茨）；大迎角非定常气动特性研究（新西伯利亚的普罗多尼科夫教授）等。采用大会报告形式，论文为英文，以英文宣读论文。把论文翻译成英文并宣读，对他也是一次锻炼。在会议期间，在新西伯利亚航空研究院参观了他们的低速风洞试验，看到了他们为研究苏－27大迎角非定常气动特性而建立的动态试验装置。他们在报告中提出了苏－27做眼镜蛇机动时是靠做快速俯仰拉起，从而产生升力迟滞环，在2秒内使其迎角可达到120度，然后在飞行中实现的。这对李天有很大启示。回国后，他与627所总师范洁川商量，由他们承担攻克并设计我国的第一个低速大迎角纵向动态风动试验机构。该机构由627所的唐敏忠博士领导的课题组首先做出来，后来南航吴根兴教授又发展设计出纵横航向三自由度的动态风洞试验机构，从而开创并推动了我国大迎角非定常气动特性的研究，也为我国新机研制提供了新的试验设施。这是这次学术交流会的最大收获。

李天（右三）与顾诵芬（左四）第一次在新西伯利亚中俄气动力会上留影

李天（左二）在新西伯利亚专家别墅留念

1994年，在北京中俄联合召开航空技术交流大会，李天编写并代表601所在大会上做了《新机未来技术发展展望》。为了作这个学术报告，他收集和查阅了大量国外军机发展研制报告及相应的新技术，经过半个月的加班加点工作，亲自撰写出该报告，既概述了国内外现状，也提出了应攻克的关键技术及发展展望，受到与会者的好评。

李天（左一）在俄罗斯留影

1998年8月，中俄第九届空气动力强度年会在莫斯科召开，张聚恩、李天、孙侠生、高为民和朱宇等参加会议并进行了技术交流。

李天在莫斯科大学门前留影

中航总原飞机处处长樊玉辰回忆说:"我 1972 年就认识了李天,参加《航空气动手册》编写工作,这项工作还获得国家科技进步二等奖,后来 40 来年不知在一起开了多少次会,印象最深的是和他一起两次公派出国考察,可以看出他的人品和学术态度。

第一次是 1991 年去俄罗斯,启动对俄合作,参加学术交流,从莫斯科到新西伯利亚。他工作很认真,学术交流时要用英语宣读论文。当时顾总带队,李天在飞机上都不休息,试读论文。当时非常辛苦,抽出一切时间练习阅读。到俄罗斯后住的地方很冷,很艰苦。吃的也不适应,二片红肠,二片黄瓜,土豆泥,黑面包,西红柿汤,生活不习惯,吃不饱,去一次回来瘦十多斤。当时苏联很困难,市场没有东西可买,李天克服困难,认真工作。他经常去买参考书,查阅资料,工作严谨,印象深刻。

李天在新西伯利亚讨论

另一次是 1998 年 7 月一起去美国,考察舰母和舰载飞机。参观了两个军事基地并观看飞行表演,在美国除 B-2 和 F-117,基本上看了所有飞机。参观博物馆,可以近距离观察舰载飞机襟翼、折叠翼、起落架、阻力装置和舰载机结构特点、增升装置、弹射装置、着舰拦阻装置,等等。李天认真仔细观察,学到不少东西。

情志蓝天——记航空气动专家中国科学院院士李天

李天在美国白宫前

李天是专家型人才,经常收集资料,工作非常认真,细致。他是团长,以身作则,工作负责,自己写总结。考察任务提前一天完成。他除了工作不干别的,有人想去游览、参观他都不同意。他没有架子,不争名夺利,十分和蔼可亲。"

国际合作

601所对俄合作是在中国航空研究院的支持下开始的。1991年3月初,应中国航空研究院常务副院长张耀及副院长顾诵芬邀请,以苏联中央流体动力研究院常务副院长比施根斯院士为团长的苏联中央流体动力研究院代表团来中国访问。他们在北京做短暂停留后由顾诵芬副院长亲自陪同来601所访问。601所所长解思适、党委书记刘春义等接见并全程陪同。在601所期间,各位专家进行了学术讲座,参观了沈飞公司歼8Ⅱ飞机,他们指出蒙皮表面铆钉太粗糙了……最后双方进行合作谈判,李天副总师代表所里提出了未来背景机的战技要求,顾院长提出由601所按此要求做一概念方案，请苏联中央流体动力研究院进行评审。比施根斯院士当场表示同意这一想法，他们将像评审米高扬设计局及苏霍依设计局方案一样进行评审，并给出结论。他提出中方8月提供方案，苏方年底给出评审意见，并签署了合作协议。当时出于友好，苏方没有提出经费要求。苏方专家走后，所领导决定由李天副总师负责这项工作，并组织相关专业开始做方案设计。根据战技要求，李天领导总体室对发动机进行了选择，然后亲自与气动室一起设计气动布局方案，结合预研及型号经验，很快确定了气动布局方案，接着总体与结构、航电进行机体布置和设计，强度及隐身专业进行估算，经过5个月的加班工作，6月初完成方案，李天带有关人员到北京向顾诵芬副院长汇报，经顾诵芬副院长审查批准，回所稍做修改后共提出10份报告，组织人力把报告翻译成英文，打字装订于8月初完成了送苏联中央流体动力研究院的待评审报告。由李天副总师、一室倪景连主任、二室郭金锁主任3人组成代表团，计划于8月20日赴苏联中央流体动力研究院。因当时正值"苏联政变"，形势严峻，研究院拟推迟去苏联，但苏联中央流体动力研究院副院长比施根斯于8月21日、23日连续二次来电报，盛情邀请中方代表团尽快去苏联中央流体动力研究院。经请示外交部，中国航空研究院决定代表团8月24日去莫斯科。中方代表团抵达莫斯科时，受到热烈欢迎。比施根斯派人去机场迎接他们。他们乘车去茹科夫斯基城，路上看到街上很平静，没有坦克、大炮和军人，苏俄政权更叠得很"和平"。俄罗斯中央流体动力研究院把他们3人安排在一个儿童疗养院里居住。第二天参加由比施根斯副院长亲自主持，有俄罗斯中央流体动力研究院各部部长、副部长参加的会议。会上李天向俄方介绍了中方的方案，回答了他们提出的问题，并提交了10份英文报告。比施根斯最后要求各部组织专人进行评审，年底拿出结论来。第三天开始安排他们3人参观俄罗斯中央流体动力研究院各部及试验设施，各部还演示了一些计算软件，使他们比较全面地了解了俄罗斯中央流体动力研究院的设计、试验能力。最后比施根斯副院长答应于11月完成对中方提出方案的评审工作。

1991年11月中旬，俄罗斯中央流体动力研究院派出11名专家，乘莫斯科到满洲里的国际列车,再转乘满洲里到沈阳的火车,历时8天才到601所。在601所停留一周,对中方提供的方案进行了详细的评审(提供10份评审报告),并进行了认真的讨论和咨询。对方案提出了在气动特性、进气道、飞机质量及隐身特性方面存在的问题,并给出了修改建议。同时俄专家提出,为进一步完善方案,可向中方提供一批设计软件。

李天(前排右一)与俄专家在601所留影

第一批软件成功的移植,受到上级领导的重视和支持。1992年8月上旬,国防科工委谢光副主任、陈丹淮副部长和张国治局长等领导来601所听取了汇报及观看了部分软件的演示,对这项引进给予了肯定和支持,认为是花小钱办大事,要大胆地干下去。航空航天工业部林宗棠部长、王昂副部长和毛德华司长也在8月中旬来所观看了引进的俄罗斯软件。8月下旬,国防科工委预研局冯金盛局长也来所观看了软件。中国航空研究院副院长顾诵芬、科技司司长周家骐、国际合作司副司长徐冠华、财务司司长池耀宗和计划司程福明处长等专程来沈阳用两天时间详细听汇报和观看软件演示。各级领导及专家都认为引进这批软件非常值得,应该给予大力支持。

1993年12月23—25日,中航总副总经理张彦仲、刘高倬,科技局局长周家骐,外事局副局长徐冠华等一行9人专程来沈听取有关国际合作工作进展情况的汇报,接见了中俄全体专家和工作人员,对课题进展情况感到满意,并希望在合作中学到更多的技术,为"九五"预研规划的制定提供技术支持和起到牵引作用。总公司领导的到来,给大家极大的鼓舞。

1999年4月,在北京召开了中俄飞机技术合作总结会议,俄方派出了10名专家组成的代表团参加会议,601所李天副总师率队参加,顾诵芬副院长、崔德刚及华俊副局长主持和参加了会议。双方专家在会上交流汇报了合作研究报告,总结了取得的成果。

李天(前排右一)参加中俄专家学术会议

与俄罗斯的合作中的李天院士

601所翻译　曾冬娟

601所是较早与俄罗斯进行科技合作的航空科研机构。近20年来,通过与俄罗斯中央流体动力研究院等在总体、气动、强度和飞控等领域开展的广泛合作，601所设计新一代战斗机积累了大量的技术储备和人才储备，同时也培养出了一批俄语翻译人才。而这一切成绩的取得，李天院士功不可没。

一、《××课题》

《××课题》是601所在李天院士主抓下经中国航空研究院与俄罗斯中央流体动力研究院开展的技术合作。在这项课题合作中，从1992年开始，601所技术人员与俄罗斯中央流体动力研究院专家多次互访，不仅参观了俄罗斯中央流体动力研究院的多个先进实验室和试验设施，还购买了一批先进计算软件，大大改进了601所的设计手段，提升了设计水平。

二、情报信息收集与翻译

李天院士过去一直主管科技情报收集与研究工作，因此也特别鼓励和重视对俄合作中有用信息的收集与翻译工作。在专家互访、会谈和学术交流中，无论他通过何种渠道得到的有用信息，都及时交给我们进行翻译，对特别重要和参考价值高的还专门出版，供601所科技人员、上级领导机关乃至航空领域内的专家们参考。在开始对俄合作的20年中，经李天院士推荐翻译的书籍主要有：《现代超声速飞机空气动力学、操纵性及稳定性研究》、《飞机结构设计基础》、《高超声速前线侦察机方案》、《俄罗斯中央流体动力研究院1970—2000年的工作及前景展望》和《无人飞行器的发展思想》等。其中，《现代超声速飞机空气动力学、操纵性及稳定性研究》一书受到广泛好评，直到现在还有人询问和求购该书。

三、俄文翻译的培养

601所俄文翻译的水平在业内有目共睹，这与601所对俄合作频繁有很大关系，更与601所像李天院士这样的老前辈们重视人才培养密不可分。在对俄合作中，他大胆起用年轻同志，努力给他们提供和创造学习和提高的机会，还像慈父一样关心他们的生活，考虑他们的切身利益，让大家每谈起李天院士，都心存感激。记得我刚担任翻译时，由于在大学里是学工科的，没有接受过口译的专门训练，一开口翻译，就紧张得语无伦次，俄语表达得结结巴巴，语法搭配也混乱不堪。但李天院士并没有把我这样的半路出家的翻译丢弃不管。他先是每有俄罗斯专家讲课和会谈都让我去听，鼓励我在下面和俄罗斯专家简单交流，同时又给我提供去北京的口语培训机会，终于让我克服了口语交流障碍，开始发挥和展现工科院校出身的科技翻译的优势。对于翻译来说，能带团组出国，不仅对自己的能力是个锻炼，还可以增长见识，开拓视野，增加经济收入，因此是很多人争抢的美差。由于我的个性不擅长为自己争取机会，在当前的社会大环境下，必然会所失甚多。但李天院士在这方面的人品，让我非常感动。对于我们这些翻译，只要是在国内做过很多工作、努力上进的人，他都记在心里，有带团出国之事，都主动征询我们的意见，积极为我们争取机会，从不以亲疏远近做用人标准。这种凡事讲求公平与公正的行事作风，让我由衷地赞叹。

在601所，不仅专职翻译在李天院士的关心和培养下，翻译水平得到了提高，还有一批专业人员如王永庆、李志、隋福成和黎军等，也在李天院士的努力争取下赴俄学习和进修，成长为专业、外语能力双优的复合型人才，为提升601所的竞争力做出了巨大贡献。

对俄合作回顾

601所研究员　李志

上世纪80年代末，国际形式发生了巨大变化，我国与苏联关系开始改善，航空领域合作逐步扩大。

我国航空工业部门最早进行合作的是俄罗斯中央流体动力研究院。我们国内没有类似机构，因此，中国航空研究院就出面牵头负责对苏（俄）合作工作。中航科技委副主任顾诵芬院士主抓这项工作。整个90年代，俄罗斯代表团讲课、交流软件和联合设计等合作事项，基本上都是在601所进行的，601所负责这项工作的是李天副总师。

顾诵芬院士从1951年9月就开始在沈阳从事飞机设计工作。曾经亲自参与俄文技术资料接收与使用，在苏联专家援助中国航空工业建设过程中，切身体会到，苏联在航空领域所取得的成就与经验，对发展我国航空工业的重要性。

空气动力学是飞机设计的基础。飞机性能首先取决于气动布局，一架性能优良的飞机，其气动布局设计一定是成功的。俄罗斯之所以能够成为航空大国，其中一个重要原因是他们在空气动力学领域具有世界领先水平，而俄罗斯中央流体动力研究院就是这种领先优势的缔造者。中央流体动力研究院不仅局限在空气动力学和飞行动力学领域，他们的研究范围覆盖动力装置、飞行控制、强度试验和强度规范等飞机设计领域。正是由于上述原因，我国决定首先与俄罗斯中央流体动力研究院开始合作。

一、专业建设

1991年，李天副总师、原总体室主任倪景连、气动力室主任郭金锁访问了苏联中央流体动力研究院，率先打开了对苏合作的一扇窗户。

万事开头难，由于是初次合作，双方互不了解，再加上俄语翻译缺乏，沟通困难，苏联专家进行讲座及随后的座谈效果都不是很好。经过第一次合作，大家发现了问题，开始寻找解决问题的途径。首要问题是俄语翻译问题。20世纪70年代前毕业的老大学生大部分人中学和大学主修的都是俄语，但已经多年不用，需要重新捡起来。改革开放后毕业的大学生大部分主修的是英语，需要重头学起。

李天副总师对俄语学习这件事十分关心，1992年，通过辽宁省安全局（外事办）特殊渠道争取了3个赴俄罗斯学习俄语的名额。他亲自挑选了3名技术拔尖的年轻设计员：总体专业王永庆、气动专业黎军和强度专业隋福成，将他们派往俄罗斯圣彼得堡市学习俄语，为期6个月。

在国内，1992年派遣曾东娟、张立夫等4名同志前往北京语言学院学习俄语，为期8个月。1993年4月，所里从各单位抽调一批原来有俄语基础的老同志，以及部分英语好的年轻同志，集中培训俄语。

1991年3月，苏联中央流体动力研究院副院长比施根斯院士带队访问中国，点名要去601所。因为他曾经于1960年春来华，审查过我国自行设计的东风107方案，并对112厂技术人员勤奋的工作有深刻印象。

二、关心年轻人

一代宗师徐舜寿，两院院士顾诵芬都十分注意人才培养。他们对中国航空工业的最大贡献是带出了一个优秀的航空队伍。李天院士继承了这个光荣传统。

从20世纪80年代开始，中国进入了改革开放时期，各行各业蓬勃发展，但航空工业的景气指数远低于其他行业。我是1986年从北航毕业后分配到601所气动力室工作，上班报到第一天，李天副总师就来到我所在的载荷组看望我。当时顾诵芬院士还没有离开601所，我写的第一份载荷计算报告还是顾总签字，这也是我第一次直接与顾总接触。顾总搬家时，李天副总师安排我和高为民给顾总捆扎书籍。虽然这些老总们非常重视人才培养，但当时的大环境确实对航空事业的发展极为不利。

我刚参加工作第一年，基本工资58元，加上各种补贴85元，基本没有奖金，福利也没有。我爱人在电业系统工作，中专毕业，但收入比我高1倍，福利还很好。我们所车间工人的收入和福利也明显好于我们设计室。这种状况一直延续到90年代中期。这期间，大批人员流失：出国、从政、经商，应有尽有。80年代年轻技术人员的希望是工作满三年后，考外语，公派出国：访问学者、担任外国航空公司雇员等。1989年政治风波后，这条路基本堵死了。我们这些航空院校航空专业的毕业生感到非常迷茫。这时候，开展对俄合作，等于是给我们打开了另外一扇门。

从1993年5月开始，所里举办俄语培训班，为期3个月（实际只有80天），

情志蓝天——记航空气动专家中国科学院院士李天

1993年10月，俄罗斯中央流体动力研究院和米高扬设计局先后派出30名专家来到601所，进行新一代战斗机总体联合设计。中方参加这项工作的包括601所、611所和620所，所有中俄专家按照专业分成小组。顾诵芬院士总体负责这项工作，李天院士承担了大部分管理和协调工作。

这次合作结束后，中航总决定派遣4名工程技术人员前往莫斯科物理技术院飞机系留学一年，该系位于莫斯科郊外茹科夫斯基市，与中央流体动力学研究院相邻，大部分教师由该研究院研究人员担任。所里推荐我作为留学人选，但要求参加全国工商管理人员出国统一考试，考试在1994年6月进行，由于我学习俄语时间太短，而且同时进行笔试、听力和口语面试。我笔试通过，但听力和面试未过。因此，国家留学基金委不提供留学费用。李天副总师了解情况后，决定从自己管理的课题经费中支付，请顾诵芬院士前往俄罗斯访问时与俄方谈判，但由于俄方要价过高，当时课题经费紧张，没有成行。但李天院士对我们年轻同志的关心还是让我一直牢记。

90年代后期，随着国内引进苏-27生产线，中航总决定派遣30名员工前往俄罗斯各地做访问学者。在李天副总师和李明总师的推荐下，1997年9月，我有幸前往莫斯科航空学院，在飞行力学和飞机控制教研室进行为期1年的留学生涯。在学习期间，1998年初，李天院士在访问中央流体动力研究院期间，特意看望我们留学人员，关心我们的学习和生活情况，勉励我们多学习俄罗斯先进的飞机设计技术，回国后，在型号工作中发挥作用。在李天院士的鼓励下，我不仅学到很多飞机设计理论知识，而且俄语水平有了很大提高。回国后，3次担任中俄气动强度交流会翻译，并翻译了大量国外资料和书籍。

直到今天，李天院士还经常关心我的工作和学习情况，将俄罗斯专家送给他的书籍和资料交给我，让我学习和翻译。2007年，中航总科技委崔德刚送给李天院士4本俄罗斯专家亲笔签名的复合材料、飞机与发动机一体化设计专著，李天院士又转送给我，嘱咐我好好研究。

李天到法国及俄罗斯新西伯利亚去做风洞试验，他始终坚持到一线干，不光是管理，而是亲自干、亲自试验和亲自计算，自己写总结，写论文。确实有很的大干劲，他从来不争名夺利，作风很好，扎扎实实，埋头苦干，对年青人培养也是尽心尽力，对年青人平等相待，甘为人梯，培养年青人。李天实事求是，人品好，从不搞歪的邪的，除了工作，没有别的爱好，李天真是干了很多实际工作。

第六章　呕心沥血搞预研

李天院士是601所预研课题的领军人物和开拓者。601所是总体所，是跟踪国外先进技术的前沿阵地，从"六五"规划开始一直到"十五"规划期间，601所的课题研究工作十分繁重。1986年，李天从气动室调到总师办任副总设计师，他不仅负责气动专业的型号领导工作，还是先进气动布局和隐身技术、飞机总体综合设计技术、舰载机特殊技术和推力矢量等多个课题的负责人，也参与和指导过主动控制技术的预研工作。多年来他呕心沥血、奋力拼搏，团结各兄弟单位和有关院校的众多专家教授和技术人员齐心协力、共同奋斗，在几个重要课题和重要试验方面都取得了可喜的进展和成绩。他把各个课题的研究成果综合起来为新一代战机研制打下了牢固的综合设计基础。《礼记·中庸》中指出"凡事预则立，不预则废"。搞一项重大工程也必须要"预"，也就要有准备、有计划，不打无准备之仗。

先进布局益求精，
攻克隐身存力升。
综合设计创新意，
誓让战鹰高性能。

帅先布局

李天具有坚定的事业心和强烈的求知欲，他勤勤恳恳，兢兢业业，多年如一日地忘我工作。先进气动布局预研课题是他第一个领引的重要课题，他从实际出发，不断掌握国外先进技术。根据国内实际情况，组成多单位、多院校的"国家队"。他平易近人，作风朴实，勇挑重担，率先示范，把大家团结在一起，凝心聚力，大力协同，为出成果、出人才而奋力拼搏。

飞机工程设计首先要进行总体设计和气动设计，气动设计主要研究气动布局，翼型、机翼和操纵面的形状与几何参数等。由于不同的气动布局形式有不同的优缺点，飞机气动设计是一个综合折中的过程。气动布局通常是指在其不同气动力承力面的安排形式，全机气动特性取决于各承力面之间的相互位置以及相对尺寸和形状。机翼是主承力面，它是产生升力的主要部件，前翼、平尾和垂尾等是辅助承力面，主要用于保证飞机的稳定性和操作性。现代飞机的设计有以下几种气动布局形式：正常布局——水平翼在机翼之后；鸭式布局——水平翼在机翼之前；无尾布局——飞机只有一对机翼即飞翼（无平尾和垂尾）；三翼面布局——机翼前有水平前翼，机翼后有水平尾翼。

科学技术不断发展，先进气动布局研究是现代飞机设计中的一个重要课题。我国的军用飞机发展到 20 世纪 80 年代中期，已具有一定的实力，歼 7、歼 8 已大量装备部队，歼 8 Ⅱ 研制成功，相当于国外第三代战斗机的新歼也已开始研制。先进气动布局的预研工作，在"六五"期间已完成了对前掠翼、边条翼及近耦合前翼的系统研究，基本摸清了这几种布局的气动特性，其部分成果已用于新歼的设计之中。在此基础上，部科技局经过专家的论证，提出在"七五"期间先进气动布局的研究要以国外正在发展的第四代先进战术战斗机（ATF）为目标，即开展超声速巡航、高机动、短距起落先进气动布局的研究。通过研究掌握和突破几项关键的气动力设计技术，包括选择既可超声速巡航，又具有高机动性的气动布局形式。如复合平面形状机翼、翼身融合体及尖前缘的涡襟翼、双垂尾等，也包括大迎角气动特性及流态的研究，包括过失速状态的特性，流动的分离与控制，高增升装置及低阻外挂，二元喷管推力矢量技术。这些都是过去未开展过的课题，也是为缩小与国外航空技术发展的差距，为新一代飞机的设计提供技术储备所做的努力。

先进气动布局研究在"六五"期间就是航空工业部重要预研课题，"七五"期间被国防科工委列为跨行业部门预研项目中的重点课题，项目名称为《超声速巡航、高机动性、短距起落布局研究》。"八五"期间也是国防科工委跨行业部门预研项目中的重点攻关课题，名称为《军用飞机先进气动布局研究》。"九五"期间是国防科工委设立的九项重点攻关课题之一，名称改为《背景机气动布局研究》。

1985年底，管德为科技局局长，程映雪为气动强度处长，顾诵芬当时任601所的所长兼总师，顾总建议，应开展下一代先进飞机布局研究，经近10年的研究基本掌握了边条翼布局。下一代战斗机应是具有超声速巡航能力的高机动飞机。经国防科工委批准，以《超声速巡航战斗机布局》为题立项。所里让李天作为该课题负责人，他用两天多时间写出课题任务书，包括课题目标、研究内容和关键技术等，然后他和科技处的柴凤城一起去向部科技局程映雪处长及樊玉辰两人汇报，最后确定课题分5个子课题，同时强调组织全行业，包括航空院校的老师来共同攻关。1986年初，在北京召开第一次课题年会，参加者有以627所总师范洁川为首，包括张家信、唐敏忠等组成的课题组，626所以总师程厚梅为首的专家，北航刘谋佶、吕志咏、陈燕清、邓学蓥和周伯诚等教授，还有西工大巫译教授等。从此开始了先进气动布局的预先研究工作。会上规定每年年底开一次年会，各承担课题组要提供成文的技术报告，并在年会上进行大会交流和讨论，达到互相了解，启发和促进的作用。第二项内容是制定下一年的工作计划。李天根据各课题组完成情况，提出重点应开展的工作，技术难点和注意事项，使大家对任务有更深的了解。到最后一年，各分课题提供五年研究成果，李天根据各分课题完成的情况亲自编写出该课题五年完成情况，取得的成果及技术进步点。由于李天对课题研究认真负责,充分调动大家的积极性,使该课题组形成了一个团结的、能战斗和攻关的集体,受到国防科工委六局和航空工业部科技局的表扬。国防科工委在"八五"期间授予该课题组为优秀课题组称号。

李天在气动布局年会上作学术报告

20 多年来先进气动布局课题针对当时和未来飞机型号研制中的技术难点,设定研究目标,根据不同阶段的任务要求,课题组在不同的时期提出了相应的必须攻克的技术难关,并针对当时型号研制和课题发展的要求开发了一批特种试验设备和计算软件。

20 世纪 70 年代中期,以强调中、低空格斗能力的高机动性战斗机 F-15、F-16、F-18 在西方装备了部队。80 年代中期法国的"阵风"(Rafale),欧洲的"台风"(EF-2000)陆续研制成功,俄罗斯的米格-29 和苏-27 也开始装备部队。到 90 年代中后期,具有超声速巡航、隐身及敏捷性的第四代战斗机美国的 YF-22 和 YF-23 通过了竞争试飞,俄罗斯的米格 1.42 也开始研制。国外先进战斗机的主要技术特征是:强调亚、跨声速大迎角机动性,放宽静安定性的电传操纵已逐步变为成熟技术,隐身能力和具有长时间超声速巡航能力越来越占据重要的位置,推力矢量技术已用于提高飞机的短距起落及过失速机动能力。

在未来空战中要取得优势，就必须保证在战斗中做到"先敌发现，先敌发射，先敌击落"。美国空军认为F–15战斗机对米格–29、苏–27有优势，但对EF–2000、Rafale、苏–35则无优势，而F–22则全面优于上述飞机。

F–22的隐身性能与F–117相当，远好于F–15E，它的攻击能力也比F–15E及F–117强。在对攻击先进的地空导弹时，F–22在发射前不受任何威胁，而F–15却没有逃生的可能。由于近距格斗已具有全向攻击能力，可对目标各个方向进行攻击，只要机头对准敌机就可发射导弹，因此，要求战斗机在迎角达到70度~90度范围时可以作战，以使飞机获得更早的攻击机会。

设计先进气动布局课题的预研工作，在"六五"期间完成了对前掠翼、边条翼及近耦合前翼的气动特性及参数选择的研究工作。在"七五"期间完成以复合平面形状机翼、翼身融合体、尖前缘涡襟翼布局为主的超声速巡航、高机动和短距起落飞机方案的研究。在"八五"期间完成了以高机动、隐身为目标的先进战斗机布局方案研究。在"九五"期间完成以超声速巡航、隐身和高机动为目标的新一代战斗机方案研究。

先进布局课题年会代表合影（前排右六为李天）

先进气动布局课题研究的布局方案和技术措施都达到当时的国内先进水平，有些填补了国内空白，部分技术指标已达到国际先进水平。该课题缩小了我国与国外航空技术发展的差距，为新一代飞机的气动布局设计提供技术储备，也为现役战斗机的改进提供了实用的设计方法。

"七五"期间，601所设计了5个主要试验模型，完成低速风洞试验15990次，水洞试验4000小时，高速风洞试验2000次。共完成技术报告100篇，开发了18个气动力计算程序。各项子课题都达到和超过了"七五"规定的技术指标，整个课题预研水平处于国内领先地位，大部分接近和达到国外20世纪80年代水平。

在"七五"期间，601所负责的项目是《超声速巡航战斗机气动布局研究》、《低阻外挂》和《二元喷管推力矢量研究》三项子课题，参加单位有626所、627所和北航等。《超声速巡航战斗机气动布局研究》要求兼顾亚、跨、超声速气动特性并协调大、小迎角之间的矛盾，重点研究了尖前缘大后掠角的复合平面形状薄翼及翼身融合体布局形式。

601所设计制造了2套低速试验模型，3套高速试验模型。进行了3轮1290次低速选型试验，4轮900次高速风洞试验。通过研究，在复合平面形状机翼的亚、跨、超声速气动特性及设计方法，翼身融合体的设计方法及气动效果，前缘涡襟翼及后缘襟副翼的参数选择及相互匹配的关系，双垂尾的参数选择及前翼的配置原则，全机布局的综合折中设计技术等方面取得了突破性进展。

"八五"期间，共完成5种全机气动布局方案研究（601所设计了其中3个主要气动布局方案），进行了16轮低速风洞试验，4轮高速风洞试验。编写技术报告近百篇，出版了两部论文集，有5项子课题获部级科技进步二等奖，5项子课题获部级科技进步三等奖，圆满完成"八五"研究任务，全面达到了课题的技术指标。部分指标达到国际先进水平。

"八五"期间，601所主要负责《高机动隐身战斗机气动布局研究》和《低阻外挂研究》两项子课题，北航和626所为参加单位。

601所承担了背景机多种型号的气动布局设计和研究工作。1991年开始设计，它具有椭圆形的机身、中等展弦比的机翼、大面积的边条、双垂尾和翼下进气形式、进气道短而直的布局方案。经过气动特性风洞试验和隐身特性研究，结果表明，该方案的俯仰安定性和横侧稳定性不能满足课题指标要求，且隐身特性较差。1992年开始设计，它属隐身外形，具有带棱的前机身、倾斜的侧机身、中等展弦比的机翼、翼身融合体、倾斜双垂尾、两侧进气形式、斜切进气口、机翼和平尾的前后缘分别相互平行等特点。选型试验包括两轮低速风洞试验，一轮高速风洞试验。研究结果表明，背景机某型的阻力特性、最大升力系数、最大升阻比、横向稳定性和隐身特性等指标均优于背景机某型，但其俯仰力矩特性、阻力特性仍未满足课题指标的要求。

1993年开始设计新型背景机，其机翼、平尾和垂尾形状与背景机某型相同。重新设计了机头和边条，双垂尾前移，间距增加，进气口收缩到边条的下面，边条的顶点也靠到了机身上。在背景机某型上进行了三轮低速风洞试验和两轮高速风洞试验。研究了不同机翼、边条、机头、平尾、垂尾、前后缘襟翼和机身方案的组合气动特性，最终选出了一种带弯扭的边条翼布局方案，全面达到和超过课题指标。

该课题成果获部级科技进步二等奖，课题组对《高机动隐身战斗机气动布局》所进行的系统、深入的研究，突破了新一代战斗机气动及隐身设计的一些技术难点，较好地解决了大迎角高升力、亚声速高机动、隐身与超声速特性等问题，所研究的布局在亚声速高机动特性方面已达到国际先进水平，同时为设计部门提供了新一代战斗机的气动/隐身布局的设计验证程序和工程实用的设计软件。

"九五"期间，共设计和加工了22套风洞试验模型，完成19项高、低速风洞试验，撰写出科研报告40余篇。完成了多项研究任务，取得了许多科研成果。全面达到了课题的技术指标。

"九五"期间，601所负责《边条翼、三翼面形式的新一代战斗机气动布局研究》和《低阻外挂研究》两项子课题，北航和626所为参加单位。完成了背景机多种型号的气动布局方案设计和气动特性研究。

1996年，提出了背景机某型的布局方案，包括新的可降低超声速阻力的机身修形方法和新的气动布局概念。设计和加工了5套方案的高、低速风洞试验模型并进行了风洞试验。找出了双三角翼带涡襟翼布局、边条翼布局、三翼面布局、带前缘延伸边条的前翼布局和前翼边条翼布局的气动特点、技术难点以

李天（前排左六）在先进气动布局会议留影

及解决这些难点的手段。提出了在过失速迎角（迎角60度）条件下，影响双垂尾布局纵横向稳定性的流动机理，找到比较合理的双垂尾布置方案。完成了背景机某型的高速气动特性分析工作，在气动布局改进和气动试验模拟两个方面提出了改进措施和研究方案。在超声速阻力研究中取得重要进展。通过对背景机某型的改进，提高了飞机低亚声速最大升力系数和过失迎角条件下纵横向稳定性。针对背景机又做了大量具体的工作。

先进气动布局研究，把声像作为一种手段，一直跟踪和参加了所有重要项目的研究工作，在试验和工作现场拍摄了大量录像素材，这项工作，每年一集，由课题负责人负责编制和剪裁，资料翔实，学术性强；画面清晰、逼真，多次受到领导和同志们的好评。先进气动布局课题是一个出成果、出人才的研究课题。在20多年的研究工作中，老专家一直是这项课题的核心力量，中、青年研究人员从跟着干，学着干，到成为技术骨干，使这项课题具有很强的连贯性和继承性。目前在各个岗位上的骨干人材都是当年课题攻关工作中的技术力量。

经过多年的课题预研及对课题的管理，李天副总师作为预研课题的领军人物他一直坚持：

（1）从需要与可能出发，考虑未来型号的发展，选准课题的研究目标，是保证预研课题出成果的首要条件。我国的经济实力有限，为使预研经费充分发挥作用，在选定预研课题的方向时，必须密切地与型号需求相结合，围绕新一代飞机所需要的关键技术，确定预研的选题和研究项目。

（2）系统管理，发扬团结协作，联合攻关精神。大型预研课题也是一个系统工程，必须大力发扬团结协作、联合攻关的精神。组成一个团结、协作、和谐、共同攻关的战斗集体，为一个共同目标努力。在技术上，互相之间要开诚布公的交流经验，取长补短，团结一心去攻克技术难关，不扯皮，不互相保密。"人和"是课题研究取得显著成果的重要因素之一。

（3）作为主承包单位，要善于发挥各分承包单位的特长，对课题任务和经费做出合理的分配。主承包单位的技术负责人要认真制定每年度各项目的研究内容、考核指标，对能出成果的单位及有较大实用价值的题目要重点支持，在经费有限情况下，要保证重点课题。主承包单位自己更不能多留经费。在技术上发扬民主作风，充分调动专家们的积极性。课题应成立顾问组，请专家顾问参加重大技术问题及关键技术的协商，集中专家智慧，把握课题方向。

（4）召开年会进行技术交流。本课题每年召开一次年会，进行技术交流，是一个互相学习、共同进步、启发思路、扩充知识面的好机会。也是促进出成果、出人才、检查工作、互相评比、表扬先进、督促后进的好方法。

李天在先进气动布局年会上作学术报告

（5）注意情报资料的收集、跟踪，及时提供新的信息，这是促进预研少走弯路、多出成果的捷径。

《先进气动布局研究》课题的主帅李天主要贡献：

（1）提出课题研究目标及研究内容。

（2）组织各分课题组攻关，进行技术指导。

（3）亲自提出布局方案及研究参数，亲自参加风洞试验，每年都率领年青同志去哈尔滨及29基地风洞进行选型试验。

（4）推动了我国气动布局的研究及试验设备建设。

（5）"七五"~"十五"每五年的课题总结都是他自己编写，并亲自汇报。

（6）"九五"期间总装备部对预研进行中期评估和五年来检查评比，并由总装备部六局组织专家组进行打分优选课题负责单位，李天副总师亲自汇报，601所再次成为先进气动布局课题负责单位。

（7）创造了一套行之有效的预研课题管理体系，课题组各成员组成一个战斗集体，能战斗、团结、互相交流、共同进步，曾获两次表扬。

（8）组成课题技术顾问组，年会提出方向，指导意义，发挥群体作用和大家智慧。

气动院原627所张家信研究员说："李天院士平易近人，业务能力很强，从歼13风洞试验我们就在一起。后来搞大型课题，先进气动布局也在一起工作，他组成"国家队"，发挥各单位的特长，每年开年会认真总结，布置新任务。他这个人很有远见，业务水平高，决策能力强，民主作风好，善于团结同志。他一心一意扑在工作上，他没有别的爱好，就是踏踏实实地搞科研。这些课题取得了成果，为新一代机设计打下基础，他功不可没。"

协管主控

主动控制预研课题是601所预研课题中的重点，也是国家的重点课题之一，本课题由李明院士主要负责，李天院士协助，李天院士在课题研究中也做出了很大贡献。

主动控制技术（Active Control Technology，ACT）是一种能提高飞行性能与作战效能的飞机综合设计技术。主动控制技术的基础和核心是电传操纵；电传操纵是相对常规操纵系统而言的，可以给它下这样的定义：以飞机运动参数为控制对象，以计算机为控制核心，采用余度电信号传输的飞行控制系统。主动控制技术在飞机上的应用不仅仅限于飞行控制系统，还涉及到气动力、飞机结构、推进系统、火控系统及航空电子等诸多方面。主动控制技术的问世给飞机设计师们以更大的自由度，允许他们采用主动控制技术，使飞机的综合性能得到全面优化。

从20世纪60年代后期起，世界上一些技术发达国家积极推进ACT验证计划。其技术验证项目包括：电传操纵、控制增稳、放宽静稳定性、机动载荷控制、飞行包线限制、突风缓和、乘坐品质控制、直接控制主动颤振抑制综合飞行—火力—推力控制等。推行这些技术验证计划的目的是利用控制技术，计算机技术和余度技术充分发挥飞机的潜力，提高飞机性能，改善操纵品质，使飞行员进行无忧虑机动，减少飞机重量与成本，有效提高飞机作战效能和生存力。主动控制技术的应用，使飞机设计发生了深刻的变革，它同飞机气动力布局，推进装置选择及结构设计一起，构成了现代飞机设计的四大支柱。20余年实践已经证明，配备电传操纵的飞机具有最好的性能。

自20世纪70年代以来，飞机主动控制技术的开发一直是航空领域的热点。1979年，在三机部徐昌裕副部长直接主持下编制的航空科研发展规划中，将主动控制技术的开发研究作为重大关键课题列入航空科研发展规划。并确定了同时开发模拟式和数字式两种电传操纵系统和实现若干ACT功能；先单轴后三轴；采用两种验证机（歼教6和歼8）；以及对其他ACT功能进行专题先行研究的总体发展方案。我国的ACT研究由此起步。

时过2年，歼教6验证机计划进展不够理想，主要是作为总体设计单位缺乏飞机设计经验，也缺乏完整的气动力数据。此时歼8飞机日益成熟，具备了作为ACT验证机的条件，由于预研经费有限，无法支持两种验证机计划并行开展。

当时的科技局长管德与601所协商可否提前使用歼8作为ACT的验证机,以加速ACT技术开发进程。1982年,以601所李明副总师为首的工作小组,经过调研与论证,以所的名义上报了《对歼8ACT验证机可行性的初步看法》的报告。文中就歼8ACT验证机的使命;验证机的方案考虑(飞机选择,验证机的飞行范围,总体布置调整设想,对电传操纵系统的功能和主要技术要求,以及数字式与模拟式两个单轴系统主要部件的统一等);系统的地面试验与试飞方案;研制计划等方面提出了建议。1982年11月,航空工业部领导采纳了601所建议,决定停止歼教6ACT验证机研制,提前使用歼8作为ACT验证机,并决定601所为ACT验证机总体设计单位,与609所、618所、631所和沈飞公司一道共同执行歼8ACT验证机计划。

主动控制技术研究与试飞验证,是一项多专业,多单位联合工作的大型系统工程,无论是模拟式,还是数字式电传系统的研制与试飞验证,都是按系统工程方法进行管理的。601所是课题总承包单位,由部(院)任命了两条指挥系统:一是行政指挥系统,由参加研制各单位的行政负责人组成,负责组织人力、物力和财力,保证课题按进度完成。二是主任工程师系统,由飞机、系统和试飞单位技术负责人组成,负责技术决策、技术攻关,保证整个课题最终技术目标的实现。在总承包单位设立ACT系统工程办公室,办公室在部(院)主管处和主任工程师的双重领导下,负责制定年度计划、工作制度、合同管理办法,进行技术协调,经费分配、ACT工作实施情况的检查和落实。

根据部(院)主管部门的意图,由总承包单位与各研制单位签订技术经济合同,同时由部下达指令性计划,实行指令性计划下的合同管理。院主管部门对各研制单位的进度计划及分工可实施行政干预。

"六五"期间,601所在航空工业部预研课题中,李天除负责的边条翼布局研究外,还参加由李明院士负责的一项航空工业部重点预研项目——主动控制技术,当时李明是室主任,任务是研制纵向模拟式电传操纵系统,在歼8上进行验证。李天当时是气动组组长,主要负责为飞控专业提供相关的气动数据(包括舵面铰链力矩)以及迎角传感器的风洞试验等工作。迎角传感器的风洞试验是在国内第一次开展，主要是给出真实迎角与测试迎角的修正量。在当时13室于相舜的参与下，完成了该试验，给出了修正量，后来试飞证明该数据是正确的。通过5年的预研，基本摸清了模拟式电传的工作原理，控制设计方法以及航机和计算机的设计要求，并开始向在歼8飞机进行工程验证转化。参加该项研究的单位有618所、609所和631所等，李天于1985年10月调到总师办后，所领导曾让他协助李明负责组织领导模拟式电传系统的研究，李明当时因"八二工程"任务比较重，常出国，这期间的一些协调会、技术讨论会就由李天主持。到1987年11月首飞前一个多月，李明不在国内，首飞工作601所由李天负责，当时ACT也成立了办公室，主任为张德发。航空工业部科技局飞机处处长金淑惠常驻沈阳，为保证首飞安全上天，当时顾总作为行政技术总指挥来沈蹲点和检查工作，李天陪同每天去112厂深入现场或开技术讨论会。经过一个多月全机地面试验，系统正常可靠，定于1987年某月某日上天，首飞文件601所由李天签字同意放飞，试飞成功了，为ACT开创了道路。后来李天又参加了歼8Ⅱ单轴数字方案研究及三轴数字式立项报告的起草和多次方案讨论工作。从1990年开始因负责总体综合设计、对俄合作及其他预研工作而不再参与ACT的工作了。

李天（左）、李明院士（右）陪同来所视察的顾诵芬院士

以601所为总设计师单位自主开发的主动控制技术，从1982年起至今已走过了艰辛曲折的道路。参研人员团结拼搏，勇于实践，严谨求实，艰苦创业，

先后圆满完成了纵向模拟式电传系统、纵向数字式电传系统和三轴数字式电传飞控系统研制及在 ACT 验证机上的试飞验证任务。掌握了技术，获得了经验，为国家争了光，为人民争了气。可以无愧地说，601 所为开发飞机高新设计技术，提高我国飞控技术水平做出了不可磨灭的贡献。

原总公司飞机处金淑惠处长回忆说："李天在主动控制课题研究中起到很重要的作用，他这个人很豁达，很好相处，很容易交流，他和上下级及兄弟单位关系都处理得非常好。人显得很大气，和他一起干工作很痛快，他处事很果断，观点很明确，决策很快，从不拖泥带水。从"六五" ~ "九五"期间，航空预研课题研究中，李天功劳很大，他这个人眼光看的很远，很前沿。不光在气动、总体上，在飞机其他系统他也知道，知识面很广。他牵头搞课题，思路清晰，完整，很刻苦，很下功夫。他站得高，看得远，跟踪国外先进技术、有一套完整思路，带动航空工业技术发展起了很大作用。601 所的领导、干部责任心强，对工作特别重视。李天搞预研课题，不是学究式的，他是按型号需要紧密结合。搞隐身技术、搞主动控制技术、搞推力矢量、搞飞机综合设计，等等，都是亲自抓、亲自参加，做风洞试验，他把研究成果、数据都是毫无保留地提供出来，团结大家一块解决实际问题，出现问题，仔细查找原因，从实际出发，想方设法解决问题。研究成果不是束之高阁，而是结合型号任务、突破性解决关键技术问题。他是起到引领性和开创性的作用，在这些方面做出突出的贡献。"

金处长还说："李天敢于担当的精神令人佩服，在飞机主动控制技术研究课题中，歼 8 Ⅱ 验证机试验中，他是副总角色，但他却起了很大作用。这个项目在部里也是重中之重。他一直参加计划制定和技术决策，在项目碰到困难时，他勇于承担，在歼 8 研制试飞这个问题上，当时风险大，难度大，我们要分步进行，首先进行歼 8 模拟单轴纵向四余度电传控制系统验证试飞，之后再进行数字式单轴纵向电传控制系统试飞，最后进行三轴四余度电传控制系统验证。我们认为应一步一步地走，不能一下子吃下去，先搞模拟式验证试飞，然后再上数字式，但当时有些分歧，有的主张应搞数字式不搞模拟式。最后部里坚持要先上模拟式，一步一步循序渐进地进行。在那种困难重重，意见又不统一的情况下，主管该课题负责人李明院士又搞"八二工程"常到美国去，李天在这当中敢于担当，进行组织协调，亲自上阵，他牵头迎着困难上，牵头做好各项工作，做好技术把关。到各基层单位协调，亲自参加试验，组织队伍，进行试飞培训，亲自到现场，改装验证机。最后取得成功。在改装、培训、上天等关键问题中，他勇于承担责任，敢于签字。他不在乎名利和成果评奖，实际做了很多工作。成绩突出，贡献很大。我确实觉得李天非常支持我们的机关工作，对我帮助确实很大。"

领军隐身

改革开放的总设计师邓小平曾说，"科学技术是第一生产力"，军事技术对战斗力的作用是很重要的因素。隐身技术对提高飞机的生存力、战斗力的作用也是众所周知的。特别是在1991年海湾战争之后，美国隐身飞机为世人瞩目。在那次战争中，美军共出动F-117隐身攻击机1296架次，但未损失一架。造成这一非凡战绩的原因，除了被占领方伊拉克空军防空系统的部署及动作不利外，主要归功于F-117飞机的隐身空防能力。

20世纪80年代，我国已注意到隐身技术必须研究发展，最终必将应用到陆海空天各种武器装备上，也就是从"七五"期间开始，当时的国防科工委就已经制定了隐身技术研究发展规划，这个任务首当其冲地落到了引领战斗机研究设计的601所肩上。一个重要使命降临到李天副总师的头上。

李天、方继忠、孙品良三人从北京领任务回来后，立即回所向领导汇报，所领导决定立即召开所有关各专业人员动员布置，不辱使命，大干快上，拼搏一把！李天副总师在动员会上情绪高昂地说："记得《西游记》里有一段歌词：'敢问路在何方？路在脚下。'美国20世纪60年代已经开始研究隐身技术，我们起步就晚了整整20年！而且具体工程技术上，美国处处对外保密，我们隐身技术研究之初真比西天取经还难啊。但再难的路也得走呀。军令如山，这项任务虽未立实实在在的军令状，但也是铁打的硬任务，军事需求紧迫啊。你是搞军事装备技术的，这时不行动，还待何时啊？赶快行动吧！"

我国的军事战略思想是保卫国土和海疆的完整，不受外敌侵犯，以及应付周边战争。发展空海军装备是十分重要的，而军用飞机的航空发展战略仍是以战斗机为主。战斗机的主要作战使命是夺取空、海战争中的制空权，并对地、对海军事目标进行攻击。未来的空战首先是在超视距进行，而后转入近距格斗。为此，未来空战的优势在很大程度上取决于飞机的超视距作战能力。具有先敌发现，先敌攻击能力的一方将会占有明显的优势。先敌发现、先敌攻击的能力主要取决于机载火控雷达的性能，中距空空拦射导弹的性能和飞机的隐身性能。隐身性能在战斗机空战中的作用主要表现在超视距空战阶段。当双方装备的机载火控雷达和空空导弹的性能相当时，隐身性能好的一方将先发现敌方而获得空中优势；当一方装备性能较差时，提高飞机的隐身性能可弥补装备上的不足，减弱或抵消对方的优势。在近距空中格斗中，雷达波隐身将没有明显的作用。战斗机在对地，对海目标攻击时，会受到地、海防空武器系统的反击。随着飞机隐身性能的提高，战斗机对地、对海目标攻击时的生存力也会有所提高，从而增加了飞机的作战攻击效能。当战斗机隐身到使防空系统的攻击范围边界小于或等于防空系统死区半径时，防空系统将丧失对战斗机的攻击能力。

军用飞机的设计与生产，既要使其具有优良的作战性能，又要有较高的生存力。随着航空技术的发展，各种先进雷达与红外装置的探测距离在不断地增加，中远程自主寻的导弹武器逐步使用，超视距作战已成为现实。面对这种形势，典型常规布局的军用飞机很难避开先进雷达与红外装置的探测发现而被导弹击落，其生存力受到严重威胁。因此，促进了跨学科的现代隐身技术的发展。把隐身技术应用到下一代飞行器研制上，以减少被敌方发现的概率，提高其突防能力及生存力，这在未来战争中是有非常重要意义的。

601所隐身技术管理办公室主任方继忠研究员对隐身技术预研课题研究过程

的来龙去脉以及阶段成果做了比较详细的论述。

20世纪70年代，美国隐身飞机（F117A）问世及服役使用，给世界航空界以震撼，它将预示着一场新的设计技术发展，将影响军事作战模式方针的变化，促使各国加紧开展隐身技术研究应用到军事装备上。"六五"末期，国内少数单位隐身技术探索已经开始，国防科工委决定，自"七五"开始全面系统地按军方分类部门开展隐身技术预研，航空、航天和兵器是重点单位。成立了国防科工委隐身专业组，初步规划了研究计划指南。

1985年底，国防科工委将隐身技术列为高技术预研课题，作为"七五"期间跨部门重点预研项目之一，从而把隐身技术研究纳入正式轨道，开始了有组织、有规划的研究。飞机隐身技术的研究由航空工业部科技局及中国航空研究院来抓，并决定对跨部门重点预研项目按系统工程办法管理。1986年7月间，航空工业部科技局戴鼎处长和刘家杰在北兵马司航空工业部内与李天副总师等人沟通情况，讲明意图，分析了隐身技术的深远意义后，下达了任务。经科技局慎重分析研究决定：航空工业的隐身技术预先研究由601所总承包，按合同制的管理办法组织部内三大院校及专业研究所完成预研任务。强调项目采用"纵向承包、横向合同"的管理办法进行管理。1986年11月26日，在北京北苑召开了飞机隐身技术课题第一次年会。李天副总师任课题组长，601所以总承包单位的身份与参研单位分别签订横向合同，从此开始了对飞机隐身技术进行技术和经济的全面管理，并自行负责部分课题的研究工作。紧接着对如何开展工作提出了明确指示：601所是航空工业业务部门的代表，抓好隐身技术研究工作不仅是为了601所掌握隐身技术，而且是要为部内各设计单位提供隐身技术的研究成果，要成果共享；工业部门，要为空军提供产品，利用国家有限的投入，经过数年研究，赶上世界先进水平，为我国新机设计和老机隐身改造提供实用技术、研究手段及方法；对"打基础，上水平"要有正确理解，不能过多搞纯理论性研究，要紧紧"把握未来需求"的大方向；隐身是跨学科的多专业的研究项目，要组织好管理队伍，加强计划性，加强管理，把研究任务分下去，协调组织各参研单位，团结一致完成隐身技术的预研任务。

回所后李天副总师立即向所领导进行汇报。领导极为重视，决定由李天副总师为隐身技术研究总承包负责人，并组织管理开展工作，表示在人力上和必要的资金上给予支持。李天副总师感觉责任重大，利用数天时间深入分析和领会各级领导意图，快速进行安排与部署。根据航空工业部科技局领导建议，首先从所内各相关专业抽调技术骨干及责任心强的几名老同志组成了航空工业部飞机隐身技术管理办公室，李天为管理好该课题，经请示部科技局，同意在601所成立了隐身技术办公室。召集了各专业的同志，由方继忠（外形隐身）任主任，成员包括程大光（进气道隐身）、张忠振（材料）、李兵（红外）、周庆城（科技处），负责日常工作。同时采取先进气动布局课题的管理经验，规定每年年底开一次年会，汇报交流进展及成果，分配下一年工作任务及经费，由于分课题超多，专业面广，年会人数多达六七十人，大会交流2~3天，经常利用晚上时间与各单位谈合同，有时为了任务与经费争得面红耳赤，但都是出于工作，大家也体谅主承包单位难处，任务多，经费少，只能要求大家克服困难，在经费有限的情况下多出成果。

李天（左一）在隐身与反隐身技术工作会上

"七五"的总目标是机理研究，找出强散射源及抑制措施，以歼8Ⅱ为例，吸波材料有1~2种。1991年初，科技局的何怡晋和戴鼎等来601所验收，李天汇报了成果，受到好评。

"八五"目标进一步深入开展隐身技术预研工作，要达到如下成果：一是歼8Ⅱ外场测试；二是主编隐身设计指南；三是提出并设计制造缩比的F-22模型，并完成测试，为制定隐身指标提供重要参考。

"九五"管理体制改变，取消总承包制。由总装备部"实体办"来管理各单位的预研，601所承担歼11的改进及新一代飞机隐身措施研究等课题。抓紧消化国防科工委制定的研究内容，为1996年底的第一次飞机隐身技术研究年会进行准备工作，为总承包后的任务落实，以合同制的形式做好了充分准备。

要做到隐身技术研究成果的共享，首先要有大局观，为航空设计水平共同提高。必须处理好与兄弟厂所的关系，遵照科技局指示精神，上级同意从隐身预研经费中拿出少量经费，以合同形式分发给三个主机厂所作为参加年会、研讨会等各种技术活动的支持，建议他们自筹资金完成各自单位主战机种隐身设计研究。各种会议资料和各单位送交的年会报告无保留的全部发放到三个主机厂所与会者手中，让他们同步了解课题组研究的进展情况和技术成果。

1987年，经酝酿成立了飞机隐身技术研究专家组，航空工业部内专家组由各参研单位主要专家组成。由李天副总师任组长，620所和北航的专家任副组长，年底由科技局张耀局长决定成立航空工业部隐身技术研究课题组，由601所作为总承包单位，组织有关院校联合攻关。任命李天为课题技术负责人，参加单位包括620所（陈益邻等），621所（刘俊能等），北航（张考、何国瑜、王宝发），南航（郭荣伟、舒永泽），西工大（许家栋、刘千刚等），611所（王福成）。分外形、进气道、材料、阻抗加载和计算方法等多个课题。利用年会时间定期召开会议，讨论隐身课题研究中出现的问题和争议，把握方向。根据技术的进展和重点，调整经费分配和终止任务的延续，根据分析对有前景的申请项目给予较少经费支持。不墨守成规，一旦发现有前景研究项目将向上级申报，给予批准进入下一阶段研究计划。

作为国家安排的重点预研项目，如何管理好，任务落实好，又便于方方面面全面了解课题情况和征得上级和国防科工委专业组的指导，李天副总师认为：

隐身技术预研项目采用年会制度布置任务、检查工作、全面交流、相互促进可能是一种较好的模式。总承包10年自始如一：每年年初，召开航空工业部内有相关上级机关和国防科工委隐身专业组派人参加的，和合同课题承担组长、专家、教授及从研人员有近百人员参加的年会。首先是重点合同项目一年研究进展突出的题目，做大会重点发言，然后按专业内容分组讨论，进行技术交流，查找存在问题，研讨研究途径。其后与各分承包单位诸项研究下一年度的课题研究内容和经费需求，草签技术合同。2～3月飞机隐身办公室成员深入研究现场、了解情况，提出改进建议，正式完成合同签订。同年11月左右再深入现场，检查评估今年任务完成情况，为明年年会安排做技术准备。通过细致的工作，总承包单位对项目研究情况了如指掌，把握研究方向基本准确。数年后，一个老专家见面交谈时说：跟你们合作搞隐身研究，钱不多、真难拿、压力大，但心情舒畅！部内参加课题研究的同志与总承包单位间沟通思想，互相支持，非常团结，表示以后还愿意和601所合作！

飞机隐身技术的任务、内容、经费是国防科工委和专业组规划确定的，根据航空工业部科技局领导指示，要严格把关，着重管理的原则，601所重点承担了飞机隐身预研技术成果的综合验证及相关外形部分内容的研究，李天要求与参研单位的合同任务从不发生冲突，不多拿经费，派出专业人员进行参研项目技术跟踪，把握未来应用方向，进而学习了隐身基本知识和掌握了隐身技术研究成果，这对未来飞机设计是十分有利的。

在预研过程中，李天对外界隐身资料收集与分析十分重视，这可以开拓参研人员的思路和研究方法，他提出在经费上给予支持。作为隐身技术交流平台，他还支持南航办的隐身技术刊物。

总承包管理的10年中，李天副总师带领大家是按如下方式工作的，并取得了丰硕的成果。

1. 请进来、走出去，提高管理跟踪队伍水平

刚接受承包任务时，组建的管理跟踪人员都是从型号一线抽调出来的。他们对于隐身只有肤浅的认识，如何提高管理水平和把握大方向，就有个新知识

新技术快速积累的过程。在1986年7月接受任务后,马上请来了在1986年以前就开始进行隐身技术探索研究的南航舒永泽和郭荣伟两位教授,来601所讲课,简明介绍隐身内涵、基本知识和隐身技术的研究的方法与实施途径。使课题管理队伍有了对飞机隐身技术研究与应用的了解,利用2年时间的年会和到现场跟踪,检查工作,结合飞机设计需求,武装了这些同志的头脑,使以后的管理水平提高起到了关键作用。在这2年时间里,连续召开了隐身外形技术、红外隐身技术和结构型隐身材料研究技术等大型研讨会,统一了整个承包课题管理单位和参研单位的思想认识,也促进了各项课题合同内容研究生机勃勃的发展,601所隐身技术的队伍也逐渐成熟了。

2. 加强情报资料收集和阶段研究成果的总结

搞国防工程的人员都知道,新技术的出现是十分保密的。要想获得系统的资料和研究成果是十分困难的。我们经过协调请来了628所资深研究人员崔屹和南航洪维权,为课题组收集国外资料,定期出版《隐身活页文选》和《隐身技术》刊物,为课题研究人员提供了不少有价值的资料。为研究的思路扩展很有帮助。

另外,在"八五"期间,由李天副总师提议并作为主编完成了《飞机外形隐身设计指南》和《飞机隐身设计指南》两本书。这两本书是5~10年部内隐身预研专家教授辛勤耕耘成果的总结。为推动下一阶段隐身技术深入和转入工程应用化研究打下了良好基础,为新进入这一领域开始工作的人员提供了非常重要的参考资料。

经过"七五"头三年的努力,所承担单位及课题组在对飞机隐身技术认识上、研究方法和途径上都有很大进展,课题研究取得了不少阶段成果。此时李天副总师考虑到:通过部内课题组联合做一个飞机隐身技术阶段成果小型展览会,可以起到阶段进展的阶段总结,又可互助,取长补短,寻找差距,迎头赶上。通过展览起到鼓足干劲,以利再战,通过展览系统向上级领导机关,特别是相关军兵种介绍隐身,征求指导意见。

经过筹划准备,1989年1—2月,展览在北航开办了。大家没有想到上级机关及相关兵种来人之多,反响之强烈,很多领导在展室留言簿提字给予鼓励和鞭策。国防科工委副主任叶正大百忙中也亲自参观,详细听取介绍,并到大会上讲话,给全体隐身研究课题组的专家以极大鼓舞与支持,这次展览收到了意想之外的巨大效果。

李天(左一)向叶正大(右一)、顾总(右三)汇报隐身技术进展

3. 关键研究内容引进竞争机制

隐身外形研究,除了模型试验测试研究手段外,更重要的是加强理论计算研究,整机与部件外形的雷达散射截面(Radar Cross – Section, RCS)计算,同时在部内三所院校课题组展开。他们用不同的方法,编制了RCS计算软件。通过两次以某型和国外某型的模型为外形原准机的RCS理论计算和缩比模型RCS测试结果对比,找到了差距,分析了原因,促进了各家程序的完善。使RCS计算程序版本不断更新,为以后气动与隐身外形一体化研究创造了先决条件。

4. 重点课题大型试验验证组成"国家队"联合作战

通过"七五"各课题组努力探索研究,初步建立了理论分析手段,完成了多轮缩比模型小型试验研究和工艺制备的开发,实现了隐身材料的配方优化设计。由于分散的小课题组工作条件和经费投入的限制,使大型定性和定量研究无法进行。根据不同学科的内容选择了成熟的几项,分别由601所组织形成

"国家队"，分工协作，完成了大型试验达到了预期目标和研究专题预研的指标。

例如，由601所牵头，606所、北航、南航和014中心参加的二元喷管红外抑制试验研究，是利用真的涡喷6不带加力喷管发动机，由601所与606所进排气系统专业运用二元喷管程序设计并制造出了简易二元喷管，在南京利用014测试设备系统，共同完成试验，收到单独运用外形技术可减少红外辐射35%的抑制效果，为后期其红外抑制技术研究提供了宝贵经验。

又如，由601所牵头北航、长春光机所参加的全尺寸座舱风挡镀膜技术验证研究中，北航完成了制膜层设计，长春光机所完成了镀膜制备，全尺寸座舱模型设计制造和测试验证工作由601完成，通过在沈阳外场的RCS测试，收到了预期效果，达到了隐身预研指标。

再如，601所与621所联合研究的歼8Ⅱ全尺寸吸波结构腹鳍的设计、制造和RCS测试也收到较好效果，也证明了621所结构型吸波材料研究的技术途径是完全正确的。

在诸多项联合预研试验工作中，总承包集体内各单位工作融洽，互相学习，取长补短，促进了隐身预研工作的发展，锻炼了队伍，积累了经验。为今后型号设计和工程验证提供了经验。

5. 重视理论分析手段的开发和测试手段的建设

理论分析和测试验证是隐身预研的两大手段。在总投入资金少的情况，要突出重点，保证测试手段建设。先后安排了隐身外形、RCS计算程序、红外辐射特性计算分析，座舱外形设计和镀膜系统设计RCS特性分析，隐身涂层材料铺层电性能设计分析手段的开发等。这些为课题研究提供了大量试验数据。

6. 自力更生，艰苦奋斗，在国内首次完成了主战机种的外场RCS综合试验验证

通过近10年的飞机隐身技术预研，雷达隐身的机理、理论分析方法，隐身材料技术研究已取得了一批成果。"八五"末期，按照综合验证进展和课题安排，到了使用真机进行演示验证的阶段。当时的歼8Ⅱ型飞机是空军现役主战机种，通过系统改装，将具有超视距拦截作战能力，利用它来演示验证具有现实

的军事意义。它对未来型号隐身设计可提供一定的实践经验。作为飞机隐身技术总承包单位的主机所,结合预研的题目顺理成章地应在沈阳这边进行。恰在此时,由于某种原因,上级机关人员却决定投入近千万元利用国产歼7飞机进行演示验证。从隐身技术角度分析,歼7飞机不具有隐身验证的代表性,隐身专家们是心知肚明的。在北京南苑空八所召开的隐身专家专业讨论会议上,与会者大都持反对意见,歼7不具备演示条件。在此形势下,李天副总师和所领导分析了情况,决定自筹部分资金自行进行课题验证。自力更生,艰苦奋斗,自行设计,自行制造了可分解组装移动式的地面转台。利用储备的RCS测试系统扩充改装,组成了外场测试系统。在沈飞公司领导大力支持下,利用备份机场跑道和停机坪,清除测试场地内杂草,初步建成了简易测试场,用步话机联络,测试人员在可能受到微波辐射的情况下,用手推肩扛的方式把支持歼8Ⅱ飞机的转台转起来了。1个月的测试奋战,获得了一批有价值的数据,验证了10年隐身技术预研的成果,实现了在国内航空部门用真机的RCS外场测试,锻炼了队伍,积累了经验,为验证飞机隐身技术的成果画了一个圆满的句号。

歼8Ⅱ全机外场隐身测试现场(前排左二为李天)

飞机隐身技术的实质,就是极力降低飞机的雷达、红外、激光、电视、目视、声和磁信号特征,使敌方各种探测设备很难发现、探测和跟踪,使敌方防空武器系统及其近炸引信不能发挥应有的作用。把隐身技术应用到下一代飞行器研制上，可以减少被敌方发现的概率，提高其突防能力，保证飞机的生存力，使我机在空战中能够先敌发现，先敌攻击。因此隐身技术的研究意义十分深远。

2000年11月下旬，总装备部专业组专家及总装备部预研局领导等来所检查验收"九五"预研成果，李天亲自汇报，提供了近20份报告，还参观了现场，专家组对601所的预研给予充分肯定，评为优秀，受到好评。

在专家组到来之前，李天亲自编写总报告及审查20份分报告，连续加班加点一周多才完成。验收专家组走后，由于前一段高负荷工作，李天血压升高，一天晚上在家上厕所晕倒，连夜送到医院紧急治疗。第二天回所连续打点滴一周才恢复健康，这也是他忘我工作的一个插曲。

"十五"期间，他领导课题组以新一代飞机的隐身设计为重点，开展外形（含进气道）及计算方法研究，他提出并领导了气动/隐身一体化设计研究，建立了我国第一个气动隐身优化程序，并用于新机设计之中。他和课题组一起设计的新机隐身性能经试验测试达到了世界先进水平。

2005年11月，总装备部组织以总装备部科技委副主任李恒星中将为首的专家组，在北京对601所、611所和北航等十几个单位的隐身预研成果进行验收和评比，由于李天领导的课题组工作深入细微，有许多创新和闪光点，结果获总分第一名，受到总装备部预研局的表扬。

"十一五"期间，课题由孙聪负责，李天协助管理，并推荐孙聪进总装备部隐身专业组，孙聪虽然是学雷达的，但他对隐身技术也很精通，在"九五"期间他任总体部长及副总师时就参加了隐身方案研究，提出了许多好的建议。"十五"期间，孙聪任所长时，认为隐身技术是未来新机设计中不可或缺的技术，提出建"隐身暗室"，需要几千万，当时国防科工委无计划，他自筹资金开始建造（后来国防科工委支持了部分经费），表明他很有远见。如今该实验室已建成，并开始承担型号任务，这使601所的隐身设计能力提高了一大步。

2006年，孙聪又提出编写新的隐身设计指南，孙聪主编的《飞机隐身设计指南》出版了，这是一部总结了20多年我国隐身技术研究的成果，为设计工作提供了设计参考。

在"十一五"期间，李天花很大的精力放在隐身技术的研究上，指导课题组全面完成"十一五"规划，并向新的领域拓展，他和课题组在等离子体技术上开始了探索和攻关。

隐身技术的贡献包括以下4个方面：

（1）使我国的隐身技术有既定的目标和型号牵引。院校研究是松散的，理论性多，通过组织使他们的研究更实用，为型号服务。

（2）使我国的隐身技术有较快的发展，估计能够达到国际先进水平。

（3）掌握了新机隐身设计的方法。

（4）培养了一批年青的技术骨干。

和李天院士一起工作的老同志孙品良回忆说："25年前李天院士是我从事隐身技术工作的引路人，是我的老领导。记得1986年，李副总带我和方继忠一起去北京接受航空工业部交给我们的隐身课题研究任务。中国航空研究院的张耀副院长为此做了指示，620所的陈益邻等两人向我们交代了具体的工作，讲解了隐身技术工作的重要性，前期工作及下一步可能要做的事情。

回所后，所里动员了各专业的力量，开展了这项研究。后来，航空工业部决定把航空部门的隐身技术工作全部交由601所管理（总承包单位），国防科工委把航空口的隐身技术课题的题目（带着经费）交给601所负责，601所成立了航空工业部管理的隐身技术办公室。办公室由李副总领导，方继忠为办公室主任，办公室成员由所内各专业人员组成。对外管理航空部内的隐身技术课题研究，对内作为各专业带头人开展601所承担的各项隐身课题研究工作。

'七五'和'八五'期间都是这么做的。这一段的工作在李副总领导下，可以说做得有条不紊，有声有色。每年开一次年会，总结一年的相关研究工作，汇报汇总各单位（包括院校）承担的研究工作及成果，相互借鉴，成果共享。同时也将下一年度的任务（带经费）分发给各承担单位，一年当中办公室成员有针对地到某些承担单位做一些检查及协调。这其中难免有些矛盾争执，我觉得李副总是以他人格的魅力和宽容大度的风范化解了不少矛盾和摩擦。记得在有一次平衡各单位经费时，在办公室会议上他对我们说：'在这些个别题目上，我们所要让一让，不要和院校的老师们争了，老教授搞到课题不容易，开展起来经费也很紧张，给他们支持一点，研究就搞活了。'

那些年研究成果主要体现在两版《汇编》上。有一年的年会，搞了一个成果展，请各级机关领导及专家参加年会。叶正大将军（时任国防科工委科技委副主任）及顾诵芬院士（时任中国航空技术研究院副院长）都到会了，叶正大还发表了讲话，谈了他对隐身反隐身工作关系的看法。

我从事技术工作40多年，干过几个专业的工作，得到了多位总师副总师的帮助，其中李天副总师是给我印象很好的一位。这不仅是因为接触时间长，而且留下印象深刻。我们的结缘就是从隐身课题开始的，因为我是搞航电专业的，比如雷达、雷达罩、火控试验，似乎跟负责气动专业的李副总搭不上边。初次一起工作就是在北京接受隐身课题任务。他给我的最初印象就是平易近人，温文尔雅，不端领导架子。对我承担的工作信任多、支持多。在他的领导和支持下，601所隐身技术的试验及实验室建设工作开展得卓有成效。"

从"七五""八五"开始，601所就开始逐年规划，发展隐身试验及试验手段的建设工作。"七五"期间，601所利用歼8飞机研制所建设的微波暗室（156号厂房）扩展功能，利用现有条件及很少的课题经费，组建了微波暗室内RCS测试系统。该系统的建立使601所跻身于国内当时仅有的三家同类技术先进实验室的行列，利用该系统开展的《歼8II飞机减缩RCS综合措施初步研究》在1988年航空工业部隐身技术年会（西安）上报告，受到与会领导及专家的一致好评。作为重要研究成果，收入了隐身及反隐身研究论文汇编。该测试系统1990年获航空航天部科技进步二等奖。

如果将隐身设计比作一辆车，车的两个轮子，一个轮子是计算技术，另一个就是试验技术，而且这个轮子更重要，可以说是一个驱动轮。因为，设计计算不准确，需要试验数据去修正迭代，新一轮设计计算又主要靠测试验证，国内外都离不开这个逻辑。由于领导重视，并抓了这项工作，所以601所隐身技术试验及手段建设一直是国内先进的。

1995年1月组成一个课题组，开展了针对现役飞机三项强散射源减缩的《歼8Ⅱ飞机RCS减缩技术外场试验研究》。开展重型战斗机外场RCS测试，国内没有先例，601所也没有现成的设备，更关键的是缺乏足够的经费支持。在当时的解思适所长及主管总师李天的支持下，用暗室内现有设备，再搞一个能支持重型战斗机的简易转台，并于1995年10月在沈飞公司跑道上干起歼8Ⅱ飞机外场RCS测试，这个测试的重要性是显而易见的。歼8Ⅱ是我空军的主战机种，它RCS究竟是多少？计算结果误差较大，各文献报道莫衷一是。虽有模型在暗室内的测试数据，毕竟那是模型阶段。这个RCS数据外场实测对我军防务部署及评估，对现役飞机隐身技术改装都具有十分重要意义。李天对同事们说一定要为601所争气，为我军增光。

在所长、总师亲临现场，干技术工作的人就有了信心和底气。外场条件是艰苦的，技术风险也不小。各专业十几号人，加上沈飞公司试飞站的人员，每天风里来雨里去，单单是协调就不容易。飞机架设支撑用聚苯乙烯白泡沫塑料支柱，这种支柱太粗了背景散射就大，影响测试误差；太细了还怕支撑强度不够，飞机安全有问题。在技术上，李天严格把关，更重要的是依靠专业技术人员，放手大胆去干！泡沫塑料支架支撑起一个20多米长十几吨重的大家伙，转起来，现场看着真有点悬。虽然我们做了强度估算，但是领导还是要把关。解所长、李天还特意找来强度专业的老同志，对泡沫支架强度刚度进行了校核。飞机安全马虎不得呀！

1997年9月，利用改造后的转台，完善了测试系统，又进行了一次歼8Ⅱ飞机RCS减缩技术验证测试。上次（1991年）受经费限制，转台是人工手推肩扛推动的，工作效率极低。经过改造，安装了电机及驱动机构，可以电动与计算机联网测试，该设备在当时是比较先进高效的了。试验规模不可谓不大，各单位人员十几号，转台、设备、支架、吸波屏，拉了好几卡车。经过安装、联调，测试比较顺利，完成了歼8Ⅱ飞机原机及进气道、座舱、雷达舱三项强散射源采取隐身措施的隐身测试，获得测试数据近万个，各种状态曲线30多条。这次测试是歼8Ⅱ飞机RCS首次外场测试，为国内重型战斗机外场RCS试验的首创，

情志蓝天——记航空气动专家中国科学院院士李天

开创了重型飞机 RCS 外场测试的先河，首次获得了空军主力机种歼 8 Ⅱ 飞机 RCS 整机数据，实施验证了飞机三大强散射源 RCS 减缩措施和效果，对空军飞机隐身改装提供了可用的技术方案和工程经验。在推动隐身技术发展中起到承前启后的关键作用。不仅有现实的经济效益，而且有深远的社会效益。该次试验用自行组建的试验系统进行大型战斗机真机外场 RCS 试验属国内首创，得到了莅临现场的中外专家一致的高度赞许。俄罗斯隐身专家毛宁感叹地说："这么大规模的试验我多少年未见过了！"这项试验研究成果 1999 年获得国防科工委科技进步二等奖。601 所隐身技术能有今天的发展规模及水平，应该说，李天是开创者和领路先锋。一步步走过来，一步一个台阶，集合各单位力量，集各家之大成，李天是 601 所隐身技术的总设计师。

和他一起工作的新同志张澎写道：1991 年的海湾战争，F - 117A 给全世界上了一堂生动的"隐身课"。1 月 17 日，首批 F - 117A 飞过伊拉克防空最严密的地区，打击其位于巴格达和南部地区的军事指挥所、通信中心及防空中心。这使 F - 117A 暴露于一个现代的、高效的防空系统中，包括早期预警雷达、地面控制拦截雷达、先进面空导弹、高炮、截击机，以及将其整和为一个防空体系的 C3（Command，Control，Communication）系统，名字叫 Kari。Kari C3 系统是当时第三世界国家能买到的最好的技术。它由几百个观测雷达组成，自动反馈信息，给出敌方飞机的方位、高度及数量。这些信息用以加强伊拉克地空导弹的威力及指引截击机对敌机进行阻截。伊拉克有着可以探测高空 150 英里[①]外、低空 30 英里外的交错预警雷达网；高海拔战略面空导弹，包括苏联的 SA - 2，SA - 3，和 SA - 6 导弹系统。为了防止低空突防，伊拉克使用俄罗斯的 SA - 7、SA - 9、SA - 13，和 SA - 16 红外导弹；SA - 6 和 SA - 8 苏联雷达制导导弹及多种高炮。

由于存在大量的威胁，当 F - 117A 于每晚持续攻击巴格达的时候，常规飞机无法进入，这是全世界第一次关于隐身飞机对阵现代防空的真实测试，甚至

---

① 1 英里 = 1.609 千米

在进出其他战斗机无法进入的区域几百次后，隐身飞机仍然没有任何损失。

隐身技术作为21世纪信息化战争的主要特征，陆海空天装备都需要，但是空军装备尤其是战斗机对隐身的需求是最为迫切、要求最高，同时也是牵引力度最大的。美国从第一代具有隐身特征的SR-71"黑鸟"以来，先后发展了四代隐身飞机：包括F-117A"夜莺"、B-2"幽灵"、F-22"猛禽"、F-35"闪电"Ⅱ，欧洲则先后发展了"阵风"和"台风"两型隐身和准隐身飞机。

随着美国F-117A高隐身对地攻击机在两次海湾战争中的优异表现，极大地冲击了我国航空工业的设计理念，隐身化逐渐被从最高决策层到工程设计人员所接受，新一代战斗机预研被列入"九五"隐身预研的主要方向。

"九五"隐身预研开始时，实事求是地讲，601所面临的环境是比较困难的，受国际环境持续趋缓和国内改革开放经济建设的双重影响，自20世纪80年代延续而来的国防工业经费缩减仍然持续，所里当时只有歼8系列改进的型号工作，虽说工作烦琐但仍然是在二代机平台上进行有限改进。军工行业待遇低，年轻人人心浮动，每年进所的人没有调离的人多，隐身研究队伍面临青黄不接的情况，短短两年，刚刚有点雏形的隐身队伍有解体的危险，同时随着隐身预研体制的变换，从"九五"以后，601所的角色逐渐从组织者回归成为参与者和竞争者。

摆在李天院士面前的首要问题是：隐身到底应该干什么？如何干？干什么是战略问题，而如何干是战术问题。

美国人是隐身技术的先行者，那么让我们来分析一下，他们是怎么想的又是怎么干的呢？F-117A飞机隐身总设计师曾经说过，F-117A的隐身设计是"外形、外形、外形、材料"，这句话是在强调飞机隐身外形设计的极端重要性，在隐身飞机设计中外形的隐身水平是最为重要的，如果隐身飞机的外形设计水平不高，那是后期依靠多少隐身材料都不能弥补的。F-117A的设计就可以作为一个鲜明的、极端的反例：这是一架由电磁工程师而非气动工程师设计的飞机！F-117A开始进行设计时，洛克希德·马丁公司刚刚开发成功了基于物理光学法和几何光学法的ECHO1电磁计算软件，受当时软硬件条件的限制，只能进行基于平面的高频仿真和隐身预估，这导致了传统飞机的曲面外形无法采用，因为无法进行隐身水平预测，因此大家最后看到的F-117A全部机身是由大大小小上百块平板拼接而成的。正是因为这个怪样子，它具备了前所未有的高隐身水平，从雷达上看比一只小鸟还要小；但同时也是因为这个怪样子，气动外形很不好，阻力大，它无法超声速飞行，也无法作高机动动作，只能依靠高隐身在暗夜条件下隐蔽出航执行任务。

对于作战飞机来说，直接衡量其好坏的参数有两个：生存力和作战效能，或者说保存自己、消灭敌人，生存力为的是最大程度的保存自己，只有这样才能实现消灭敌人的目的。提高生存力的方法有很多：大的飞行速度、高的飞行高度、超常的机动能力、隐身和电子干扰等。F-117A这样的完全依靠隐身性能的飞机适合中国吗？恐怕不行。不同的国防政策、不同的技术发展阶段决定了我们不能按照美国人现成的路子亦步亦趋，必须要有符合中国国情的目标和发展思路！

"我们的目标是发展综合与平衡的隐身，即尽最大努力追求高隐身水平的同时，兼顾飞机的气动性能。"这是李天院士在"九五"隐身预研开始时定下的目标，这不但来自于多年从事飞机气动设计的深厚积淀，更是来自于对未来新技术发展方向的准确把握。现在回想起来，这是多么具有远见卓识啊！

在1998年发生的科索沃战争中，南联盟首次击落了一架F-117A，这是世界上首次击落隐身飞机，个中内情当然至今还未解密，但通过分析，其主要原因有三：F-117A缺乏主动态势感知能力，未能及时发现SAM-3导弹发射飞机已机动到其任务区完成布防；任务路径规划一成不变，以致在空袭的前三天，被南联盟掌握其退出目标区的路径，完成了守株待兔；由于电子战飞机数量不足，该架F-117在返航时未得到电子干扰的掩护，加大了其被发现的概率。

可见，盲目、片面的追求隐身并不能使飞机立于不败，根据作战任务有区别的提出飞机的隐身要求，并强化与气动性能的必要综合和平衡，才是隐身飞机设计的关键。从2000年洛克希德·马丁公司解密发表的《F-22可负担的隐身》（Affordable Stealth，作者Brett S. Haisty，F-22隐身制造团队经理）一文中可以看出，美国人在隐身发展方向上与李天院士的认识殊途同归，即高隐水平的隐身设计要与飞行性能、成本等其他重要性能之间取得最佳的折中。

目标已定，开展哪些项目的研究呢？通过仔细分析"七五"以来的隐身预研成果，李天院士确定了"自外而内、由强到弱、材料工艺配合"的隐身预研攻关路线。外是指飞机的外形隐身设计，它是最为关键的隐身设计要素，同时与飞机气动性能设计息息相关，确定和掌握了外形隐身设计原则手段，隐身飞机的设计就走出了最为关键的一步；进排气系统隐身设计为内，作为飞机前、后方向最重要的雷达红外散射源，重要程度不言而喻；一架战斗机的散射源包括雷达舱、座舱、武器舱、轮舱、天线、进排气口和航行灯等几十种，不能眉毛胡子一把抓，从散射高的、影响大的解决起，稳扎稳打。隐身飞机不光是设计出来，关键是需要制造出来，与设计配合的隐身材料和隐身制造工艺必须同期启动，否则会成为拖后腿的软肋。

以新一代飞机隐身方案设计为核心，利用"九五"和"十五"两个五年规划，李天院士带领隐身课题组先后完成了十几个布局的隐身方案设计，组织完成隐身总体设计、翼面设计、机身与翼身组合体设计、进气道设计、座舱设计、雷达舱及天线设计、隐身与启动一体化设计、隐身外挂物设计、次级散射源设计、雷达隐身材料、隐身计算分析、RCS测试等十二大关键技术方向的隐身研究，奠定了战斗机雷达隐身设计的技术基础，建立了比较完整的隐身飞机设计知识体系和设计流程，形成了一大批具有工程实用价值、国内领先的研究成果，并将这些成果提炼编写成《飞机隐身设计指南》，于1995年10月出版，成为指导国内隐身飞机设计的权威资料，为新一代隐身战斗机设计和三代机隐身改进做出了重大贡献。

"工欲善其事，必先利其器。"李天院士非常重视隐身设计手段的建设，挂在嘴边的话是"没有金刚钻别揽瓷器活"，开展隐身设计更是如此，以对飞机隐身设计影响最大的外形设计为例，在进行初步设计时，至少同时提出三四个甚至五六个备选方案，到底哪个更好？如何选择？不可能都制造出实体模型进行隐身测量，因为这样既浪费周期在经费上也无法支持。这就需要拥有强大的仿真计算工具支持。李天院士利用一切机会寻找建立完善计算手段的机会。1990年，在他的组织下与合作单位共同开发了国内最早的隐身飞机工程估算程序集，采用经验工程计算方法，适用于概念设计阶段的多方案隐身效能快速估算和比较寻优。为了应对初步设计对计算精度的进一步需求，1995年又组织研制了高频计算软件包，涵盖了物理光学法（PO）、几何光学法（GO）、几何绕射理论（GTD）、物理绕射理论（PTD）、弹跳射线法（SBR）等，使新一代战斗机的隐身设计得以顺利进行。进入2000年以后，随着飞机隐身水平的提高，对仿真计算的精度有了更进一步的要求，这就需要开发基于精确方法的仿真计算工具。其特点是基于飞机表面的电磁场或电流分布进行严格求解，同时考虑表面各散射部分的相互作用，计算精度高，尤其适用于超低RCS飞机设计，但是这种方法对计算机资源的要求非常高，一般只能计算10个波长大小的目标，对于一架典型的战斗机，飞机机身长20米、翼展15米、高度5米左右，都存在几十到上百个波长，无法实现实用化。经过李天院士的艰苦努力，国内首套结合了国际最先进的多层快速多级子算法和大型计算服务器的实用化精确计算手段得以建成，并且在多个高隐身飞机设计过程中发挥了不可替代的作用。

  人是事业的第一要素，打造一支专业化的隐身设计队伍一直是李天院士倡导并坚持的理念。国内虽然开展隐身技术研究多年，但一直是作为传统设计专业的补充和完善，人员散布在飞机总体专业、结构专业、系统专业和航电专业等，同时由于隐身技术多年处于预研状态，因此参与隐身预研的人员往往同时还兼顾其他型号设计工作，经常是一心二用，"人员散、专业乱、研究能力弱"的缺点非常明显，极大地影响了隐身技术研究的持续开展。反观美国，仅仅是一个洛克希德·马丁公司就成立了专门的"低可探测性部"，专业人员多达300多名。经过李天院士的多方呼吁和工作，在所领导的支持下，2002年在国内率先成立了专业化的隐身设计队伍，成为三大主机所的首创者，经过几年来的发展，形成了雷达隐身、红外隐身和等离子体隐身三大技术方向，覆盖隐身设计、仿真计算和隐身试验共8个子专业，设计队伍超过20人，专业实力的快速发展引人瞩目，成为其他主机所纷纷效仿的对象。

李天院士与隐身技术预研有着超过 25 年的渊源,这里面渗透着他的心血、汗水,可能也有苦涩的泪水,但是我们看到的一直是他从容、坚定的表情,听到的一直是他温暖、鼓励的话语,感受到的一直是对隐身技术的执著,对国家强盛、空军装备提高的信心。

隐身技术是新一代作战飞机的基本特征,经过多年不懈努力攻关,在隐身外形、材料、隐身特性计算和测试方法等方面取得了突破,掌握了飞机主要部件参数对雷达波散射特性的影响规律,将飞机气动布局和隐身要求进行综合设计,使我国飞机设计在隐身设计方面上了一个新台阶,他也成为我国飞机隐身设计的知名专家。

开拓综设

601 所副所长刘志敏说:"李天院士是先进气动布局和隐身技术等其他先进技术进行综合设计的第一人。"

"六五"和"七五"期间,航空工业各研究单位在先进气动布局、主动控制技术、先进结构与复合材料、电子火控综合、隐身技术、动力装置和计算机辅助设计等领域完成了大量的预研工作,取得了丰硕的成果,为我国设计新一代战斗机提供了技术储备。然而,随着航空技术的不断发展及美、俄两国第四代战斗机的研制成功,未来先进战斗机必须采用先进的总体综合技术,才能将越来越多的技术协调地应用于一架新飞机的设计中,才能保证高性能飞机的研制成功。由此可见,飞机总体综合技术是研制新一代战斗机必须突破的关键技术,是航空技术发展的方向。

1988—1989 年,李天看到美国 YF-22 在与 YF-23 的竞争中获胜并开始立项研制,他分析了 YF-22 的外形既保持了良好的气动特性又具有高的隐身性能,这对外形设计提出了苛刻的条件,新一代飞机既要隐身又要有良好的气动性能，必须两者综合考虑，而不能各自研究，他主动向当时的科技局局长兼中国航空研究院常务副院长张耀提出应开展总体/气动/隐身综合设计技术研究。张耀支持李天的想法，让他准备资料并向国防科工委六局孙义东参谋汇报，孙参谋也支持这个意见，科技局飞机处处长金淑惠组织相关专家开研讨会，李天做了开展课题必要性的发言，得到一致的赞同。国防科工委决定在"八五"期间开展课题立项，任命李天为课题组长，参加单位有601所、611所和613所等，李天亲自编写了开题报告和课题任务书，制定了课题的研究目标、研究内容和应突破的关键技术等，领导课题开始为新一代飞机设计提供重要支持的预研攻关。

李天（左三）在总体综合技术会议上留影

"八五"期间，结合对俄合作，使该课题任务更明确。李天利用先进气动布局、结构和材料、动力装置、主动控制和隐身技术等多个预研项目取得的成果，开展飞机总体综合设计技术的研究，完成了2种具有高机动性和一定隐身能力、可靠性和维修性好的总体布局方案。具体设计指标是提供一套供初步设计用的飞机总体设计计算软件包；给出飞机总体综合设计的初步指南；优化设计出1~2种先进气动、结构布局方案。

李天（右）与顾诵芬院士（中）等合影

"八五"期间，飞机总体综合设计技术课题，由部科技局和中国航空研究院委托601所作为主承包单位，该课题项目总负责人为601所副总师李天研究员。参加单位包括：611所、613所、620所、626所、627所、北航、南航、西工大及628所。为保证课题研究质量，聘请了顾诵芬院士及空、海军的三位专家（朱宝鎏、朱荣昌、蒋都庭）为技术顾问，并成立了课题主任工程师系统和办公室，负责课题的技术研究方向及计划确定、经费管理。

"八五"期间主要研究气动、结构、隐身、主动控制的综合化设计技术；隐身与主动控制技术综合外形设计技术研究；隐身外形与结构及带外挂布局优化设计研究；飞控/推力综合控制一体化设计研究；飞控/火控综合设计研究；飞控/推力综合设计研究；飞机高生存设计研究。

1995年，结合对俄合作成果，李天向总装备部汇报提出在"九五"应开展新一代背景机的研究，总装备部在确立"九五"预研重大背景项目时，第一次将背景机列为其重大背景项目，这是从"七五"和"八五"航空部没有重大背景项目以来，终于有了重大背景项目，从而开展了航空预研的新篇章。

"九五"期间，针对新一代战斗机的技术特征，通过理论计算、风洞试验及暗室隐身特性测试，重点突破兼顾超声速巡航、高机动及高生存力、良好隐身能力的先进飞机总体综合设计技术，并掌握各项关键技术在飞机总体方案应用中的综合设计方法，建立较先进和实用的飞机总体综合设计准则和各种数据库，完成了2种满足各项指标的先进总体气动布局方案。

"九五"期间主要研究内容是：总体/气动/隐身综合外形设计技术；飞机部件的气动与隐身特性的综合设计及风洞试验研究；各种布局形式的总体/气动/隐身综合设计方案及相应的模型风洞试验及暗室RCS测试；大迎角非定常气动力计算软件开发研制；机体、天线及缝隙的综合设计技术研究；总体综合优化设计技术和总体方案研究；总体综合优化设计方法研究及评估软件包开发；飞机总体综合设计指南及规范编写；适合中国国情的新一代战斗机的技术组合、机载设备、机载武器及飞机各子系统的配套方案；总体综合设计各类数据库建立；作战环境、方式和战效评估技术研究；适合国情的新一代战斗机初步技术要求研究；新一代战斗机典型使用模式及作战效果研究；实用的飞机作战效能计算和评估方法研究；建立实用的空战模拟器。

"九五"期间，受国防科工委和中航总科技局委托，601所仍作为主承包单位，611所为副组长单位，参加单位包括：620所、626所、627所、北航、西工大、沈航及628所。同时，成立了技术顾问组，聘请顾诵芬院士为组长，张耀、崔德刚、朱荣昌、朱宝鎏、李明、宋文聪和金淑惠等有关专家为组员，对课题的研究方向、技术途径、技术关键进行指导和咨询。每年开会时他们都到会，国防科工委航空局局长的刘胜也关心这个课题，每次他也到会听汇报并作重要指示，顾总等也作重要发言，使课题方向更加明确。

在研究背景机方案时，顾总提出应有所创新，李天领导课题组提出了兼顾大小迎角并具有高隐身的三翼面布局，611所提出带前翼的无尾布局，顾总及专家组认为两个方案各有特色，要求分别把各自方案做细。

课题研究初期，李天领导课题组围绕边条翼布局研究采用先进的双斜切式（Caret）进气道，倾斜双垂尾，内埋弹舱方案，在做大迎角风洞试验时，他发现该布局α等于40度~45度出现横向静不安定，这对要求迎角到60度范围都安全可控的要求不满足。他亲自和课题组的人员到哈尔滨低速风洞进行选方案，发现把边条改成前翼而不取消平尾、构成三翼面布局时，其涡升力大，而因有平尾，纵向上仰力矩可控，纵向满足要求，但横航向仍不满足要求，他参考627所张家信课题组在前翼前加前伸边条控制横航的特性的方法，决定在前翼前也加前伸边条，经过两年多的计算与试验分析，通过多种前伸边条和前翼的组合试验，最终找到一种方案，其横航的特性在迎角达到65度以上时仍是安定的，从而使三翼面布局的低速大迎角特性以及超声速特性全面满足了指标要求。

该课题在全体参研人员的共同努力下，经过10年的认真探索、研究，在飞机总体方案选择、总体综合设计技术研究、设计指南和综合设计软件包、数据库开发等方面取得了一批有实用价值的研究成果，为"十五"开展新一代战斗机设计奠定了坚实的基础。

29基地杨其德大校回忆说："从编写《航空气动手册》，我们就在一起工作，李天在编写手册工作中获了国家二等奖，从先进气动布局到隐身技术，从'八五'到'十五'，总装备部气动力预研课题的项目都是他负责，他带领各单位和院校团结协作，一起搞新一代飞机预研，他很有组织能力和协调能力，各项工作搞的相当不错，解决很多关键性问题。把有限的科研经费能搞出不少成果，确实做出很大贡献。李天院士对顾院士的思想贯彻得很好，每次在北京他都请顾总参加指导。他敢于管理，善于管理。他实事求是，直言不讳。他把大伙拢到一起，在新一代飞机的设计研制中解决了很多关键问题，确实做出很大贡献。"

樊玉辰处长回忆说："先进气动布局、隐身技术、总体综合设计，抓新一代飞机都是他牵头，他是把国外的技术掌握后，结合中国实际走出自己的航空之路。他注意和各单位搞好关系，特别和611所，他顾全大局，关系处理得都特别好，开技术会从不争吵，从不游山玩水。都在北京开会，让主要领导和专家都能到会，也节省开支。他精通业务，头脑清晰。从不浮躁、认真细致，不搞虚的，抓紧抓实，也不好胜逞强。充分发扬技术民主，善于调动各单位的积极性。他走到哪里都抓紧时间看书、看资料，他不玩，连打扑克都不会。但李天富有人情味，关心部下，关心他人。他不搞技术垄断，一心一意钻研业务，为课题预研做出很大贡献。"

第七章　天工人巧日争新

　　李天院士作为预研课题工作的领导者和带头人，深知科技发展一日千里，不进则退。他特别注重学习新技术和掌握新东西，他经常组织学术报告会和技术讨论会及经验交流会，让大家畅所欲言，鼓励大家大胆创新，特别是在每年的课题预研的总结年会上，他总是来得最早，坐在第一排，认真听取每个单位、每个人的汇报，平心静气、和颜悦色的讨论问题。特别是在经费紧张，科研试验条件有困难的条件下，他能够耐心地、细致地听取各方面意见，找出解决问题的办法，顺理成章的解决存在的问题，为课题下一步的进行打下基础。他把飞机综合设计的大课题又分解为若干子课题，并组织人力深入研究探索，经过各方面的努力，而取得理想的成果。

> 课题研究似耕耘，
> 循序渐进须创新。
> 业精于勤聚众智，
> 功夫不负有心人。

顶层分析

　　为了完成祖国领土完整的大业、保证海洋资源不受侵犯和未来风云变换条件下的国土安全，为了保证打赢未来高技术条件下的局部战争，发展新一代战斗机势在必行。在研发新一代飞机的过程中顶层分析技术研究是重要组成部分，李天院士是这一技术的开拓者。

新一代战斗机的研制工作，将紧紧围绕用户的战术技术指标需求和未来高技术作战的特点，除完成飞机的各种功能、性能设计和验证，还要完成飞机与武器系统作战任务、作战环境、指挥方法与攻击目标的研究与论证，以达到整个航空武器系统作战效能与战术技术指标的要求。

在未来高技术条件下的局部战争中，空军起着举足轻重的关键作用。对于战斗机，由于追求高性能，过多采用新技术致使技术风险增加，以及社会经济各方面因素的影响，导致全寿命周期费用迅速增长，大有让军方买不起或买得起而用不起之势。美军一架B-2隐身轰炸机价值20亿美元，一架F-22先进战斗机要1.2亿美元。因此费用是各国武器发展的一个关键制约因素，如何有效控制寿命周期费用已成为各国政府及飞机设计部门不得不认真对待的难题。

由于在战斗机设计的初始阶段，决定了飞机的80%成本，因此，开展战斗机的顶层指标分析、战效研究、费用估算和控制以及型号规范的研究，可使未来战斗机具有高作战效能的同时，有效地控制研制、生产以及使用维护成本，使新一代战斗机达到效能和费用的平衡。

美国、俄罗斯等航空发达国家十分重视军用飞机的经济性和作战效能的研究，都设立专门的机构从事这些方面的研究工作，如俄罗斯的高斯尼亚斯，由专门的部门进行航空武器系统的作战效能研究，美国的兰德公司也进行了飞机的经济性评价研究。

从国外各种作战效能研究的情况看，可以把飞机作战效能研究按其复杂程度初步分为五级：真试飞及空战演习（全物理仿真），模拟器空战仿真（半物理仿真），计算机空战仿真（全数字仿真），效能指数分析，性能参数分析，其中模拟器空战仿真和计算机空战仿真在顶层分析论证阶段被广泛采用。

从美国第四代战斗机的研制情况看，经济性是一个很重要的制约因素。F-22的单价超过1亿美元，飞机虽然先进，但装备数量受到极大限制，因此，美国又发展了JSF，以求技术先进性和经济可承受性的良好折中。

就现代世界军用飞机发展趋势来看，在强调作战效能高、技术先进的同时，又注重飞机的单机价格、全寿命费用。按全寿命成本设计与控制军用飞机的研制、生产、使用，是单机发展的必然出路。

国外飞机研制方面的计算机软件（设计软件和数据库）的发展水平较高。

在美国，各大飞机公司如洛克希德·马丁、波音等公司都已开发出基本能够满足设计先进飞机（如第四代战斗机）的综合设计软件，普遍建立了服务于飞机研制的集多专业、多功能、多（介质）形式的、系统化的数据库，可实现有效和安全的数据存储、交换和管理，并且能够服务于飞机研制的全过程。

国外第四代战斗机研制起步较早，研制进度较快，各大飞机公司都有自己的设计指南、设计手册，并不断地更新和完善，新的规范、标准也不断出现，对设计新一代飞机起着重要的作用。

国内单机论证和研制对经济性重视程度不够，虽然近几年开展了经济性方面的研究，把降低飞机单机价格作为飞机设计、生产的一个重要方面，但在全寿命成本设计与控制、飞机全寿命费用估算以及飞机总体方案的费效比分析研究等方面，还需进一步开展研究。

601所一向十分重视飞机研制软件的开发。20世纪80年代，引进并开发了集设计、制造与管理一体的软件包，这些软件包具备系统化雏形，但只能满足第三代战斗机的需求。90年代，我国又进一步引进和开发了一些功能软件，李天在此基础上组织各专业人员建立了飞机总体综合优化设计软件包。该软件包集成了部分国内较先进的功能软件，但有一部分功能仍需要进一步完善，还需要补充新的计算软件。同时还开发了总体、气动和隐身三个数据库，但是，在专业、功能、介质形式方面，覆盖的范围都相当少，与国外先进水平还相差甚远，还不能满足新一代战斗机设计的需求。

通过对俄合作，明确了新一代战斗机的技术特征。我国的背景机应具有什么样的战术要求和技术特征，必须深入研究。在飞机总体综合设计课题中，李天把顶层需求设计技术列为第一子课题。他提出制作某型飞机缩比的气动模型和隐身测试模型。为获得较准确数据,他除收集国外有关资料外,还请南航昂海松教授根据照片采用灰度系数法推出某机的外形数据,两者结合,得到了某机的几何数据,为制定模型有了保证。他让课题组根据测得的气动与隐身数据,进行性能计算分析,以此为参考,制定我国背景机的战技指标。

李天还协助顾院士及解思适所长领导的西工大、601所、620所课题组共同完成了建立战效仿真程序的工作,使其成为战术分析的重要工具。

李天领导顶层分析课题组组建了601所的战效仿真模拟器,在此模拟器上可进行1:1、2:2战机空战实战模拟,并给出损失比,为评估飞机的作战效能提供了设计手段。

飞推控制

新一代飞机的研发离不开飞推控制技术,李明院士和李天院士是这一课题的奠基人。

李天院士(左)与李明院士(右)合影

综合飞行/推力控制技术是随着飞机飞行控制系统实现数字化控制，及发动机调节控制实现数字化控制后应运而生的技术。在综合飞行/推力控制之下，整个推进系统各部件（含发动机、进气道、多功能喷管）工作过程的控制都取决于飞机的控制或机载设备的使用、飞行状态或飞行阶段的需要，以使飞机获得最优的性能、最佳飞行操纵性和稳定性，提高飞机的作战效能。另一方面，综合控制及动力装置各部件之间以及与飞机系统之间实现最佳的相互作用，改善了推进系统的有效性能、降低了对飞机使用状态的限制程度。

鉴于综合飞行/推力控制系统上述特点，"九五"初期，601所部分技术人员在李明总师及李天副总师的组织下，结合跨学科相关院所的技术力量，利用行业内三轴数字式飞行控制系统及发动机全权限数字式电子控制系统的预研成果，开始了综合飞行/推力控制系统的立项研制工作，成立了综合飞行/推力控制预研课题组，并于1996年12月正式立项，李天任课题组组长，范彦明，卞静任副组长，参研单位有601所、618所、南航和611所等。

从"九五"初期立项到"九五"末期，该课题组在国防科工委、中航总科技局的大力支持下，按系统论、信息论的控制思想，按立项开题论证报告所规定的研制内容和预期的目标，在综合飞行/推力控制领域中，对系统设计和系统建模技术、系统控制律设计、系统仿真环境的开发等方面查阅了大量资料，进行了广泛而深入的研究，并按"九五"工作目标取得了阶段性研究成果。

综合飞行/推力控制系统按飞机性能最优的观点，其控制任务是：改善飞机加速性、爬升性、经济性的发动机稳态寻优控制及飞行控制系统良好飞行品质和稳定性的研究；提高推进系统有效性的寻优控制研究；改善飞机机动性、起飞着陆性能，大迎角和低速飞行的稳定性和可操纵性推力矢量控制研究；飞机航迹控制、地形跟踪、编队飞行保持给定的飞行速度、高度及间距的综合控制研究。

"九五"期间是综合飞行/推力控制研究的第一个五年规划，课题组在摸清上述控制任务基础上，根据国内的技术储备，制定了"九五"期间研制的总目标，即完成综合飞行/推力控制系统原理方案和推进系统实时模型研究和数学仿真；完成有工程应用前景的综合飞行/推力控制系统控制律设计和仿真分析；初步组建综合飞行/推力控制系统原理样机地面半物理模拟试验台；完成初步的综合飞行/推力控制系统模拟试验；为地面模拟试验的开展奠定基础。

从"九五"初期开题伊始，课题组分别针对具有广阔工程应用前景的歼8系列飞机和新一代先进战斗机两种应用平台，开展了大量的研究。到1997年完成了综合飞行/推力控制系统原理方案及综合飞行/推力顶层设计要求。1996—1998年完成了某机型发动机实时模型的建立及完善，发动机控制系统实时模型的建立，组建了推进系统实时模型，完成了推进系统实时模型的数学仿真及测试。1999年完成了发动机典型状态寻优控制律设计及寻优控制软件的开发，飞行控制系统控制模态和控制律设计及仿真软件，仿真环境开发及完善。完成了进气道出口流场畸变量、总压恢复对发动机稳定性及性能损失估算方法。针对新一代战斗机，1996—1998年建立了带推力矢量飞/发非线性模型。1999年对典型过失速机动飞行进行了初步仿真计算，同时在1996—1999年开展了自动油门飞行控制系统方案建模及初步设计研究。在2000年以三轴数字式1∶1飞行控制模拟试验台为依托，完成综合飞行/推力1∶1半物理模拟试验台的组建。"十五"将开展典型飞行状态下综合飞行/推力半物理仿真研究，通过1∶1模拟试验台综合半物理的仿真试验，完善飞机的综合飞行/推力控制律设计，评估综合飞行/推力控制系统的收益，解决各系统之间的动态匹配关系，为该预研项目向工程应用转化奠定基础。

综上所述，随着国内飞行控制系统三轴数字化控制及发动机全权限数字控制系统取得突破性进展，综合飞行/推力控制技术的研究必将进入一个实质性阶段。在基本上不改变硬件的基础上，只改变系统的控制软件、接口软件，即可开展自适应综合飞行/推力控制研究。采用综合飞行/推力控制技术后，预计飞机性能会有很大提高并最大限度地减轻飞行员负担。此项控制技术本身又可在服役飞机和背景机上做进一步扩展和延伸。可以预计，此项课题研究必将会对国防科技发展起着举足轻重和划时代的作用。

推力矢量

到20世纪90年代,国外的推力矢量喷管技术逐渐发展成熟。已经发展的机械式推力矢量喷管包括低探测性二维推力矢量喷管、轴对称推力矢量喷管和球面收敛调节片喷管。目前,在P119上的二维收—扩推力矢量喷管已经实用,喷管可向上和向下各转动20度。低探测性的轴对称推力矢量喷管已得到验证,其可探测性与二维收—扩推力矢量喷管类似,但重量可减轻50%,成本降低60%,零件数减少300个。球面收敛调节片喷管已在1994年通过发动机地面验证,具有俯仰/偏航推力矢量和反推力的功能,重量减轻20%。由于发动机的机械式推力矢量喷管有许多活动部件,因此结构复杂,重量大,成本高。

为解决上述问题,正在研究一种几何结构固定的射流推力矢量喷管,这种喷管技术代表未来喷管技术的发展方向。射流控制推力矢量喷管是利用二股流来改变主流的横截面积和方向,所以无须机械作动系统。它与机械作动矢量喷管相比,重量和成本可分别降低60%和25%,并能改善可靠性、维修性、保障性和隐身能力。由于射流推力矢量喷管没有活动的零件,因此设计、生产和维护都很便宜,但目前这项技术还处于发展阶段,离实际应用还有一定距离。

飞机推力矢量控制是指改变发动机尾喷流的方向,提供其俯仰、偏航和横滚力矩及反推力,用于补充或取代常规由气动面产生的气动力来进行飞机飞行控制。推力矢量技术在飞机上的应用,将使战斗机的大迎角过失速机动性、敏捷性、短距起降性能及隐身性能等得到很大的提高,为此,航空发达国家在推力矢量技术方面的研究已进行了几十年的探索,目前已全面掌握了其中的关键技术,并普遍应用于第三代战斗机的改进、改型和新一代战斗机的设计之中。我国对推力矢量技术的研究起步较晚,"八五"期间有部分研究单位和院校借助其他预研课题的支持,对二元和轴对称喷管推力矢量对飞机气动特性的影响机理进行了初步探索,因缺少应用平台,研究工作进展缓慢。随着国际政治形势的不断变化,军方对先进武器装备的需求日趋急迫,在此形势下,为尽快掌握推力矢量关键技术,提高我国现役战斗机综合作战能力,并为新一代战斗机设计奠定基础,"九五"期间,国防科工委正式将推力矢量技术研究列为国家重点预研课题之一。

推力矢量技术研究的总目标是:以我国第三代主力机种为平台,突破带轴对称推力矢量喷管飞机所涉及的关键技术,初步完成其地面半物理仿真模拟试验,争取在"十五"期间实现推力矢量飞机试飞演示验证。

"九五"主要研究内容是飞机和矢量推力喷管一体化设计研究;飞机推力矢量飞行控制系统综合设计研究;推力矢量飞机操稳特性和作战效能研究;推力矢量飞机地面飞行模拟试验研究。

该课题受中航总科技局委托采用联合课题组形式进行协作攻关。611所为组长单位,601所为副组长单位,626所、627所、606所和628所为主要协作单位。601所主要承担以歼11飞机为平台改装轴对称推力矢量喷管所牵引出的关键技术研究及总体、各系统改装方案确定;推力矢量控制系统方案及控制律设计;地面模拟试验实施方案确定等研究工作。

601所该项目的总负责人是李天副总师。该项目在研究过程中,由于发动机平台无法尽早确定,加上课题研究经费不到位,致使立项初期的总目标无法实现。针对这种情况,上级主管部门在"九五"中期对该课题的研究目标和内容

李天院士在办公室

进行了适当调整，重点进行部分项目的概念研究和原理性试验研究，将一些大型的地面仿真试验放到"十五"期间完成。

从国内外对推力矢量技术的研究和应用实践可以看出，推力矢量技术是一种具有高效益、需要高投入、涉及多学科多专业的复杂综合技术，要真正应用于战斗机设计，必须经过大量的基础研究、数字仿真、风洞试验、地面半物理仿真试验及试飞演示验证，突破关键技术，才能逐步满足工程化应用的设计要求。因此，就我国目前的研究水平和综合国力情况，要在"十五"期间真正全面掌握推力矢量技术，并为新一代战斗机设计提供依据，必须尽早确定技术成熟、性能优异、气动布局适用于推力矢量技术充分发挥作用的歼11飞机为机体平台和一种发动机具有推力矢量功能的，即涡扇10加推力矢量喷管作为动力，以便有针对性地开展各项研究工作。

推力矢量技术是介于预研和工程应用之间的研究项目，因此，其所需的研究经费投资力度应远远大于其他预研课题，只有这样，才能真正拿到有用的研究成果，否则，一切研究只能浮在表面，其研究经费和时间将白白浪费。

自俄罗斯的苏-27加推力矢量喷管后，在1997年范保罗航展做出惊喜的库柏斯特机动——在空中旋转360度的高难动作后，推力矢量技术被格外关注了。尽管美国在X-31验证机上用尾部可调叶片做出高机动动作，但效果没有俄罗斯的推理矢量喷管的大，应用效果也差。在此情况下，中航总科技局决定开展推力矢量技术研究，成立了飞机和发动机两个预研课题组。飞机组由601所、611所等组成。李天任组长，611所谢品为副组长。601所的苏-27为背景机，611的歼10为背景机，开展研究。李天领导的课题组由王永庆（总体）、赵霞（气动）、张子军（操稳）、范颜明（飞控）和卞静（发动机）等人组成。开展对歼11带推力矢量的技术方案，风洞试验结构更改以及战效分析的研究工作。

由于是用歼11还是歼10作为验证机平台一直有分歧意见，加之涡扇发动机加推力矢量喷管研制难度大，致使我国推力矢量研究进展比较缓慢。

高生存力

研发新一代战斗机提高生存力势在必行。提高战机生存力的课题研究是一个牵涉面比较广的多专业综合设计技术。601所建立了专门课题组,李天院士是本课题组的技术负责人。

飞机的生存力是指飞机在人为敌对环境中躲避威胁或能承受威胁杀伤的能力,即飞机不被发现和命中或被杀伤后仍能继续执行战斗任务、控制飞机飞行、完成返航着陆、保证空勤人员安全的能力。

飞机的生存力用生存概率表示为:

$$P_S = 1 - P_H P_{K/H}$$

$$P_H = P_D P_T P_{LGH}$$

式中: P_H——击中概率;

$P_{K/H}$——飞机被击中条件下的损毁概率;

P_D——由飞机被雷达等探测设备发现的概率;

P_T——武器系统跟踪并锁定的概率;

P_{LGH}——武器系统将入射体成功发射、制导且击中飞机的概率。

$P_{K/H}$取决于入射体的威力、引爆系统的效能外,还取决于飞机自身的易损性。

P_D、P_T和P_{LGH}这3个概率都与飞机的目标特征信号有关。这些特征信号包括雷达、红外、光学和声响等信号。在考虑飞机性能和成本的前提下,对这些特征信号综合应用减缩技术可以有效地降低威胁武器系统对飞机的敏感性,提高飞机的作战生存力。

综上,飞机的战斗生存力主要取决于飞机的敏感度和易损性。降低飞机的敏感度与易损性均可提高飞机的战斗生存力。

另外,主动与被动电子战系统的采用也可有效地降低威胁武器系统发现、跟踪和击中飞机的概率,进一步提高飞机的生存力。

《高生存力设计技术》是《飞机总体设计技术》重点预研课题中的一个分课题，它起始于"八五"后期的1994年，但真正在国防科工委预研立项开题还是从"九五"规划开始。

李天院士（中）在601所战略讨论会上发言

在"八五"期间的《飞机总体设计技术》预研课题中有一分课题为《可靠性设计技术》，由601所李天副总师负责，601所与611所总体专业参加研究。但由于要求不太明确，难以开展具体工作。为此，611所与601所总体专业共同倡议，将飞机总体设计技术中的《可靠性研究》分课题改为《高生存力设计技术》课题，其原因为：

（1）现代战斗机在常规武器威胁下的高生存力是"保存自己，消灭敌人"的前提，它可减少军用飞机战场损耗，提高飞机的完好率和出勤率。高生存力设计技术国外发展很快，1971年6月，美国成立了飞机生存力综合技术协调小组，编制了相应的生存力标准规范、手册，并在F/A-18飞机研制及其以后的主要军用飞机（包括F-X）研制中全面贯彻了生存力设计原则。另外，还研究开发了一批用于提高飞机生存力的计算模型和计算程序。

（2）提高飞机的非核生存力的主要研究内容和措施，一是降低飞机的探测敏感性（包括雷达隐身、红外隐身，光、声特性的减缩等，称隐身技术）；二是降低飞机的易损性。其中隐身技术我国已从"七五"开始作为重点课题进行预研，而降低飞机易损性方面却没有专门组织研究。降低飞机易损性又与飞机总体综合设计关系密切。

经课题主管李天副总师与中航总科技局崔德刚副局长等研究，同意两所的意见，正式决定从1994年起开展《飞机高生存力设计技术》的研究。

1. "八五"期间的课题任务与工作项目

此后"八五"期间只有最后两年（1994、1995年），经费紧张，而课题工作软件、硬件都需要起步，根据这一具体情况，确定课题工作从进行某些典型系统的生存力试验着手。按分工601所开展燃油系统生存力试验研究，611所开展液压系统生存力试验。"八五"期间具体工作项目为：

（1）组建并进行飞机燃油系统的生存力试验，以601所为主，611所参加评审；

（2）组建并进行飞机液压系统的生存力试验，以611所为主，601所参加评审；

（3）共同编制《在常规武器威胁下提高飞机生存力的设计要求》。

2. "九五"期间的课题任务与工作项目

1994—1995年，601所为了开展高生存力设计技术的研究，并争取在"九五"期间立项，以得到更多的经费支持，按照上级主管部门的要求，进行了"九五"期间开展高生存力设计技术课题的论证工作，并提出了由王大瑜、王永庆执笔，李大副总师审批的《高生存力设计技术》论证报告，内容包括高生存力设计技术的重要性、必要性、含义、国外研究情况与发展水平、国内情况及与国外水平的差距及"九五"期间预研目标和主要研究内容、经费和进度等。1995年国防科工委预研局及中航总科技局批准"九五"期间立项开展《高生存力设计技术研究》。

"九五"期间课题研究任务和工作项目按1996年国防科工委和中航总科技局给601所下达的"九五"期间的《高生存力设计技术研究》预研课题任务计划如下：

首先是生存力外部环境模型、任务参数分析和顶层设计研究。

（1）研究我国飞机生存力外部环境、威胁种类并建立模型；收集国外战斗机及空空导弹、航炮的资料并建立相应的数据库。

（2）进行飞机武器系统几何描述方法和任务/威胁分析参数选取，建立分析模型。包括初步建立飞机武器系统的几何描述方法和计算模型；进行终端武器效应及物理特性研究，对航炮炮弹的计算模拟程序进行研究，完成航炮武器系统分析和计算模拟程序编制。

其次是提高飞机生存力的方案选择和效费比分析研究。

（1）研究提高飞机生存力的关键技术、关键子系统和关键部件。包括进行生存力设计准则研究，完成《常规武器威胁下提高飞机生存力设计要求》的编写定稿和出版；降低易损性设计大纲的研究，写出初稿；判断飞机关键系统和关键部件的依据和方法研究，并结合型号进行易损性分析计算。

（2）研究主承力件、燃油系统、液压系统和动力装置等关键系统的综合保护技术和降低易损性技术及典型试验。包括组建并完成燃油复份供油系统生存力试验；提出飞机燃油箱防漏、防爆/防燃的措施，并对试验进行论证和技术准备；完成高生存力电源系统的试验方案研究；完成高生存力动力装置系统的研究；翻译出版莫斯科航空学院的生存力教材。

课题正副组长及参加单位由国防科工委预研局及中航总科技局与601所、611所协商研究确定：《高生存力设计技术研究》课题由611所任组长单位，601所为副组长单位，参加单位有603所、620所及沈阳航空工业学院安全工程系等。601所《高生存力设计技术研究》总负责人为李天副总师，协助李副总的具体负责人是总体室的王永庆主任与王大瑜（专题正、副组长）；科技部沈琪副部长与曲颖负责课题管理；每年投入16人左右。课题组按中航总科技局下达的计划较好地完成各项任务。

工作概况及主要成果：

进行飞机武器系统几何描述方法和任务/威胁分析参数选取，建立分析模型，这是提高生存力课题中的重要研究项目，是对目标机进行几何描述、威胁分析、易损性计算及生存力数值分析计算的基础。本任务是由总体室主任王永庆负责，马守田参加。由于飞机几何描述的方法很多。因此曾先后与沈阳航空工业学院安全工程系合作以及与北航飞机设计研究所合作开展工作3年。1996—1997年课题组曾与沈阳航空工业学院安全工程系合作进行飞机武器系统几何描述的研究，但感到该计算方法虽简单，相应的准确性却较差。从1998年开始与北航飞机设计研究所合作，进行了满足飞机易损性计算飞机生存性分析的飞机武器系统几何描述方法软件的开发，经过近两年的工作，该软件系统已于1999年底完成，并已用于601所生存力课题中的歼8Ⅱ型飞机易损性估算与评价中。

（1）完成《常规武器威胁下提高飞机生存力设计要求》的编写、审稿和出版

本书是我国有关生存力设计的第一本有重要参考价值和适用性的参考书。由611所与601所《高生存力设计技术研究》课题组经过3年多努力，查阅大量国内外资料，总结我国战斗机设计中的经验编写而成，共120页16万字，其内容包括：世界各国战斗机装备发展及战场环境；生存力术语；降低探测敏感性设计要求；降低易损性设计要求；考虑生存力的总体权衡设计要求；最后列出11个附表，内容包括世界先进战斗机、雷达、导弹、航炮、非制导武器、高炮及航空母舰等数据供参考。本书由611所负责出版，但所编写的内容两所是对等的。主编：林光宇；副主编：王大瑜；主审：谢品；副主审李天；601所编写人员为王大瑜和王永庆。

（2）建立国外战斗机及空空导弹、航炮的数据库

几年来，课题组先后收集了国外各种先进战斗机及空空导弹、航炮等武器的有关资料和参数，有的已在上述《常规武器威胁下提高飞机生存力设计要求》的附录中列出，并准备与飞机总体数据库中的武器子库合并成飞机武器数据库。

组建燃油复份供油系统提高飞机生存力试验台和试验环境，完成复份供油系统生存力试验。

这是601所在"九五"期间高生存力设计技术研究中的最大，也是最耗经费的一项试验工作，先后经历试验方案论证、组建试验台与试验环境、进行试验等阶段，从1996年开始一直到1999年底完成全部试验。

1996年主要是对飞机燃油系统的特点及损伤模式影响进行分析，并在此基础上提出降低燃油系统易损性的措施和技术，随后提出燃油系统生存力试验方

案。并参照国外先进战斗机燃油系统的方案,提出了复份供油系统生存力试验的方案,并于 1997 年 2 月由王大瑜提出《飞机燃油系统提高生存力的技术及其试验方案论证报告》。

1998—1999 年燃油实验室组建试验台、试验环境及测试设备,于 1999 年上半年初步组建完试验台,经过系统调试,于 1999 年 10 月通过试验前评审,年底完成全部试验。2000 年一季度编写提出试验报告,在此基础上于 6 月份完成《飞机复份供油系统试验台组建与试验总结报告》。

(3) 进行高生存力动力装置的研究

在查阅大量动力装置及生存力方面资料的基础上,编写提出《提高飞机动力装置非核生存力的技术措施》报告(阶段报告)。

(4) 进行高生存力电源系统的研究

在分析收集国内外各战斗机电源系统基础上,提出了提高飞机电源系统生存力的技术措施,并完成《提高飞机电源系统非核生存力的技术措施》报告,正在进一步考虑其生存力试验方案。

(5) 翻译、审校出版莫斯科航空学院生存力教材《飞行器的战斗生存性》

该教材用较大篇幅对飞机燃油系统的损伤模式与机理进行了研究,并提出很多提高燃油系统生存力的方法和技术措施。对生存力课题有较大的参考价值。601 所从 1998 年开始翻译,经校对、审核已于 2000 年出版。该书由郭桢翻译,王大瑜、王永庆校对,并经李天副总师复校和审核,由 601 所飞机设计所出版。

高生存力设计技术是新一代飞机设计必须采用的重要技术,我国起步较晚,通过 5 年的研究,只获得初步成果。"十五"还需加大力度开展该领域的预研,为远景战斗机设计提供技术支持。

李天院士工作在航空科研第一线,他的事业与抱负就是为一代战机上水平而打基础搞预研。他把全部精力都投入于新一代战机的预研工作中。征途坎坷,从不动摇,道路险阻,也从不却步,而勇往直前,不达目的绝不罢休。成都 611 所李玉甫研究员说:"我与李天院士关系很好,是搞同一个专业的,李天院士是一步一个台阶走上去的。他从设计员到专业组长,从室主任到副总设计师,最后成为中科院院士。他的基础知识相当好,实际经验也丰富。这么多年他和大家一起摸爬滚打,在航空气动理论、试验、计算等各方面都相当有水平。他对工作十分认真,从'课题研究'到'对俄合作'到'新一代飞机的预研',都是从头到尾仔细认真地做好每一步的具体工作,每个细节都亲自抓、亲自做,包括作计划,做试验和写小结。他这个人有过硬的领导作风,很踏实,很刻苦,组织观念很强,上下级关系及与兄弟单位和各高等院校关系处得都非常好。他为人直爽,有啥说啥,旗帜鲜明,在技术观点上有分歧也能摆事实讲道理解决问题,和大家关系十分融洽,友情很深,和蔼可亲。他与顾诵芬院士亲密无间,志同道合,深得顾院士赏识。"

第八章　多年艰辛铸利剑

李天院士多年来一直担任总装备部和中国航空工业集团公司的六项国家重点课题负责人，曾任中国航空空气动力专业委员会委员，总装备部飞机总体技术专业委员会委员，总装备部隐身技术专业委员会委员，海军预研专家组专用航空装备组委员会委员及顾问，西工大翼型叶栅空气动力学国防科学重点实验室学术委员会主任等职。李天院士长期以来从事飞机气动设计和隐身技术研究，将空气动力学与电磁散射特性有效结合在一起，通过先进隐身飞机气动布局研究，开拓性地解决气动与隐身在布局设计中的技术难点，为我国新一代先进战斗机发展做出了突出贡献，在飞机气动设计专业领域，他创造性地解决了飞机设计研制过程中的多项空气动力学重大技术问题，在推力矢量、舰载机特殊技术、飞推控制和高生存力等方面做出了卓有成效的研究，解决了很多技术难题，在飞机工程研制中得到有效地验证和广泛的应用。拓展了我国飞机气动布局领域的设计方法，有效地应用在远景飞机的设计工作中。

> 航空报国志不凡，
> 工程成败在预研。
> 大力协同锲不舍，
> 成果共享铸新歼。

攻关解难

李天在所从事的飞机空气动力学研究领域造诣颇深。40多年来,他在该领域工作中创造性地解决了战斗机研制过程中遇到的多项重大技术难题,并在工程中得到验证和应用,完善了我国战斗机气动布局的设计方法,不断探索新一代飞机的先进气动布局的技术发展。他理论联系实际,在型号研制中主要解决如下技术难题:

1. 率先建立了"从风洞数据修正到飞行值的相关性方法"

风洞是飞机空气动力设计所不可缺少的试验设备,它是按一定设计要求,在管道内(称试验段)产生可控制的各种速度的人工气流,该气流流过装有天平的飞机模型,测出其升力、阻力等气动性能数据,为设计飞机提供气动力数据。我国航空工业起步晚,经济实力较差,20世纪60年代国内只有尺寸较小的3米量级低速风洞和0.6米高速风洞,风洞试验模型尺寸受到严格限制,致使试验模型与真实飞机有诸多的不同,如雷诺数小、进气道不能通气、尾部喷气也不能模拟、翼面是刚性的等,利用这种模型测得的数据必须经过修正才能用于工程设计。针对上述问题,李天与顾诵芬总师商定采用单独通气模型、尾部喷气模型试验,来获得通气、尾部喷气对气动特性的影响量。而飞机在飞行中,发动机燃烧的气体是由尾部喷管排出的,特别是战斗机,尾喷流温度高、速度大、对飞机尾部的垂尾及平尾的流场影响很大。当时由于条件限制,国内在风洞里还没有做过模拟尾喷流的试验,为了摸清尾喷流在超声速飞行时对垂尾效率的影响,首次在北航G-3超声速风洞(风洞试验段尺寸只有0.3米×0.3米)进行喷流模拟试验(引一股高压气流到风洞里再由飞机模型尾部喷出),当时的试验设备和装置比较简陋,只能用自制的六排测压耙测垂尾表面的压力分布,没有扫瞄仪,用水银柱测压仪记录压力变化,用手摇计算机进行积分得到有、无喷流的压力分布、侧向力及偏航力矩,此项试验不仅得到了喷流对飞机方向安定性的影响量，同时也摸清了喷流效应的流动机理。对于雷诺数及翼面弹性的影响分析是采用理论计算方法获得其影响量，再用上述影响量去修正全机风洞试验数据，从而得到接近真实的飞机气动数据。用上述修正方法对歼7飞机风洞试验结果进行修正得到的气动特性与飞行试验测得的数据基本一致，同时在歼8飞机设计中应用了该方法也获得了成功，证明这种修正方法是正确的。通过上述验证，他建立了一套超声速飞机用小风洞试验结果换算到真实飞机的"从风洞数据修正到飞行值的相关性方法"，为飞机的气动力设计提供了可靠的计算方法，该方法已成功用于国内各飞机厂、所的型号设计之中。

2. 成功解决歼8飞机放减速板振动问题

歼8某型飞机在使用中出现了放减速板振动大及减速性差的问题。主要现象是减速板打开偏度小，阻力增量不够，若增大减速板偏度则引起飞机强烈振动。为解决此问题，所里成立了攻关组，任命李天为组长。他通过在低速风洞中流态观察及试飞测量发现，振源来自减速板后的气流分离及从减速板两侧形成类似的卡门涡街，产生非定常的低频压力脉冲，这种漩涡从平尾流过，引起其结构响应而使飞机产生强烈的振动。在减速板面积不允许增大的限制条件下，他提出在减速板上采用开孔的方法来消除振动，通过孔的高能气流可将板后拖出的大旋涡分割成小旋涡，经黏性耗散使脉动压力下降，由于孔的边界层作用，对板的阻力影响不大。然而，孔的形状、大小、位置却是设计的关键，为获得定量结果，在国内首次开展了在高速风洞中对减速板上开孔进行系统研究的方法。他设计了多种开孔方案的减速板，采用在高速风洞中同时测阻力及减速板尾流脉动压力的方法，得到了既满足增阻又不产生强烈振动的减速板方案。经试飞验证，飞机减速性能达到设计指标，振动消除，已在部队的飞机上推广使用，并获航空工业部科技进步二等奖。

3. 圆满解决歼8Ⅱ飞机大马赫数方向安定性不足问题

歼8Ⅱ飞机将原机头进气改成两侧进气后，其前机身横截面由圆形变成立椭圆形，使其在大马赫数时方向安定性变坏。李天提出将原歼8双腹鳍改成单片可折叠大腹鳍，通过理论计算和风洞选型试验确定了腹鳍的几何参数，经试飞验证，该方案合理可行，使歼8Ⅱ飞机达到了设计最大马赫数并顺利通过设计定型。

4. 有效改善歼8飞机起降特性

歼8飞机改型后因外挂武器品种和重量增加，使飞机重量增加，影响了飞机的着陆性能。根据俄罗斯中央流体动力研究院的结论，对于小展弦比三角翼飞机，其襟翼的偏度只能到22.5度，因此起降升力系数小。李天提出要打破框框，增加襟翼偏度，通过系统地研究襟翼增大偏度时的最有利缝隙形式及大小，摸清了襟翼偏度与襟翼缝隙的关系，通过风洞试验验证表明，小展弦比三角翼飞机的襟翼偏度通过控制襟翼缝隙大小可增大到30度，着陆升力系数可增加20%，经试飞验证飞机起降速度降低了10%，改善了歼8飞机的起降特性。该襟翼方案已在歼8改进型系列飞机上应用。

5. 主持完成高机动战斗机气动布局研究

1975年起，李天开始对第三代战斗机的气动布局形式进行系列研究，其中特别关注涡控技术。他系统地研究了边条翼的边条参数包括边条前缘半径、后掠角、平面形状和相对面积的影响，还研究了近耦合鸭式布局中前翼的平面形状、面积大小，以及前翼与机翼的上下、前后位置的影响，通过理论计算及大量高、低速风洞试验和流谱观察，摸清了脱体涡流型与混合流型的机理，最后选出了比国外先进战斗机性能更好的边条翼布局方案，并得出了边条翼设计准则和方法。此外，他还系统地研究了可兼顾亚超声速性能的大后掠双三角翼与融合体布局的气动力特性、大后掠尖前缘涡襟翼的几何参数与气动特性的关系，以及具有高机动性的三翼面布局方案和气动特性。这些研究成果，已收入2002年航空工业出版社出版的《飞机设计手册》第六册中。李天在国家自然科学基金资助的《大迎角非定常涡破裂产生的飞机抖振特性研究》中担任项目负责人，通过试验、分析，他建立了理论设计计算方法，完成了计算分析。经高、低速风洞试验验证了该方法的正确性，找到了控制大迎角非定常涡破裂产生的飞机抖振方法，其结果可用于战斗机设计及改进上。

一个个创新的设计方法、一条条迥异的思路方案、一项项攻克的技术关键，化为了工程研制的强大推力，拉近了中国与世界飞机设计研制的距离。

李天院士（右一）在车间审查风洞模型

贡献非凡

李天致力于我国航空飞机空气动力学、隐身技术以及气动/隐身交叉学科领域的预先研究和工程应用，是该领域的学科带头人，为相关领域的型号技术难题攻关做出了重要的贡献，开拓性地建立了一套我国先进飞机气动与隐身综合设计方法，设计出与美国最先进飞机性能相当的我国新一代飞机的气动布局，使我国在飞机空气动力与隐身技术综合研究领域达到国际先进水平，为我国新一代先进飞机的发展做出了突出的贡献。

空气动力学在航空事业的发展中，有着举足轻重的作用，空气动力学是发展航空、航天技术的重要理论基础，无论从提高飞行器的飞行效率，还是作为武器平台充分发挥其作战效能来看，都离不开空气动力学的进步。战斗机的发展证明，在空气动力学上有重大突破，会推动飞机的更新换代，新一代飞机的问世是与其具有创新的气动布局形式、高效的气动力措施、先进的气动力设计方法密不可分的。

要夺取未来战争的胜利，必须要掌握制空权。因此，各国都把发展高性能军用飞机放到了重要的地位。要提高飞机的生存能力，在空战中就要做到先敌发现、先敌击落，飞机必须具有良好的隐身性能。这是一个高深而未知的领域，李天放眼未来，开拓创新，勇于探索，从1986年起，就开始在隐身技术领域纵横驰骋，为我国隐身技术的开发和应用做出了非凡的贡献。

1. 主编我国第一部《飞机隐身设计指南》

1986年，李天担任航空工业部隐身技术研究课题组组长后，带领院校、研究所几十名专家组成的团队，在隐身外形、材料及隐身特性计算、测试方法等方面进行攻关。大量的机理分析、试验研究，以及十几年的研究和积累，全面掌握了飞机主要部件参数对雷达波散射特性的影响规律，找到了飞机产生电磁波强散射源的部位，提出了解决减小雷达散射截面的有效方法和措施。多年的研究与实践，加之分析、提炼和总结编写出的具有自主知识产权的我国第一部《飞机隐身设计指南》，为航空设计部门的隐身设计提供了先进的方法。

2. 设计并建造了国内第一个外场RCS测试系统，对歼8飞机进行了隐身性能改进

为了验证设计计算飞机RCS的可信度，1998年，他领导课题组专门设计和制造了可承担整机重量的高精度电动测试大转台和支架，组建了外场RCS测试系统。用此系统对歼8Ⅱ真飞机原型和对重要强散射源采取隐身措施的改进型飞机的RCS进行了外场对比测试，测试结果表明，改进型真飞机的前向RCS比未改前真飞机的前向RCS降低了2/3，也验征了计算方法的正确性。现已为歼8改型飞机所采用。该项目获得国防科工委科技进步二等奖。

3. 建立了适合我国新一代飞机设计要求的先进隐身进气道方案

随着飞机对隐身要求的提高，作为飞机前向三大主要散射源之一的进气道对全机的隐身性能起着较大的影响，为攻克关键技术，李天领导研究团队对目前国

外最先进的双斜切式及带鼓包式（Bump）两种隐身进气道进行了系统的流动机理、气动特性以及隐身特性研究，全面摸清了主要设计参数对进气道流动特性的影响规律，提出了先进隐身进气道的设计原则并建立了先进的进气道与机体一体化的设计方法，形成了适合我国新一代飞机设计要求的先进隐身进气道方案。

新一代战斗机特点是既具有良好的隐身性能又具有优越的空气动力特性。隐身与气动力设计在许多方面是相互矛盾的，两者要兼顾十分困难。美国从1982年起就研制了既有隐身又能机动空战的F-22战斗机，直到2004年才开始装备部队。欧洲（除俄罗斯）至今还没有，俄罗斯是20世纪90年代开始研究，直到2009年底才实现首飞。因此要实现隐身与气动力综合优化设计是当今世界的难题。各种布局形式特点不同，选择气动布局形式是一个综合、折中的过程。现代高性能战斗机设计，除要求在亚、超声速及大、小迎角全包线范围内具有满意的气动特性外，还要考虑隐身性能对外形的要求，而隐身与气动力对外形的要求有些是矛盾的。因此，如何综合、优化气动力与隐身性能更是飞机设计师急需解决的瓶颈。李天从"八五"期间开始研究、探索，并做出了开拓性贡献。

4. 率先建立了气动/隐身综合设计方法

由于飞机的气动力设计，以及减小其雷达散射面积都与飞机外形和布局有密切关系，而两者对外形的要求又是相矛盾的。如何使飞机既有良好的气动力特性又具有高隐身性能，对飞机的布局设计提出了严峻的挑战。为解决这个矛盾，他提出先从理论设计方法上加以解决，即建立气动与隐身综合优化方法。

他在气动性能计算上采用欧拉方程求解飞机的气动力特性，在隐身性能计算上采用电磁散射理论中的物理光学法求解飞机的RCS特性，在此基础上，采用模糊数学和遗传算法建立了气动/隐身综合优化设计软件，优化方法中是以隐身特性为优化目标函数（即以前向RCS值最小），以飞机的升阻特性为约束条件（即以零升阻力不大于某值，升阻比不小于某值），通过改变飞机机翼及机身主要参数得到隐身与气动特性都满足要求的飞机外形参数。该方法具有分析和计算任意复杂飞机外形的气动、隐身特性及对飞机外形参数进行综合优化设计的能力。通过模型风洞试验及隐身暗室模型测试,结果表明,用该优化方法得到的外形方案其气动和隐身性能满足指标要求,从而也证明了该方法的适用性和正确性,为新一代飞机外形设计提供了有效的设计工具。

5. 创造性地完成了新一代战斗机布局的气动与隐身设计

10多年来,李天带领研究团队利用自主开发的软件,采用涡控方法、隐身技术及总体综合优化技术,系统深入地研究了边条翼、前翼和三翼面等30多种先进布局方案,掌握了各种布局特点及部件干扰机理,设计出一种三翼面布局的新一代战斗机方案。该布局方案采用双三角翼身融体兼顾了亚超声速升阻特性,采用带前缘延伸边条的近耦合三翼面布局保证了飞机的大迎角纵横向控制能力,采用机头加棱边,外倾双垂尾,机尾翼前后缘互相平行,斜切进气口,S形进气道,精心设计缝隙、台阶等次级散射源,武器内埋及面积修型等措施并达到了隐身要求。2001年获国防科工委科技进步一等奖。

6. 建立了先进的隐身进气道设计方法

新一代战斗机要求在隐身前提下保证最大马赫数的高性能,采用常规的不可调进气道难以满足要求,通过大量的计算及风洞试验,对双斜切及鼓包式两种隐身进气道进行了系统的多参数研究,提出了两种进气道的设计原则并建立了设计方法。采用此方法设计出的新一代战斗机两种进气道方案,通过风洞试验及隐身测试均达到设计指标,已在布局方案中采用。

李天是我国诸多前沿学科研究的倡导者和实践者。从"七五"开始,他就主持领导了航空预研课题的研究工作,先进气动布局、总体综合设计技术、隐身技术、舰载机特殊关键技术和推力矢量技术等科研项目,都体现着当时国内航空领域的尖端技术。如今,他又在为航空领域2030规划和"十二五"重点预研项目论证日夜操劳,他还与顾诵芬院士等提出了如何发展我国变体飞行器及快速进入空间方法的建议等。

在学术研究上,他紧紧跟踪美国、俄罗斯和西欧等先进国家的航空发展趋势。他主持编译了大量有关国外先进航空技术的文献资料,其中很多有关俄罗斯、西欧的重要文献他都是亲自校稿。在型号研制和预研工作中,他总能把最

李天院士在俄罗斯航展上

李天院士在莫斯科红场留影

新的科研思想和成果,运用到实际工作中,并不断总结经验,提升理论。在他的领导下,601所在上述航空领域的学术水平都处于国内领先地位。

技术文献

李天院士先后论证并组织课题组研究各种关键技术 80 个专题,形成各种技术报告 883 余篇。其中发表学术报告 33 份,学术论坛报告 5 篇,主编设计指南 3 册,编写设计手册 4 部,编写各类技术研究报告 40 份,领导课题组编写及审查技术研究报告 804 篇。具体内容详见附录二。

气动院金凤武与李天院士一起进行声像跟踪时介绍说:"我们课题组在'七五'规划里就正式列入攻关的队伍中,我们跟随李天院士参加课题组织的活动,课题汇报会,年终总结,定期检查各子课题工作完成情况,召开座谈会及技术交流会,李天院士到现场总结发言,布置下个五年规划的各子课题的任务,考核点……"

"李天院士下到车间,检查模型加工、部件加工的质量,加工的速度……都用录像的手段,真实的录下素材,这也是声像跟踪的考核的目标。每 5 年都要编辑一部全面反映先进气动布局工作的录像成片。录像片的总体策划,每段解说词都要由李天院士精心推敲,亲自完成。在跟踪 4 个五年规划中,在李天院士的带领下,完成了十几部可喜可赞的累累硕果。"具体成片如下:

(1) 未来战斗机先进气动布局研究第一集(片长:26 分钟,1987 年完成)。

(2) 未来战斗机先进气动布局研究第二集(片长:28 分钟,1988 年完成)。

(3) 未来战斗机先进气动布局研究第三集修改版(片长:37 分钟,1989 年完成)。

(4) 未来战斗机先进气动布局研究第三集(片长:20 分钟,1989 年完成)。

(5) 未来战斗机先进气动布局研究第四集(片长:30 分钟,1990 年完成)。

(6) 未来战斗机先进气动布局研究综合片(片长:16 分钟,1990 年完成,荣获部级三等奖)。

(7) 先进气动布局研究汇报片(片长:8 分钟 38 秒,1994 年完成)。

(8) 军用战斗机先进气动布局研究(片长:15 分钟,1995 年完成)。

（9）先进气动布局96型课题低速试验（片长：9分钟16秒，1997年完成）。

（10）新一代战斗机气动布局研究13.3.1（片长：12分钟，1998年完成）。

（11）新一代战斗机先进气动布局研究——"九五"工作汇报片（片长：15分钟，高为民在现场编辑指导，2000年完成）。

（12）新一代军用飞机气动问题研究——2005年工作会议（片长：26分钟，2005年完成）。

（13）新一代军用飞机气动问题研究41313——"十五"工作汇报片（片长：12分钟，由黎军在现场指导编辑，2005年12月完成）。

"上述的声像成片，科学地、真实地再现了李天院士在'七五'～'十五'期间带领先进气动布局攻关团队成员具体的工作态度、精神风貌，每部成片中一个个镜头、一幅幅画面、一句句的解说词，都是李天院士在工作中真实写照，不仅完成攻关的总目标，同时锻炼了一支声像跟踪科技人员队伍。李天院士是我们的好老师，好领导！他是我永生学习的榜样，他拼搏的敬业精神永远是我们科研战线上创新的典范。"

远景绘蓝

在新一代飞机的研发进展过程中，李天院士经常亲临设计一线指导工作，会同各专业技术人员现场解决总体隐身气动设计一体化疑难问题，有时与大家连续在计算机前研究方案的关键布局及更改，在保证飞机的气动力特性和性能的前提下，力求使气动布局满足各专业的要求。他亲自对布局修改提出方案，随时关注风洞试验进展情况，并对下一步的工作提出前瞻性建议和方案，从而保证了该项任务的各个时间节点。该项工作进行到今天，凝聚了他的心血和汗水。可以说，李天院士十几年的艰辛探索尽心尽力，为新一代飞机研制打下了坚实的基础，他就是新机的开拓者。

李天（右一）在"新一代军用飞机气动问题研究"2004年度会上

为研究新一代飞机进气对气动特性影响，气动室内曾组织多次技术研讨，确定了几个研究方向：①进行不同堵锥方式的对比风洞试验。②进行国外通气模型的设计、试验技术收集，以及利用对俄合作的机会开展形式不同的节流措施内流阻力特性试验研究。③利用CFD技术探索内流流动特性。他多次参加技术讨论并提出指导性意见，他特别强调要利用苏-27飞机引进的技术契机，向俄罗斯专家学习通气模型的设计和试验经验。

通过反复对比试验和计算分析，突破了通气模型的设计和试验技术，修订了过去沿用的二代机的通气模型设计方法。相对旧的通气模型设计方法，新方法提高了试验精准度，能够获得更准确的飞机阻力特性。

2000年4月18日在北京召开了飞机总体综合设计技术课题年会，会议由课题组长李天主持，参加会议的有总装备部刘胜局长，张耀副秘书长，孙义东参谋，中航科技委顾诵芬院士，空军编研室朱荣昌主任及鲍永生参谋，中航一集团科技局华俊副局长，金淑惠处长等，以及601所、611所、626所、627所和628所等参研单位的课题人员。李天汇报了课题的进展情况。顾院士首先发言，肯定了课题取得的成果，特别是在飞机布局的气动和隐身特性方面有较大的突破，他在介绍了下一代战斗机的特点之后，提出希望课题组在气动与隐身方面继续深入研究，多下功夫，争取有新的突破和掌握先进的设计方法。刘胜局长说是来给课题组打气和撑腰的，要坚定不移的把新一代飞机的预研搞下去，他讲了为什么要搞的必要性和下一步如何做，他要求在"十五"期间把该课题的研究成果向实用性方向进展。张耀副秘书长提出课题取得了重要进展，看到了希望，组成"国家队"，坚持不懈的搞预研，成绩显著，对今后航空事业发展有重要影响。这次会议为"十五"该课题的研究指明了方向，增强了课题组的信心。李天在总结了"九五"预研成果的基础上，领导课题组与总装备部六局、空军预研办和中航科技局共同开始编制"十五"该课题的研究计划。这里说明一点，"九五"期间该课题是由总装备部及中航总来管理的，到"九五"末期，总装备部提出让空军管理背景项目，为此空军成立了预研办，开始介入和参与该课题的管理。从"十五"开始，该课题以准型号搞预研，以空军预研办为主要管理者，总装备部及中航协助。从2000年下半年开始，总装备部和空军联合中航科技局召开多次会议，研究、布置和讨论"十五"预研课题指南的编写和"十五"规划的制定。李天作为601所预研的负责人，带领各专业技术骨干参加会议和组织编写工作，飞机总体综合技术课题他亲自编写。期间，李天作为总装备部飞机总体专业技术组的成员，与空军的黄诚，611所的谢品利用一周多时间完成了总装备部下达的国防关键技术之一《武器平台总体技术》报告的编写工作。

李天（后排右四）在飞机总体机载电子综合与火控技术专业组会上

"十五"期间飞机总体综合技术被总装备部和空军列为预研的重中之重,其他许多课题也是围绕该课题开展预研。强调了本课题的准型号性质,由概念研究转向准工程研制,并对其他各专业提出需求牵引。该课题"十五"主要研究目标是:

(1) 完成1~2种性能先进的新一代飞机的总体方案;

(2) 提供新的减阻措施以及先进进气道和内埋弹舱设计方案;

(3) 给出满足总体、重量和结构强度要求以及制造工艺可行的结构布局方案模拟打样的电子样机;

(4) 提出对飞机系统,机载设备及武器系统设计的技术要求。

从2001年初开始,李天领导601所该课题组的同志对"98"方案进行深入细致的优化和工程可实现性研究,重点对飞机外形进行理论计算、优化及风洞试验验证,对飞机的结构、系统设备进行协调和布置,使其达到工程可实现的目的。经过两年的工作,形成了"98-02"方案,通过风洞和暗室测试,其性能较"98"方案有进一步的提高。期间,李天还不辞辛苦,多次带领相关专业的人员与发动机、机电、航电和武器等各所的技术人员进行需求牵引的交流,技术方案的协调,推进了方案的工程可实现性。

2002年下半年,总装备部下达任务要编写新一代飞机预研的论证报告,要求从宏观战略层面提出总体思路,回答为什么和怎样发展的问题。601所委托李天牵头组织各专业骨干力量编写该论证报告,经过两个多月的工作,李天汇总完成了该论证报告,经所长孙聪,总师李明审阅成文。总装备部和空军于2002年9月28—29日在北京召开了有关新一代飞机发展的研讨会,总装备部张耀副秘书长、胡子健总师,空军戈文墉副参谋长、马健部长、朱荣昌主任以及顾诵芬、李明、陈一坚、屠基达、颜鸣皋、关桥、刘大响、冯培德和贲德等九位院士及许多专家参加了会议,李天代表601所向大会做了论证报告。领导、院士及其他专家都做了发言。最后总装备部张耀副秘书长做了总结发言,认为会议开的很好,许多发言有见地,思路基本清楚。会上要求在11月完成总报告及分报告。总报告由顾涌芬院士牵头编写,601所负责分报告即《新一代飞机发展总体思路》的编写。回所后经过几次讨论，由李天执笔于 11 月上旬完成了分报告的编写。2002 年 12 月 10 日，在北京召开第二次研讨会。会上顾涌芬院士介绍了分报告和总报告，经专家讨论，最后张耀总结认为：2 个月的辛勤劳动，完成了论证报告，受到鼓舞，会后稍作修改即可完稿上报。李天回所经修改后于 12 月 20 日上交了报告。这两次讨论和完成的论证报告推动了我国新一代飞机的研制进展。

从 2003 年开始，李天领导 601 所的团队，对"98-02"方案进行进一步的优化研究，重点在前中机身及进气道的改进，李天领导进气道组在完成了 Caret 进气道的设计后，又组织大家与南航合作，建立了 Bump 进气道的设计方法，并在"98-02"方案上设计了具有 Bump 进气道的几种方案，进行了风洞试验研究，初步摸清了该进气道的设计关键及其优缺点。在完成了全机总体布置及设备安装的设计后，对飞机外形进行了又一轮的优化，在此基础上完成了一轮气动及隐身的补充试验，使方案的性能有较大的改进和更接近工程化，定义该方案为"98-03"方案。考虑到发动机的研制周期，李天建议采用 A、B 两种状态，A 状态为成熟的发动机，B 状态为新研发动机，以减小研制风险，该思想得到集团公司、空军及总装备部的认同。

2003 年 11 月中旬，空军装备部协同总装备部对新一代飞机预研进行中期评估检查。组织专家组对 601 所及 611 所等前三年预研工作进行评估。李天代表课题组向专家组汇报了三年来 601 所在"98"方案基础上开展的工作，取得的进展。专家组认为 601 所在方案研究上有突破性进展，为立项打下了一个坚实的技术基础。

2004 年开始，中航一集团科技部在吕杰部长主持下，601 与 611 两所共同多次与辅机厂所进行技术协调及召开研讨会，同时开始准备评估体系及评估标准的制定，李天带领相关人员多次往返于北京、洛阳和成都等地进行协调和调研。在所里则领导工作队对方案做进一步的优化设计工作，使之在 2004 年冻结方案，2005 年完成"十五"预研的全部任务。

在 2004 年 3 月上旬，李天领导课题组编写了向总装备部及空军领导汇报的《新一代飞机研制进展》报告，包括总体方案及各系统配套方案、风险分析、可行性及措施。2004年3月18日孙聪所长带领李天副总师，赵霞副总师等到总装备部向刘胜部长做了详细汇报。刘胜部长最后对作战对象，使命任务及技术指标做了重要指示，指出要进一步完善方案，提出两家方案要竞争、评估和择优，为立项做准备。

2005年开始，李天领导课题组，一方面要全面完成"十五"预研规划的全部内容，另一方面还要制定新一代飞机的发展规划，确定立项前应完成的各种技术准备工作，完成从预研向型号过渡的工作以及"十一五"前期准备工作。任务繁重而艰巨，李天以极大的热情全身心地投入到该项工作中去，不仅是为601所的发展，而且是为航空工业，是为中国空军的发展。他多次往返于沈阳和北京，从北京晚上乘火车，第二天早晨到沈阳，回到家吃点饭就匆忙赶到办公室，布置新的工作，检查进展情况，到工作队和大家一起研究方案，解决问题，还到哈尔滨参加相关的风洞试验，经常加班加点，他的忘我工作精神也鼓舞了团队的全体成员，大家都经常加班到深夜，周六、周日也不休息。李天不仅审查技术汇报，许多重要报告他都亲自编写。这期间空军及集团的会议特别多，包括各专业协调，"十五"总结及评估，"十一五"规划指南编写等，他几乎每周都要去一次北京，开完会马上回来投入方案研究工作。

在李天的领导下，"十五"的预研规划圆满地完成了任务，"十一五"研制指南及方案评估体系也基本确定。

新一代飞机的预研，经过两个五年规划的攻关，取得了突破性的进展，在飞机总体/气动/隐身综合设计领域已达到世界先进水平，为我国自行研制新一代飞机奠定了坚实的技术基础，为在"十一五"立项做出了重要贡献。这些成绩的取得是和李天个人的努力，带领课题团队进行攻关和团结协作分不开的。

2005年10月下旬，总装备部航空局领导来所视察并听取型号及预研工作汇报，在会上提出对两所预研的新方案将于2006年开始评估，争取年底评估完。2005年底将发布评估体系。请601所做好准备。"十五"新方案的预研是由李天负责的，经过5年的预研，做了大量的计算、试验，方案趋于成熟。"十五"该课题的验收实际上是准备用评估来代替。根据总装备部的指示，601所很重视，这不单单是课题总结和评估,而且是两所竞标新方案由谁来干的问题,事关重大,也是决定两所的未来发展的大问题。孙聪所长要求必须动员全所力量,而不仅仅是新方案工作队的任务,专业总师及各部部长必须重视起来,开展总体策划,评出竞标计划。稍后,李天组织科技处、新机工作队及相关副总师、部长开会,具体落实各专业准备评估的内容及技术报告的编写和顶层策划等工作。

李天院士向空军领导汇报

为了展示"十五"预研的成果,孙聪所长决定搞一个新方案成果展览室,所里专门腾出一个试验大厅做场地。李天对展室的内容进行筛选,与展室布置小组一起确定了展板、实物和模型等方案。李天对50多个展板的内容进行了认真的修改,审查和定稿,对选用哪些试验模型、试验件、实物,以及真实的仿真环境都做出了决定。经过2个多月的努力,"十五"预研成果展览室布置完毕。总装备部副部长丛日刚,军兵种部副部长刘胜,空军副司令马晓天,空军装备部部长魏刚,中航一集团林左鸣总经理以及副总经理胡问鸣等都来参观,他们都对601所在新方案预研中所取得的成绩感到高兴和鼓舞。展览室接待了近百名总装备部、空军、海军、科工局及中航集团的各级领导和专家。他们一致认为601所在新方案工作中取得了显著的成绩,工作做得扎实,值得称赞。

从2006年初开始,李天领导有关副总师及新机工作队的同志对空军下发的评估体系进行研究和分析，并提出修改建议，同时组织各专业开始编写评估报告。方案的细化及完善工作则由新机工作队负责。

601所的新机工作队是由原所长孙聪提议，得到所党委一致同意于2004年7月8日成立的，目的是为新方案的研制开创一条新路，抽出一部分一线的骨干力量，全力以赴搞好新方案，为争取新方案竞标的胜利而奋斗。李天任技术顾问，工作队队长由副总师王永庆兼任，张子军、王东石为工作队副队长。所里在2号楼设置了专门的办公室，队员由各研究部调来，集中在此工作，并配备了较好的计算机。李天主要负责工作队日常技术工作的协调、技术问题讨论及重大关键技术问题的咨询，协助孙聪所长主持召开技术工作中关键技术研讨会及工作进展汇报等。这段时间李天的主要精力都用于方案的研制工作中，重点抓总体、气动与隐身专业的技术攻关工作，使其性能达到课题指标的要求。由于工作队是单独建制，与各部各专业的工作协调和接口有时出现不协调或矛盾的问题，这时李天召集有关专业副总师和部长们与工作队的同志共同协商解决，使工作不致因机构问题而停顿或无人过问。到2006年上半年，601所的方案基本冻结，各项指标达到或超过课题规定的技术指标。

从2006年下半年开始，李天配合孙聪所长与相关专业副总师抓方案的论证及评审工作，包括评估体系的编制、研讨、与空军协商和汇报等多项工作，同时进行各专业方案进一步完善和技术总结报告的编写工作。到2007年初，所里提出要求在上半年完成工程验证方案的冻结并完成立项论证报告的编写工作。2007年3月，空军要求601所和611所要在7月上旬提供竞标的技术报告共15份。李天组织各专业副总师分头准备自己专业的技术报告，他要求大家在报告中重点阐述关键技术的突破情况，方案的可行性、先进性及创新点。从报告中显示出601所各专业的技术实力和设计水平。从5月中旬开始到6月底，李天组织各专业副总师及相关技术人员开始审查及修改报告，并排了顺序，先编好的先审。这段时间李天全力以赴投入到此项工作，经常加班加点，为了保证报告的质量，充分显示601所的技术实力和方案的创新，需要认真总结和提炼，他严格把关，并提出好的建议和修改意见，对总体、气动和隐身等报告他亲自编一些重要章节。其中总报告是全系统的高度提炼和总结，花的时间最多。完成技术报告的编写审定后，从7月初开始编写汇报用的演示文稿，7月下旬李天召集各专业的副总师及各部部长，开始一个个审查演示文稿，由报告人试讲，然后找出问题，进行修改。8月初他又召集会议，进行了第一次预演，经过这次会议，基本定稿。根据空军的要求601所将15份报告及14个演示文稿等于8月18日送往空八所。8月23日，601所在北京向评审专家做了一天的全面汇报，包括录像，孙聪总师的总报告及各分系统的13个分报告。611所24号进行了汇报。8月29日专家组到沈阳。30号参观601所的各实验室，新方案展示，听了601所的汇报，李天就正常式与鸭式气动布局对比以及Caret与Bump进气道问题向专家们做了汇报。专家们还到沈飞公司进行了参观。从此开始了竞标评审工作。2007年10月8日由李天带队包括赵霞副总师，高为民、朱宇等去29基地，参加气动力的评审会。2007年10月底，总装备部正式发文宣布611所的方案获胜，并以611所为主，601所参加，共同组成"国家队"进行联合研制新一代飞机。鉴于这种情况，当时所领导考虑不能由此就停止对新机的研究工作，考虑所里的未来发展和提升核心竞争力，为锻炼队伍和培养人才必须下决心掌握新技术，所里决定自筹资金开发一个新的项目，孙聪自己主抓，并让李天全面负责这项技术工作。李天非常支持所领导的决策和做法，李天院士以国家利益为重，顾全大局，并像抓重点预研项目一样，全身心地投入到该项工作中去。他重点抓顶层和总体、气动、隐身各专业的工作，他每周都召开有关专业的技术讨论会，研讨如何解决工作中出现的难点和问题。李天院士虽然已年过70，但仍在一线为航空工业的振兴和601所的发展而勤奋的工作，为××型方案工作付出艰辛的劳动。李天院士为航空科研事业的发展而进一步发挥余热，再立新功。

第九章　为人师表育英贤

　　李天院士作为航空界德高望重的飞机空气动力专家，是多项国家重点课题研究的负责人，不管工作多么繁忙，时间多么紧迫，他都一贯重视培育人才的工作，他特别重才、惜才、爱才、育才。李天院士尊师重教，承先启后，他有幸从1963年开始就同有强烈航空事业心的、刻苦钻研、严谨治学并具有高尚人格魅力的中国飞机设计大师两院院士顾诵芬一道工作，他一生受到顾总的深深教诲，顾总对他的成长和进步产生了巨大影响。他一直把顾总当做良师益友，把顾总当做自己学习的楷模，他也像顾总培养他一样来培养他的学生。"山不厌高，海不厌深"，他是那么谦恭、那么虚心、那么祥和、那么敬师爱生。他荣幸地被北航、南航、西工大和清华等院校聘为兼职教授。是北航和中国航空研究院的博士生导师，在科研协作实践中为所内和各院校培养一批又一批的硕士生、博士生。他极力培养一批航空精英人才而令人敬重。俗话说："世有伯乐，然后有千里马。千里马常有，而伯乐不常有。"可见伯乐的稀有和珍贵，李天就是发现人才和培养人才的伯乐。他培养的这些学生也不负众望，他们亲沐教诲，耳濡目染，严谨治学，功高德厚。有的成为各级领导干部，有的成为科研单位专业技术带头人。

> 高风亮节师尊严，
> 无私执教育彦贤。
> 有志学子多奋进，
> 桃李芬芳果满园。

情志蓝天——记航空气动专家中国科学院院士李天

身先示范

李天作为空气动力、隐身技术和飞机总体综合设计等技术领域的专家，日常工作非常繁忙，相关研究工作重担压身，但是他多年如一日关心并注重航空英才的培养。他把智慧锻造成阶梯，留给后来的攀登者。他重才、惜才、爱才，无私地把自己的知识和经验传授给新一代航空人。技术上的指导，思想上的帮助，生活上的关心，在他的精心指导与培养下，一批批飞机设计师和技术骨干担起了飞机设计的大梁，一批批航空英才走上了重要的领导岗位。从"六五"期间的《边条翼近耦合前翼气动布局》预先研究开始，6个五年规划期，30年来，李天先后积极推动立项并重点负责了先进气动布局技术、飞机总体综合设计技术、隐身设计技术、高生存力设计、推力矢量控制技术、舰载机特殊关键技术、低阻外挂研究、新概念气动布局和变体飞机等诸多前沿性课题的预先研究工作。每个五年规划期，李天都带领二三十名高素质、高水平的年轻技术人员，从选题调研、立项论证、开展课题研究攻关到工程推广应用，与他们一起工作。长期以来，李天对国际上相关先进技术研究进展的敏感度、宽泛的知识积累、侧重总体统筹和工程可实现性的顶层思维方式、新技术新领域攻关勇往直前的工作精神，深深地影响了他身边的年轻人。李天给这些年轻人分别委以课题、子课题重点负责人的重任，无论是研究队伍的组建、研究计划的制定、技术攻关的推进，他都严格把关并做具体的指导。一批一批的预先研究型人才在他的身边很快地成长，成为了我国航空新机研发事业的栋梁之材。李天从不搞技术垄断，他身先示范，因材施教，他就像韩愈在《师说》中说的那样："师者，所以传道受业解惑也"。为师就是传授人生的道理，讲授业务知识，解释疑难问题的，更重要的是激发学生树立攀登科学高峰的崇高理想，他希望"青出于蓝而胜于蓝"。让更多的航空精英为祖国的航空事业贡献力量。

高级工程师李洪杰说："从我认识李天那天开始，他所做的一切工作，除了主管某些型号工作以外,绝大部分的时间和精力都在搞预研课题等基础理论研究工作,从早期的高机动气动布局到超声速巡航战斗机乃至今天的高机动、高隐身新一代一体化设计基础理论研究工作都凝聚着李天院士的大量心血。为601所今后新机研制乃至我国航空事业的发展奠定了良好的基础。在我的记忆中,一开始我也曾跟李天搞过一些课题研究方面的风洞试验,正是在他的指导和帮助下,曾获得过超声速巡航战斗机气动布局研究部级科学技术进步二等奖1次;'七五'预研工作获航空航天工业部科学技术研究院三等功1次;'八五'预研工作获航空工业总公司三等功1次等殊荣。我个人这些奖项的获得都和李天院士的耐心指导和帮助是分不开的。在此,我也向李天院士表示最诚挚的感谢!"

601所现任副总设计师范彦铭回忆说:"我认识李天院士可追溯到我工作的第一天,1988年3月,我从南航研究生毕业分配到601所工作,对我来说,到601所工作是我一生的幸运,更有幸认识了李天院士,从工作初期的肤浅认识到20多年后的深入了解并凝聚成深厚友谊,很难用一两句话来全面表达我对李天院士的感激之情,很多深层的感受只能心领神会,很难用语言准确表达。我对李天院士的真实感受是:一是高尚的人品和崇高的人格魅力,二是渊博的学识和孜孜不倦的追求精神。工作初期,作为一个刚刚毕业的毛头小伙子,心里有一种忐忑不安的感觉,总希望领导和同事对自己有一个好印象。第一次与李天见面是在ACT课题的工作例会上,他给我的第一印象和爱可亲、平易近人,讲话有条理,没有专家的盛气凌人。当时李天院士已是负责气动力专业的副总师,每次斗胆向他请教问题,他都认认真真、一丝不苟、耐心地给予讲解,并且毫无保留地多讲述与问题相关的知识点,这一点对刚刚工作不久的我留下了非常深刻的印象,这与某些持有'教会徒弟饿死师傅'观念的保守老同志形成了鲜明的对比,体现了李天院士宽广的胸怀,心地无私、助人为乐。"

他关心和培养相关专业的每个年轻人。他说,飞机设计是集体的事业,一人或几人强不算强,只有集体强才是真正强。2008年出差,在登机前的短暂时间内,他向当时的室主任黎军详细了解室内人员的专业发展方向,并根据每个人所学专业和特点进行专业方向的调整并明确重点研究和突破方向。他认为,目标明确才能认识自身的不足，进而产生学习和工作的动力，进步也会更快。从他的言语中，能够切实感受到他对气动力后备人才培养的殷殷之心。

李天院士鼓励年轻人努力提高自己的专业理论水平，在不影响工作的前提下，支持和鼓励他们在专业上进行深造，使其尽快成为理论与实际兼备的人才。并尽其所能，积极促成，现在601所总体气动部的"气动隐身工程硕士班"就是他积极支持和促成的结果。

作为技术报告的批准人，他对每份报告都逐字逐句审核修改，一丝不苟，工作态度和作风极其严谨，经他批准的报告，有时会发生脱胎换骨的变化，产生质的飞跃，使设计人员收益良多，人们深深感慨李天学识的渊博。

601所102室的卢恩巍，在清华大学大四上学期决定毕业去向的时候，有幸认识了李天。初次见面，这位和蔼的老校友亲切和善，谈吐中充满了智慧与风趣，给一位憧憬未来的青年留下了深刻印象，他毅然决定毕业不回南方，而到沈阳拜李天为师，愿为航空事业献身。

他来沈进行硕士学习初期，根据所里的科研工作发展情况，李天为他量身定设了一个研究课题。头一年在清华大学学习硕士基础课，工作繁忙的李天不能亲临学校指导，但也一直关注他的学业，并针对未来的课题给他选择了许多重要课程。到601所后，所里安排他挂靠在气动专业室做论文研究工作，李天不忘亲自向他传授科研工作的经验，并多次挑选专业书籍和一些开阔专业视野的资料给他。"学业要精，视野要广。"李天让他体会到科研的精髓。

中航工业科技发展部部长魏金钟谈到与李天的相识仍记忆犹新。1989年初，他刚刚从北航硕士毕业，来601所实习、锻炼。李天的平和、无微不至的照顾，给他留下了深深的印象。当时李天已经是副总师了，带着他到每个室去学习、锻炼，一个室一个室地介绍，除在技术上、专业上给予指导外，还细致到安排食宿。因为李天的平易近人、没有架子，有感召力，很多年轻人都愿意与他共事。他还说李院士特别关心对青年的培养，他推荐的新人一个一个地成长起来，技术上传帮带，生活上百般关心，年青人有心里话都要和他说，李天的好思想、好作风时时刻刻影响着年青人。

第九章　为人师表育英贤

李天院士（左二）在指导工作

教授科研

李天院士作为航空界的专家，始终没有忘记年轻时追寻航空的梦想。长期以来，他不忘使命，结合世界先进战机的新技术发展动态和自己的创新科研成果，编制了很多图文并茂、深入浅出和内容丰富的专题演讲材料，应邀到清华大学、北京航空航天大学、南京航空航天大学、西北工业大学和空军工程大学等多所大学进行演讲，耐心回答学员提出的各类问题。他的演讲内容面向世界航空最新技术动态，专业知识系统、深入，科研实例丰富、生动，受到了广大师生的敬重与赞誉。面对航空有志青年，李天始终满怀热忱，引导和鼓励他们了解航空、热爱航空、献身航空。为我国航空事业后继有人、不断发展做出了突出的贡献。

李天（右）被聘为北航教授

李天从1975年开始与北航五系（现为航空航天工程学院）流体所在边条翼布局领域进行科研合作，并建立了良好的协作关系。1986年初，李天领导和主持总装备部的预研项目——《先进气动布局研究》课题研究工作，邀请北航多位老师参加联合攻关团队。他们承担了先进气动布局课题中有关复合平面形状的机翼流动机理及推力矢量等子课题任务。通过课题研究，他们对李天在飞机空气动力学方面取得的成果和积累的经验比较认同，特别是在飞机气动布局设计方面的工程设计经验比较丰富，而北航老师们从事教学和科研工作，注重理论研究，接触工程实践活动少，他们希望与设计所的工程师们互相取长补短，一方面积极申请参加具有工程背景的预研和型号项目，积累经验，另一方面打算请一些有实践经验的设计师们来校讲学，使学生们学到更多有关工程设计方面的知识。在这种背景下，各航空院校开始向航空工业部各研究所聘请一些有实践经验的专家做兼职教授，以推动教学与工程的结合。

1989年4月，李天作为601所的主管气动工作的副总师被北京航空航天大学聘为该校空气动力学的兼职教授。北京航空航天大学（简称北航，原名北京航空学院，1988年更名）创办于1952年10月25日，由当时包括清华大学、北洋大学等8所著名大学的航空院系合并而成。学校地处北京中关村高科技园区，毗邻国家奥林匹克体育中心，是新中国首所航空工程大学。20 世纪 50 年代，北航被国家确定为全国 15 所重点大学之一；80 年代中期，被列入国家"七五"重点建设的 15 所高校行列，是我国首批具有博士、硕士学位授予权并成立研究生院的高校之一；90 年代，被确定为国家"八五"重点建设的 15 所高校之一，并成为国家批准立项进入"211 工程"建设的前 15 所大学之一。世纪之交，被教育部纳入"面向 21 世纪教育振兴行动计划"。2001 年 9 月 23 日，国防科工委、教育部、北京市人民政府签署重点共建北航协议，国防科工委、中国工程院签署共建协议，联手帮助北航发展腾飞。北航积极探索适应时代和社会发展要求的培养新模式，形成了多层次、多类型、多规格的人才培养体系。建校以来，北航以治学严谨、教育质量高著称，培养了近 8 万名毕业生，他们之中涌现出一大批学术精英、兴业之才。作为北航兼职教授，李天曾多次到北航为航空系的老师及研究生、本科生讲过有关飞机的空气动力设计问题，先进气动布局研究及战斗机的发展专题，使他们对军用飞机的气动力设计方法、问题、关键技术，以及未来发展方向等有一定的了解，开拓了眼界，了解了航空，许多同学愿意献身航空事业。北航原副校长武哲说："我是从飞机隐身技术课题中认识李天的，20 年来他给我的感觉是人很随和、人很专业、技术上开放、人品学品都很好，和各个院校很平和地讨论技术问题，作为国家重点课题的负责人，他很负责任，起到关键性作用，与各单位的关系处理得非常好。秉公办事，以国家利益为重，与北航的关系很密切，北航的流体力学在全国水平较高，跟李总工作和支持是分不开的。对北航的流体力学帮助很大，他支持学校的建设和发展，他作为兼职教授培养人才受到同学们的称赞。他很敬业，从不称兄道弟，和老师和同学的关系都很正常。淡泊不凡，深受广大师生的信任和尊重。"北航刘虎教授说："李天院士没有架子，对青年人帮助很大，特别是对北航的飞机总体设计课贡献更大。武哲副校长请进很多院士来校讲课，李天是到课最多的院士，能够具体帮助大三、大四学生的课程设计，学生得到院士的亲自指点受益匪浅，觉得非常自豪。这门课程 2006 年成为北航的精品课，2007 年成为北京市的精品课，2008 年成为国家的精品课。年青教师们反映非常好,他们认为顾诵芬和李天院士的讲课是最有特色的专家课,是最有分量的专家课。"北京航空航天大学航空科学与工程学院院长杨超教授说,李天为北航做了很多工作,对他们的帮助非常大。从教学工作来讲,飞机的总体设计,工程实践性非常强,以前教学效果一直不太好。教师力量、教师水平均有待提高。李天定期来学校进行讲学后,对学生学习兴趣进行培养,从理论到实践,而且实践性很强,学生反映很好,达到了很好的教学效果。能与当今的航空大师一起交流,培养了学生们的航空情怀。在李天的支持帮助下,2008年,该课程被评为国家教育部的精品课。

李天院士(右三)在北航博士学位论文答辩会上

作为北航的兼职教授,他在带研究生上非常下工夫。他经常到北京来,与课题组老师一起指导学生。从教学评估来说,效果非常好。因为,在研究生的培养上存在缺欠,理论上偏强,实践上偏弱,工程应用性、针对性不足,李天的到来,恰恰弥补了院校教学上的不足。他从论文的开题、研究方向进行把关,理论与实践有机结合,在他的精心指导和帮助下,研究生学习的整体水平有了很大的提高。

李天在预研工作上给了院校很大的支持。对高校来说，他认为高校是一个重要的智力库，应该发挥其重要的作用。从空气动力学应用、飞行力学和气动弹性等方面一直给予支持，选教师、选题目进行研究，在预研的整体规划上开展得非常好，对专业人员素质、手段上的提高都有很大的帮助，并且不断取得新成果。

李天站位很高，注重国防科研能力的提高，注重加强学校的科研力量。在对院校的发展、发展规划上给予指导和帮助。院校遇到发展的重大问题，或在实际工作中遇到问题时，马上请李天进行研究、指导。航空院校是培养航空设计师的，设计部门的需要就是学校的培养目标。李天紧跟国家的需求，哪些需要加强，应起到怎样的作用，他都从工程应用的角度给予指导。他强调，龙头专业，要通过学校的影响力，在外部通过与航空院校、学会发挥作用。而如何发挥好作用，李天帮助疏导与协调，处于十分优势的地位。航空宇航科学与技术学科是国家教育部的一级学科，在全国排名第一，力学学科在全国排名第二，而且都是唯一学科。学科是教学、科研、人才的基地，是综合实力的一个象征，这两个学科已经成为北京航空航天大学的支柱学科。

现在，李天已成为北航的正式教授。站在现代科学技术的前沿，他应聘定期为学生进行讲座、演讲，他的学术水平、人格魅力，影响了学生的一生。

北航流体力学研究所所长王建军说："李天院士很随和，没架子，平易近人，他做学问很专研，在几个大的预研课题中组织大家进行新概念、新技术的研究工作，对于军用飞机预研和发展做了很大的贡献。他为北航培养一批又一批的研究生，许多都成了总体气动方面的领军人物。他站得高，看得远，作为国家重点预研项目的负责人，带领北航和其他航空院校组成团队，二十年如一日，做出重大贡献。他是我们学术委员会副主任，对流体力学研究所的发展建设，对实验室的建设发展以及科研与工程相结合等方面都做了大量工作，使我们研究所在国内知名度很高。"

1990年6月，李天被南京航空学院（现为南京航空航天大学）聘为兼职教授。南京航空航天大学（简称南航）是中央部属高校，工业和信息化部直属的全国重点大学。全国7所工信部直属高校之一。创建于1952年10月，坐落于钟灵毓秀、虎踞龙盘的历史文化名城六朝古都南京。历经了南京航空工业专科学校（1952—1956年）、南京航空学院（1956—1993年），1993年更名为南京航空航天大学。1956年，以南京大学航空系等组建的华东航空学院迁离南京时，其留宁部分包括校舍并入南航。1978年，学校被国务院确定为全国重点大学。1981年，被国务院批准为首批具有博士、硕士学位授予权的单位。1996年，进入了国家"211工程"重点建设的行列。2000年，被教育部批准设立研究生院。学校现隶属于工业和信息化部，并由工业和信息化部和江苏省人民政府重点共建。建校50多年来，学校实现了从专科学校到本科院校、从普通院校到重点大学、从教学型大学到教学科研型大学的三大历史性跨越，已经成为一所以工科为主，工、管、理、经、文、法、哲、教等多学科门类协调发展，具有航空、航天、民航特色，国家"211工程"建设的全国重点大学，是全国56所设立研究生院的大学之一。南航是高层次人才培养和科学研究的重要基地。学校不断推进教育教学改革，逐步建立起具有南航特色的创新人才培养体系，取得了一批较高水平的教学成果。作为南航兼职教授，李天曾多次到南航进行讲学和技术合作。

南航航空宇航学院院长赵宁说："李院士对先进飞机设计技术的发展趋势有前瞻性的认识，注重飞机设计领域的学科融合，关心弱势学科的发展，为南航的学科发展和建设做出了重要的贡献。如扶持南航飞行力学方向的团队建设，为南航培养博士后，牵线南航与英国德蒙特福德大学建立校际合作关系，联系国外知名教授为南航联合培养博士生，等等。同时，李院士也十分关心航空学子，为南航师生做了多场精彩的航空学术讲座，深受全校师生的欢迎，极大激发了南航学生献身航空事业的信心。我们特别希望学院的师生能够向李天院士学习，也期望李院士以后能够多光临学院指导工作。"

1991年6月，李天被西北工业大学聘为兼职教授。西北工业大学地处西安，在全国高等学校中其国防学科、专业设置最为齐全，是我国唯一一所以发展航空、航天、航海为特色的以工为主，工、理、经、管、文、法相结合的多科性科学技术大学。西北工业大学"七五"、"八五"期间，均被列为全国重点建设的15所高校之一；"九五"之初，被国家列为首批进入"211工程"立项建设的15所高校之一；"九五"后期，又被列为国家21所重点高校之一；是全国56所建有研究生院的高校之一。1957年10月5日，西北工业大学由西北工学院和西安航空学院合并而成。西北工学院创立于1938年，由北洋大学工学院、北平大学工学院、东北大学工学院及焦作工学院合并而成。西安航空学院，即原华东航空学院，1952年由交通大学、浙江大学、南京大学（原中央大学）三校的航空系合并而成。1970年，哈尔滨军事工程学院航空工程系内迁，并入西工大。西工大一贯坚持"教学工作是学校经常性中心工作"，"教学质量是学校工作的生命线"，"本科生教育与研究生教育并重"的方针，积极开展面向21世纪教学内容和课程体系改革及航空主机专业的教学改革。学校根据"厚基础、宽口径、强能力"的原则，优化专业结构、扩大专业面向，使通用专业数达86%，教学成效良好，教学硕果累累。西工大十分重视教学、科研两个中心的建设工作，科研已成为名副其实的"国家队"。李天作为兼职教授，曾多次到西工大讲学并进行多项技术协作，并任西工大翼型叶栅空气动力学国防科学重点实验室学术委员会主任。

在西北工业大学，全国政协委员高正红教授说："李天在工作上很严肃、很严谨。他总是替别人考虑，跟他合作共事，把活儿干好是前提。提出的新思路、新思想、新观念，只要对教学研究有利，他就给予全力的支持。每次西工大请他来做学术报告，他都是匆匆而来，匆匆而去，做完报告就走，很少考虑到名胜古迹去看看。他现在年龄大了，仍然如此。他担任西工大国防科技重点实验室学术委员会主任，对于学术方向的确定，提出了很好的意见和建议。"

2006年被清华大学航空工程学院聘为兼职教授，2007年及2008年两次到清华大学航天航空工程学院做有关战斗机发展及新技术展望的专题报告，受到师生们的热烈欢迎和赞许，使他们对航空技术增加了兴趣和爱好。清华大学航天航空工程学院副院长符松博士说："李天院士学问好，功底深，又是清华校友，是流体力学专业毕业,可以说他是专业的样板,李天院士很会讲课,对气动专业在航空方面的应用讲得很透彻。深入浅出,听过他授课的研究生和本科生都说讲的特别好,很长知识,专家讲课和学校老师讲课就是不一样。他是一名很受学生欢迎的兼职教授。"

李天院士在清华大学图书馆留念

2009年,李天为北航精品课《飞机总体设计》做了有关气动与隐身一体化设计的讲座。2010年11月初,为清华大学的"钱学森力学班"学生讲了《空气动力学与航空工程》,为北航飞机系四年级学生讲《飞机的气动力设计问题》。李天在2008年及2009年还分别到南航、西工大及长春空军工程大学等院校讲有关军用飞机的发展史及未来新技术发展动向和展望等。通过这些讲课,使更多的年青人了解航空、热爱航空,更多的学生愿意献身航空,为发展我国的航空事业贡献他们的力量。他深深感到,我国的航空事业需要大批有能力有志向的年青人,让更多年青人投身到航空事业上来对老一辈航空人是责无旁贷的。

硕师博导

1985年9月，顾总在北航收了一个硕士研究生，叫王强，武汉人。他在给顾总的信中表示对航空非常热爱，要师从顾总，当时顾总工作较忙，让李天协助他带王强，这是他们合作培养的第一个研究生，在共同确定了题目及研究计划后，具体的日常指导工作由李天负责，遇到关键问题与顾总共同研究，最后的毕业论文由顾总全面细致审校。他的论文题目是《歼8Ⅱ飞机外挂物减阻的计算和试验研究》。王强于1988年1月以优异成绩由北航毕业，取得硕士学位并留校工作，如今他已是北航动力学院的副院长和学术带头人。顾总的第二个硕士研究生是王永恩，他是1986年北航毕业考上顾总研究生的，他的论文题目是《在三角翼上加装涡襟翼的研究》，也是由李天做副导师，结合先进气动布局课题，由顾总和李天指导他做论文，他学习比较刻苦，学风严谨，工作作风踏实肯干，由于他学习努力认真，于1989年以优异成绩毕业，同年分到601所气动室工作，曾任气动室副主任，现为主任设计师，在型号和预研工作中做出了出色的成绩，已成为气动专业的骨干力量。1987年顾总收了北航的第三个研究生，叫周华，也是由李天做副导师，选的题目是《现有三角翼战斗机改成双三角机翼的气动力研究》，在与顾总共同研究确定研究内容和实施计划后，由李天具体指导他进行试验和计算及分析工作。他已如期毕业，接着考上李椿萱院士的博士生继续深造了。

李天自己带的第一个硕士生是601所的赵霞，她在1987年9月考上北航在职研究生，在北航脱产学习一年基础和专业课，学分达标后开始结合工作做硕士论文，她的论文题目是《前缘缝翼及后缘襟翼的气动力研究》，她边工作边做论文。白天工作多，只能每天晚上和周日用来做和论文有关的研究工作，经过刻苦钻研和勤奋努力，于1990年4月以优异成绩通过论文答辩，获得硕士学位。如今她成为601所的技术副所长，多个型号常务副总师和气动力专业总师，2009

年被集团评为首席专家,之前曾被评为全国三八红旗手,党的"十七大"代表,总装备部气动专业组专家和"863-705"主题专家。在型号和预研中多次获奖和立功,是我国年青的空气动力学的领军人物。2003年9月考上李天的在职博士研究生。

李天院士(右二)与赵霞副所长(左二)等在中国航空工业空气动力研究院留念

601所的李洪泉是1990年9月考上李天的硕士生,在南航念的基础及专业课,学分学满后回所结合一种边条翼布局进行气动与隐身一体化设计方法研究,初步建立了气动与隐身外形优化的软件。他的论文题目是《某型飞机的隐身与气动一体化研究》,于1993年4月通过硕士答辩,现在某软件公司工作。

601所的高为民1990年9月考上北航吕志咏教授的研究生,基础及专业课在北航学习,毕业论文结合先进布局课题中有关超大迎角下流动机理同气动力之间的关系及如何改进的研究,李天协助吕志咏教授指导他的研究工作,他的论文题目是《先进气动布局超大迎角下流态、气动特性及其改进研究》,以优异成绩毕业,回所在气动室在李天及赵霞领导下从事先进气动布局的预研及对新一代飞机气动布局的研究,工作认真负责,埋头苦干,有创新精神。先后被评为研究员及主任工程师,2010年初调到沈阳动力所任副总师,负责飞机发动机一体化设计研究。

从20世纪90年代初开始,他带的硕士生还有601所的杨士富,他于1992年9月入学,他的专业基础课是在南航念的,论文题目是《飞机照片的三维曲面研究》。这是结合预研工作做的具有开拓性的工作,他的论文被评为南航优秀硕士论文。毕业后在总体部外形室工作,任副主任,是研究员和主任设计师,现已成为飞机外形设计专业的技术带头人。

601所的许锦岩1995年9月考上李天的研究生,基础及专业课是在北航学习的,学满学分回所边工作边做论文,她的论文题目是《飞行控制与推理矢量控制综合设计方法研究》,1998年4月通过硕士论文答辩,后来她随爱人去北京民航工作。

601所比较重视人才培养和专业教育,所领导考虑到未来型号的发展,需要一批具有高学历的专业人才,但从事型号工作的骨干力量因工作忙而抽不出时间脱产一年学习,经与北航研究生院协商,决定共同承办一届工程硕士班,主要专业课在沈阳利用业余时间学习,抽2个月集中到北航学基础课,在沈阳边工作边做论文。在取得教育部同意后,这是北航与601所联合办的第一个工程硕士班。后来,各院校也效仿办起类似的工程硕士班,对培养年青骨干人才起了很大的作用。601所这一批学员包括李玉海、孙聪、方玉峰、刘华翔、孙志德、奚继兴、邓吉宏、杨东升、李斌、贾大风、张子军和丁三军等现在任副所级以上的干部以及副总师、部长等。该工程硕士班于1997年3月开学。当时北航聘请李天给该班讲《飞机总体综合设计》课,共60学时,每周日上午讲4学时,共讲15周。李天为讲好该课,他自己编写讲义,把飞机总体、气动力、隐身和飞控的基本概念,以及在飞机设计中如何综合应用,结合多年来型号及预研工作的经验和成果,比较概括和精炼地讲给学生,使他们既掌握理论又有实际应用的方法、算例和实例。这起到了较好的效果,受到学生

李天院士(左)与601所原所长孙聪

的好评。这些学员工作很忙，有时周六晚上从北京乘火车赶回来，第二天早晨直接从车站到教室上课，大家认真学习的态度对李天也是一种鼓舞。虽然学员来自不同的专业，但这门课的考试都取得了好成绩。除了讲课，李天带了这个班的4个研究生，包括孙聪，他的论文题目是《矩量法在飞机隐身设计中的应用》。他于1999年10月以优异成绩通过硕士论文答辩，当时他是总体气动部部长，工作认真负责，有干劲和创新能力，认真完成了论文的撰写等工作，后来成为副所长，总设计师、所长。如今他已是集团公司的副总工程师，某型号总设计师。第二位是张子军，他的论文题目是《推力矢量飞机控制律研究与仿真》，于1999年10月以优异成绩通过硕士答辩，毕业后他在所里曾任主任、副部长、部长，现任所副总设计师。第三位是邓立东，他的论文题目是《飞机非线性飞行载荷研究》，也是1999年10月以优异成绩通过硕士答辩。他是所里第二批年青的研究员，现任主任设计师，已成为气动载荷专业的学术带头人和专业骨干。第四位是贾大凤，他的论文题目是《先进战斗机综合数据库和总体参数优化》，也是1999年10月以优异成绩通过硕士答辩，他曾任所科技处处长，现任副所长，是一位年青、有朝气、认真负责、踏实实干的年青副所长。

李天院士（左）和副总师张子军（中）

1996年9月，李天招收了来所的何佩攻读硕士，在北航学习基础及专业课1年，在学习期间，刚好李天在北航招的博士生李敬也在攻读博士，何佩是独生女孩，在北航学习期间他让李敬在学习和生活方面多照顾她，没想到，后来他们俩相处得很好，居然成了一对美满的夫妻。何佩的论文题目是《飞机整机及部件RCS工程估算及数据库软件》，她边工作边学习，以前对隐身技术并不太熟悉，经过她的刻苦努力，于1999年4月以优异的成绩通过了硕士答辩，后来她随李敬一起到中国民航适航性研究所工作，已成为技术骨干。

李天院士与601所副所长贾大凤

1997年9月，李天招收601所的李金瑞攻读硕士，在沈阳航空工业学院学的专业基础课，在所内做硕士论文，边工作边做论文，她的论文题目是《军用飞机生存力研究中的易损性分析》，于2000年4月通过硕士论文答辩，获工程硕士称号，现在601所无人机部工作，已成为技术骨干。

1998年9月，601所王永庆考上北航武哲教授的工程硕士，李天与武哲教授合带，在北航学习基础及专业课，学满学分后回所边工作边做论文，他当时任总体部副部长，负责总体工作，2003年升为所副总师，型号总体工作比较忙，论文都是用业余时间完成的，他的论文题目是《某型飞机工程信息管理系统》，王永庆学的是总体专业，基础扎实，工作经验丰富，型号工作认真负责，经常加班加点，所以论文工作一直拖到2004年初完成，以优异成绩通过硕士学位答辩。从2006年开始任601所的总设计师，虽然工作繁忙，仍不忘学习和充实自己，目前正在李天指导下攻读工程博士学位。

2000年5月，沈琪考取北航工程硕士，在北航学满学分，回所由李天指导做硕士论文，她是1982年南航飞机设计专业毕业生，先在总体室工作，后到科技处任副处长，负责预研工作，李天结合她的特长，让她开发和建立隐身数据库，为了做好论文，她利用业余时间学习了许多有关隐身及数据库的知识，经过艰苦努力，终于在 2003 年 4 月完成论文撰写，并顺利通过硕士论文答辩，被授予工程硕士学位，她的论文题目是《先进战斗机隐身数据库》。她现在是 601 所的副总师，负责工程信息工作。

2000 年 7 月，601 所的刘志敏考取西工大高正红教授的硕士研究生，由李天和高教授合带。他在西工大以优异成绩学完硕士基础及专业课，回所在李天指导下完成了有关空战效能评估方法的研究，论文写得认真、严谨，工作细致，分析能力强，肯于钻研，于 2003 年 12 月以优异成绩通过硕士答辩。由于工作业绩突出，于 2008 年被任命为主管预先研究的副所长，同时兼任无人飞机型号的总师，已成为无人机技术领域的学术带头人和领军人物。目前正在李天指导下，攻读博士学位。

2001 年 9 月，601 所气动室的梅冬牧考取了中国航空研究院的硕士研究生，由李天任导师，他结合自己的工作完成了题为《隐身技术在进气道设计中的应用研究》，于 2004 年 4 月通过硕士论文答辩，被授予工程硕士，目前在从事远景飞机的探索研究工作，已成为技术骨干力量。

2003 年 9 月，601 所气动室潘英考取了李天的硕士研究生，在南航脱产学习一年硕士课，回所后，结合新型隐身进气道进行程序开发和研究工作，其论文题目《Bump 进气道的设计技术研究》，于 2006 年 4 月通过硕士学位答辩，被授予工程硕士，目前在气动室从事新机进气道的设计和研究工作，已成为技术骨干力量。

2003 年，清华大学与 601 所合办一届工程硕士班，招收了 20 名学员，总体室的张澎考取并由李天指导硕士论文工作，由于当时工作紧张，他们这届没有脱产学习，基础课采用清华老师定期到沈阳利用晚上及周日讲课的形式，用一年半的时间完成了硕士基础专业课的学习。然后边工作边完成论文，他的毕业论文题目是《高空长航时无人机隐身总体方案设计与研究》，于 2006 年 11 月以优异成绩通过硕士学位答辩，被授予清华大学的工程硕士学位。他现在是 601 所隐身研究室主任，已成为技术骨干力量。

2005年9月，北航毕业的张宗强考取了中国航空研究院的硕士，由李天作为他的导师，当时连接翼布局是一种新型的无人机布局，李天让他对连接翼布局的几何参数对气动特性的影响进行较系统的计算研究和部分试验验证，他通过基础课学习后，经过一年半的努力，得出了有设计参考价值的参数影响的规律，于2008年4月以《近距耦合连接翼布局的几何参数研究》为题目，通过硕士学位答辩，由中国航空研究院授予工程硕士学位。

李天带的最后一个硕士研究生叫卢恩巍，他是清华大学航天航空学院的2006年毕业生，福建人。他从小热爱航空，要为航空事业贡献力量。由于他学习成绩优异，经清华航院副院长符松教授推荐，2006年9月被保送到601所，由李天作为他的硕士导师。他是在清华及北航学了一年硕士基础课，获得满分，2007年9月回所做的论文。考虑到他的数理基础比较好，李天让他研究一种同时考虑气动与隐身对外形要求的快速优化方法，为初步设计使用。他认真学习了很多优化方法及隐身方面的专业知识，结合现有的气动、隐身计算方法，建立了一种快速优化的方法，论文的题目是《飞行器外形的快速优化设计方法》，论文有一定的创新和实用性。于2009年5月通过硕士论文答辩，硕士答辩成绩优秀，获得好评。目前在601所气动室工作。

1985—2009年，李天共培养出23名硕士，他们中的大部分成为航空工业的骨干力量，目前正在为航空事业奋斗着。

1995年2月，李天被北航研究生院聘为该校空气动力学专业兼职博士生指导教师。2001年7月被中国航空研究院聘为首批博士研究生导师，其中包括顾诵芬、李明、李天等共7人。从1995年开始，他边工作，边培养博士，他培养的第一个博士生是北航的硕士毕业生李敬，1995年9月录取，开始在北航读博士必修的课程，他的数学基础比较好，读硕士是研究隐身技术问题的，考虑到飞机气动与隐身外形优化是当时急需解决的问题，李天让他用模糊数学优化方法来对飞机外形进行气动与隐身优化设计。题目比较难，前人没有做过，李敬欣然接受了，从开始查资料，到阅读文献和建立方法等工作，他刻苦钻研，勤奋学习，很快就确定了论文的总体思路及技术途径，其中还涉及建立专家决策系统。李天给他具体指导并到有关单位，找一些专家进行了调研，使其数据更有工程应用价值。同时，指导他确定了选择机翼及机身若干参数为设计变量，用气动和隐身性能的主要指标为优化目标，用气动和隐身次要指标做约束条件。采用计算气动和隐身性能的常用计算软件，重点突破采用模糊数学理论来建立优化方法。他根据总体设计要求，采用线性函数分别建立各自目标函数的满意度函数和约束的满意度函数。然后根据设计师的不同设计思想，采用综合加权法和模糊判决法来建立综合评价函数。评价方法完成后进行了大量的算例计算，证明该方法是实用而可行的。他于 2000 年 6 月以优异成绩通过了博士论文答辩，被北航授予工学博士学位，他的论文题目是《飞机外形参数的气动与隐身综合优化设计》。毕业后被分配到民航总局适航性研究所，现已成为该所的技术骨干力量。

为了进一步培养航空技术的高端人才，北航与中航集团协商，决定办一期培养各研究所年青领导人的高级研究班（简称高研班）。目标是 3~5 年内培养一批工学博士。高研班聘请顾诵芬、管德、朱荣昌（空军编研室主任），张耀（时任总装备部科技委副秘书长）等为指导委员会委员。第一期学员包括 601 所的李玉海（时任所长）、孙聪、方玉峰（科研副所长）、刘华翔（副所长），611 所的杨伟（所长）、聂海涛（副所长）、桑建华（副所长）等。采用双导师制，即北航及研究所各出一名导师共同培养。601 所李玉海由北航的刘文挺教授及 601 所的李天副总师带，孙聪由北航的武哲教授和李明院士带，方玉峰由北航的王俊院士及李天副总师带，刘华翔由空军朱荣昌（北航兼职教授）及李天副总师带。他们是 1999 年 12 月经过指导委员会的面试和数学、外语考试合格后正式成为北航高研班的工学博士生，由于都是各研究所的领导班子成员，工作忙，但博士基础课学分必须达标，他们用一年多时间，利用节假日及部分脱产时间学满了学分。然后结合自己的工作进行论文撰写工作，北航刘文挺和李天与李玉海共同确定了他的论文题目《腐蚀条件下飞机结构寿命体系评定技术研究》，并确定了论文的大纲及各章节的内容，然后李玉海据此边工作边做论文。李玉海结合自己近 20 年在结构强度方面积累的设计经验和成果，在论文中建立了系统完整的模拟地面停放腐蚀影响的加速试验环境谱与试验技术；建立了腐蚀条件下飞机结构疲劳寿命评定方法与实施技术；建立了飞机结构日历寿命评定的技术途径，方法和实施技术；完成了歼8Ⅱ飞机典型结构的腐蚀条件下寿命体系的评定。论文有较大的创新性，理论和实践相结合，具有较大的工程实用价值和一定的学术价值。于2001年9月在北航以优异成绩通过工程博士论文答辩，是高研班中第一个被授予博士学位的学员。后来从601所调到总公司任产品部部长，现已是中航工业副总经理，负责军用飞机的研制工作。

方玉峰当时任601所的副所长，他是北航五系环控专业1982年毕业生。他的博士论文题目是《先进飞机环控系统设计及仿真研究方法》，在王俊院士的指导下进行了方案设计、方法建立及仿真计算。李天对他的论文进行了认真的修改和指导，方玉峰的工作能力强，思路敏捷，也是抽业余时间完成的论文，于2002年5月在北航以优异成绩通过博士学位的答辩。后来他从601所调到黎明公司任党委书记，2009年调到中航工业一飞院任院长，由于业绩突出，2010年4月调到中航工业飞机公司任党委书记。

1998年5月，601所气动室的朱宇考上了北航李椿萱院士的博士生，由李天作为副导师。结合他的工作，李天建议他结合预研课题，深入研究新一代高性能隐身进气道——Caret进气道的流动机理与设计方法。这个建议得到李椿萱院士的认同，从而确定了论文研究方向。朱宇的数学基础比较好，对数值计算比较熟悉，对进气道设计积累了一定的经验，因此他采用计算流体力学和风洞试验方法对其流动特性和性能进行了较系统的研究，提出了基于空间三维的Caret进气道的设计方法，确定了斜板后掠角、压缩角和波后流动方向角之间的关系。采用他所建立的方法设计了两种Caret进气道，用数值模拟方法进行了评估。论文对先进Caret进气道的设计具有一定的指导意义。2002年12月，他以《Caret进气道流动机理与设计方法研究》为题，通过了博士论文答辩，获得全优。他于2007年晋升为研究员，如今已成为601所进气道设计的技术带头人。

2004年9月，601所的邓立东考上北航五系武哲教授的博士生，由李天作为副导师，与其共同培养。邓立东在北航学习了1年博士基础课后回所结合工作进行论文撰写工作，邓立东1983年毕业于南航空气动力学系，分到601所，

1998年获北航工程硕士学位，多年来从事于飞机飞行载荷和静气动弹性研究，主持和承担了多项国家"863"和部级预研课题，获多项部级成果奖，担任多个型号的专业副总师和主任设计师，是601所载荷专业的领军人物，工作认真负责，刻苦钻研，积累了丰富的设计经验。李天建议他结合多年的工作经验，把飞机载荷计算提高到新的高度。确定他的论文结合国内外研究现状和飞机设计过程中的实际需要，抛开传统的飞机载荷设计方法，建立新的弹性飞机载荷多专业综合设计方法，以适应设计新一代飞机的需要。他基于非线性风洞试验数据的弹性载荷计算分析方法，解决了载荷综合分析的几个关键问题，采用多专业、多学科的综合分析手段，建立了一套新的、工程实用的弹性飞机载荷综合分析技术方法和设计手段。对邓立东所提出的方法用某机进行计算与静力试验和飞行试飞测量结果对比分析，表明该方法达到了工程设计应用的精度，为新一代飞机的设计提供了可靠的设计方法。2007年12月，以《弹性飞机飞行载荷综合分析方法研究》为题通过了博士论文答辩，获得全优的成绩。如今他在601所为新的军、民机载荷计算而努力工作着。

2004年9月，601所的潘全文考取了中国航空研究院的博士生，师从李天。他先到西工大学习了1年的博士基础课，学满学分回所边工作边做博士论文。预测和健康管理（PHM）以及联合分布式信息系统（JDIS）是以美国的JSF飞机为代表的新一代飞机自主后勤概念的核心。PHM是在传统的健康监控和故障诊断的基础上，强调早期故障预测和跨子系统智能推理，能实时评估和管理飞机的健康状况、JDIS是为飞机的维护保障提供决策支持，使飞机智能化。采用PHM技术可提高飞机战备完好率和任务成功率，使飞机系统更安全、可靠、高效地运行。这是一项设计新一代飞机必须具有的一项重要设计技术。国外已在F-35飞机上应用，国内在该领域的研究还刚刚起步。李天让潘全文在PHM系统的基本概念、体系结构、软件构建方法、PHM系统设计的传感器选型布局，智能推理技术，PHM系统设计与验证等几个方面进行综合的研究。经过近3年的努力，潘全文完成了博士论文的撰写工作，文中结合发动机PHM设计技术，提出了一种基于案例和基于规则相结合的混合诊断推理方法，并在某型发动机地面智能故障诊断系统中对他提出的方法进行了验证，表明该系统可以准确地识别出该发动机的 26 种故障模式，通过与发动机测试系统的交互，定位故障部件，快速地完成了发动机系统故障诊断。他的论文题目是《飞机预测与健康管理系统及其关键技术研究》。于 2008 年 6 月顺利通过博士学位答辩，成绩优秀。如今他已成为 601 所综合保障部维修保障专业的骨干力量。

601 所气动室的黎军 1996 年 9 月考入北航空气动力学专业硕士班，师从李天，由于硕士学习成绩优秀，1998 年转为硕士—博士连读，继续在李天教授指导下作飞机气动力研究及攻读博士学位。由于当时型号和任务比较繁忙，黎军承担的科研任务较多，时间紧迫，抽不出时间进行博士论文的准备工作，他的压力也较大，一度停滞了读博的工作。后来李天建议他结合预研课题研究启动博士论文的工作，他精细安排了型号、预研课题的工作，论文的准备工作利用业余时间做，由于正常的工作任务也要经常加班加点，他只能牺牲休息时间，少睡觉，多学习和工作，经过 3 年多的努力，终于完成了博士论文的撰写工作。他的论文是研究内埋式武器舱的气动问题，美国的 F-22 和 F-35 为考虑隐身性能，将导弹等武器装在机身内部，当在飞机的超声速飞行时，要发射导弹，必须打开武器舱门，在舱门开启及武器分离过程却呈现很强的非定常特性，舱内的强涡流能引起舱内的压力剧烈变化，使舱门、舱内武器设备和机体结构产生强烈振动和噪声，直接影响飞机的结构寿命和设备的可靠性。开展内埋舱的气动与结构相容性研究非常必要，为确保投放安全，需要进行腔体流动机理和控制措施的研究。黎军利用数值模拟和风洞试验相结合的方法，得到了外流为超声速时不同长深比的腔体（内埋舱）的流动特性及施加控制措施的效果。提出了超声速开式流动剪切层大涡脱落，剪切层的振荡及腔体后缘的撞击是开式流动腔体噪声产生的原因，系统全面地研究了超声速气流开式、闭式和过渡式等不同类腔体三维流动的空间波系，腔内涡系间的相互作用机理。论文具有较大的工程实用价值和一定的学术价值。黎军于 2008 年 3 月以《内埋式武器舱流动机理与控制》为题，完成博士论文答辩，获全优成绩。目前他是总体气动部的副部长，中国力学学会流体力学专业委员会委员，获多项成果奖，已成为601所气动专业的学术带头人。

2004年12月，北航办第三期高研班，601所被录取的有赵霞、张子军和隋福成等人。李天与北航王晋军教授合带赵霞和张子军攻读博士，他们也是不脱产读博，虽然承担科组的科研任务较重，除了利用节假日学习博士基础课，还利用暑假到北航集中学习了两个月，在读博士期间赵霞是某型号的常务副总师，工作极其繁忙，加班加点也难于应付日常型号工作，经常往返于沈阳—北京—西安，根本没有周六和周日休息的概念。在这种情况下，她见缝插针，利用出差等飞机或乘机时间做论文的积累工作，利用放假时间集中编写，经过艰苦的努力，终于在2008年12月完成了论文撰写工作，并以优异成绩通过博士论文答辩，成绩为全优。她的论文题目是《高隐身先进气动布局研究》，论文综合和总结了多年来她在先进气动布局研究中所取得的创新成果，论文中阐述了采用数值模拟、风洞试验以及微波暗室试验等手段，系统地研究了多种布局形式及非常规气动部件的气动和隐身特性，揭示了各个部件参数对全机气动和隐身特性的影响规律，给出了一些设计准则，创造性地提出了具有高隐身及先进气动布局特性的布局方案。如今担任601所副所长的赵霞，除了忙于型号和科研管理工作外，仍抽出很多时间在抓她负责的先进气动布局等多项预研工作，意气风发地为航空事业的腾飞努力工作着。

中航工业601所的张子军的博士论文选题，经与李天导师及王兴军教授商量后，决定以无人机作战飞机的飞翼布局为对象，结合张子军的总体和飞控专业进行布局及控制源的设计研究。张子军先任副总师兼飞控部部长，后来不兼飞控部部长而任总体专业的副总师，负责无人机及远景飞机的预研工作。他工作认真、负责、兢兢业业、勤奋好学。虽然现任总体专业副总师，但他在飞行力学方面已积累了丰富的型号和预研工作经验，获多项成果奖，已成为飞行力学及控制方面的领军人物。他的型号和预研工作任务繁重，经常出差，也只能利用有限的业余时间进行论文的撰写和研究，大部分业余时间却用于型号工作之中。经过几年的努力，他于2009年10月以《高隐身无人机作战飞机飞翼布局及控制律设计研究》为题,通过北航的博士学位答辩,成绩全优。

空军为培养高端人才,在军队干部中选一批优秀军官,以"绿色通道"推荐报考高校博士学位。2007年9月,空军装备部科订部杨雨松中校报考了李天的博士生,经考试合格入学,先在北航学习一年博士基础课,学分学满后,现正一边工作,一边做论文的研究工作,他的研究方向是碳纤维复合材料在飞机上应用的疲劳评定技术,目的是解决复合材料在飞机应用中如何评定其疲劳特性,既有理论,又有工程实用价值。他于2009年初调到沈飞公司任副总军代表,虽然工作很繁忙,经常加班加点,但他勤于学习,刻苦钻研,对自己要求很高,工作和研究工作却很认真、负责,事业心强,是空军有培养前途的年青干部,目前论文及研究工作已完成大部分,2011年上半年可进行博士论文答辩。

2009年9月李天以中国航空研究院博士导师招收了空军推荐的优秀在职人员程波攻读博士学位,现已在西工大学满博士基础课学分,于2010年9月到601所开始做博士论文的开题准备工作,边参加型号工作,边做论文研究。

601所于2002年底被授予博士后流动站,从2004年开始招收博士后,当年李明院士招收了第一个博士后叫姚宗信,为601所的博士。第二个博士后为李天招收的沈宏良,当时他是南航飞机系的副教授,博士毕业,专业为飞行力学。2005年9月进站,经过两年多点时间研究工作,于2008年1月以优异成绩出站。他是李天培养的第一个博士后。进站后,李天与他商量,结合他的专业与601所的科研任务的需求,确定以《非线性飞行动力学与控制律初步设计的一体化方法研究》为题目,开展博士后的研究工作。研究内容为空气动力学,飞行力学和飞行控制学科相互交叉融合的前沿课题,包括基于模糊逻辑等方法的非定常气动力建模及特性分析;基于分支分析方法的非线性飞行动力学特性分析研究;基于分支剪裁技术的控制律初步设计一体化方法研究;基于动态逆等方法的过失速机动控制及仿真研究;基于XML的新一代飞行仿真及一体化设计软件开发。他的研究工作具有较大的创新性,对先进高性能飞机进行气动/控制/飞行力学的一体化设计和评估提供了方法,研究成果具有一定的理论意义和工程实用价值,部分成果已在工程设计中得到应用和验证。两年多的博士后研究工作成果显著,这是和他的勤奋及李天的指导分不开的,他在流动站期间除完成了课题任务,还申请并主持完成了两项国防装备预研及航空基金的科研项目,还为601所完成了战斗机诺莫性能软件开发等任务。在站期间发表了10篇论文,其中《工程索引》(The Engineering Index,EI)收录论文4篇。沈宏良勤奋好学、刻苦钻研,绝大部分时间都在计算机前度过的。他的基础理论知识扎实,独立工作和解决问题能力很强,李天指点他一些关键问题他马上理解并能很快用到工作中去,是一个有发展前途的年青人。博士后出站后不久就被南航聘为教授。

桃李争艳

李天是中国航空研究院和北京航空航天大学博士导师,共培养博士后1人,博士13人,硕士23人。作为飞机空气动力学、隐身技术等诸多重大预先研究课题的负责人,他所从事的研究课题属前沿技术,难度大、挑战性强。一批专业知识和技术基础扎实,富于创新精神的学生和在职人员,争先申请作为他的博士生或硕士生。李天对其学生非常认真负责,从选择研究方向、指导具体研究到辅导撰写学位论文,他都根据每个学生的学术特长、专业特点,从难度上尽量给他们高定位,在前沿性和应用前景方面统筹考虑,同时与课题研究的实际攻关方向紧密结合。学生们在他的教诲与指导下,刻苦钻研,学术水平进步显著,许多学生毕业后主动要求留在他身边工作。他们陆续成为了航空界飞机总体技术、气动力技术、隐身技术的技术骨干和技术带头人,有的担当了集团公司副总经理、副总设计师、设计所的所长等重要职位。可谓是桃李满天下。

李天院士（左六）与601所领导在清华留念

李天院士培养的硕士、博士及博士后

姓　名	性　别	学　位	单位与职位
李玉海	男	博士	中航工业副总经理
孙　聪	男	硕、博	中航副总工程师
方玉峰	男	博士	中航工业飞机公司书记
赵　霞	女	硕、博	601所副所长
王永庆	男	硕士	601所总师
刘志敏	男	硕士	601所副所长
贾大风	男	硕士	601所副所长
张子军	男	硕、博	601所副总师
沈　琪	女	硕士	601所副总师
高为民	男	硕士	606所副总师
黎　军	男	博士	601所一部副部长
王永恩	男	硕士	601所总师助理
张　澎	男	硕士	601所一部部长
邓立东	男	硕、博	601所研究员
杨士富	男	硕士	601所研究员
李　敬	男	博士	民航适航研究所研究员

续表

姓　名	性　别	学　位	单位与职位
潘全文	男	博士	601所研究员
沈宏良	男	博士后	南航航空学院教授
王　强	男	硕士	北航动力学院副院长
梅冬牧	男	硕士	601所高工
潘　英	男	硕士	601所高工
徐锦岩	女	硕士	中国民航高工
李洪全	男	硕士	东大软件公司经理
何　佩	女	硕士	中国民航研究员
周　华	男	硕士	沈航教授

李天的学生怀着感恩之心，表达对老师的崇敬之情。

我的良师益友、行动榜样

李天院士博士研究生、601所副所长　赵霞

从1982年至今我有幸与李天院士一起工作，从事气动力设计，1987年和2002年又分别考取了他的硕士和博士研究生。回忆近30年与李院士共同工作的日子，是他在学术研究、技术创新和型号科研工作中始终领导、指导着我的工作和学习，使我一步一步从一个初出校园的大学生，成长为专业技术骨干。李天院士为航空献身的强烈事业心、勤奋学习、严谨治学的精神，以及高尚的人格魅力影响着我的成长，我取得的每一点成绩和进步与他的亲切教诲、无私帮助，以及热情支持密不可分，他是我学术上的导师、工作中的榜样、生活中的良师益友。

1982年盛夏，我告别了母校西北工业大学，来到601所工作。

能成为601所的一名正式员工，与自己敬仰的著名飞机设计师朝夕相处，亲手研制设计中国的新一代战斗机，我感到非常自豪，并暗下决心，一定要在自己的专业领域成就一番事业，实现自己的人生价值。

然而，刚接触气动布局设计工作，我就发现大学学习的知识根本不够用。飞机的气动力特性是什么？模型设计的准则有哪些？怎样对风洞试验数据进行修正和使用？一系列的专业基础知识犹如一道道拦路虎，压得我有些喘不过气来。万幸的是我所从事的专业与李院士相同，是他和许多经验丰富的老设计人员不断的鼓励和帮助使我慢慢建立起信心，同时我也发现李院士无论开会、讨论问题，还是在风洞试验现场，走到哪里都随身携带笔记本，密密麻麻记录着别人提出的每一项建议、重要的试验数据等信息，当时不太理解他为何这样做。一次随李院士参加一项风洞试验，其间试验不正常，大家查看试验状态、分析数据，但始终找不出真正原因。此时李院士翻开随身携带的笔记本，翻到记录着数据和说明的一页看了一会儿说，此问题在以往的某次试验中出现过，原因是什么、如何解决等在笔记本上写的清清楚楚，随后大家按照笔记本上写到的办法，很快找到了问题原因。此时我才终于明白工程经验和知识积累对一个工程师来讲是多么重要。从此以后，我一边工作，一边大量查阅保密柜存放的各类设计报告，一份一份地查看，一点一点地往脑子里灌，重要信息和数据都逐一记到笔记本并慢慢消化理解，同时养成无论开会、试验、讨论问题都随手记下有用的数据、建议等良好习惯。正是李院士和许许多多有经验的老同志的言传身教使我养成了知识积累的良好习惯，很快实现了从学生到设计员的角色转变。

1987年，为了更好地适应新型号和预研任务的需要，在李院士的鼓励和帮助下，我报考了北航硕士研究生。由于我是工作多年后继续读书的，有一定的工作经验，为此李院士对我的论文选题提出了很高的要求。当时正值歼8系列飞机进行改进改型论证，如何提高飞机的机动特性是改进重点。前缘缝翼技术是可以显著改善三角机翼飞机机动性能的有效措施，最终我的硕士论文题目选定为《前缘缝翼对气动特性的影响研究》。这项技术在当时是一项高新技术，在国内尚属空白,没有资料和经验可寻,国外也只有少数国家掌握这一技术,并对我们严格保密。为此李院士与我共同查找资料,耐心指导我完成了多方案计算分析、试验验证,对每一个参数、每一个数据都反复推敲、仔细分析,经过一年多的努力全面攻克前缘缝翼设计关键,获得了满足设计要求的技术方案。

从"八五"开始至今,我一直与李院士共同参加《先进气动布局研究》、《飞机总体综合设计技术》、《隐身技术研究》和《推力矢量技术》等课题及对俄合作课题研究。在工作中李院士经常告诫我们年轻人,作为从事气动布局设计专业的人员,要始终记住空气动力学作为航空、航天技术发展的先行学科,在航空事业的发展中,有着举足轻重的作用。空气动力学是发展航空、航天技术的重要理论基础,无论从提高飞行器的飞行效率,还是作为武器平台充分发挥其作战效能来看,都离不开空气动力学的进步。为此必须耐得住寂寞、勤奋学习、刻苦钻研,多听、多记、善于积累、勇于创新,同时要不断扩充完善自身的专业领域,大量查看国外相关技术资料,及时跟踪了解国际航空先进技术发展趋势。

在与李院士一起工作近30年里,我越来越体会到李院士在工作中的踏实与刻苦、在治学上的严谨与求实、在培养技术新人上的无私与热忱,以及生活上的乐观与豁达。

李院士是我工作和学习上的良师。这些年我负责或协助组织完成了多项总体气动和隐身方面的国家重点预研课题和新机研制工作,并取得了一些成绩,这些成绩的取得与李院士的悉心指导和帮助是分不开的。每当提交重要的科研申请书或者重大项目立项时,李院士都千方百计抽出时间仔细阅读申请书,每一幅图片和每一个标点都仔细斟酌,演示文稿则和大家一起一页页地看,反复推敲,李院士从来都将这些工作视为己任。他的意见每次都是实事求是、观点鲜明,尽量在现有技术基础上有所创新。他勤奋工作的态度、勇于开拓的精神,以及对学科发展前沿敏锐的洞察力给我留下了非常深刻的印象。在李院士的直接帮助和指导下,有些技术成果填补了国内空白,部分技术指标已达到国际先进水平,为我国航空事业的发展提供了深厚的技术储备。

从 2002 年起我开始攻读博士学位，师从李天院士，从 2002 年入学一直到 2009 年博士毕业，李院士从论文选题、开题、研究方案、资料准备直到论文大纲，以及编写等方方面面都给予了详细的指导。记得攻读学位期间由于型号和预研任务繁忙，在文化课学习方面难免会出现部分缺课。李院士知道后非常着急，要求我不论多忙，也要再努力一下，再坚持一下，把学习重视起来。从此以后我一直遵循李院士的教诲，一直到顺利完成毕业论文答辩。评阅博士论文的时候李院士校对文稿非常认真，甚至连许多引用数据的出处都校对了一遍。记得当时引用了美国空军杂志的一个数据，李院士看后认为数据有问题，让我核实一下，我随即找到了那篇文章，发现杂志中的数据存在二次引用问题，引用不准确，这件事给我留下了深刻的印象，也体现出了导师丰富的科研经验和严谨的治学作风。

李院士是风洞试验工作的榜样。风洞试验是气动布局研究工作的重要方面，需要深入了解各个试验环节，同时还需要深入到试验一线，结合试验现场情况才能给出可信的试验数据，李院士在这方面是大家的楷模，给我本人树立了榜样。试验设备噪声大，现场嘈杂，工作环境很差，加之风洞试验周期长，往往持续十几个小时，甚至更长时间连续吹风。记得当年李院士经常亲赴试验现场，在风洞内与参试人员共同现场分析试验结果，画对比图线，指导我们年轻人从点滴做起，认真细致分析每一个数据、每一条曲线。有时为了保证飞机模型状态的准确，李院士也和年轻同志及工人师傅一起进风洞换模型，李院士的这种工作作风连风洞单位的人员都深受感动，经常听他们讲"从来没有见到向李总地位这么高的专家亲临风洞现场，指导年轻人工作"。

李院士是培养新人的模范。"才为成事之基，谋事当先育人"，我国航空事业成功和发展的关键在于能否培养和凝聚一支热爱航空、品德优良、业务精湛的优秀人才队伍。作为航空界的泰斗，李院士对技术新人的培养从来都是视为己任。经常看见他在上下班的路上与年轻人一起聊天，询问他们一些工作和学习上的事情，告诉他们应该看哪些参考文献，看哪篇技术报告，一些技术的原理是什么，并且经常把亲自收集和整理的技术文献送给年轻人阅读，还经常为年轻人批阅报告。有的时候看见相关专业的领导会问专业发展的怎么样，为年轻人定的方向都是什么，并且经常向我询问年轻人的发展规划等问题。我经常想：李院士已经70多岁了，事业和生活都非常圆满，可以享受天伦之乐了，但他还在积极为航空事业的发展做谋划，为人才队伍的建设操心，兢兢业业地工作着，真可谓为了航空事业鞠躬尽瘁，他的身上体现着老一辈航空人对航空事业的热爱和对航空英才的珍惜。

除工作和学习外，李院士的生活态度也非常值得我们学习。李院士生活态度平实乐观，从来都是乐呵呵的，经常看见他步行上下班或者与老伴儿一起步行去2千米外的超市买东西，遇见熟人先打招呼或者招招手，一点架子都没有，是一个非常让人值得尊重的老专家和老领导。

工作近30年来，在李院士的直接领导和关怀下，秉承着热爱航空的梦想，我一直努力工作在航空阵线的前沿，先后多次荣立部级一等功、二等功和三等功，党和国家给予了很多荣誉。在此，我借这个机会向我的老师致以最诚挚的谢意，并祝愿他身体健康！

学术上的导师，工作中的榜样

606所副总设计师 高为民

1986年8月，我从西北工业大学毕业后来到601所气动室工作。在很长一段时间里，我与李天院士从事同一专业的工作，但当时我只是一名年轻的大学毕业生；李天院士已经是国内知名的空气动力学专家，601所气动专业副总设计师了。从那以后的20多年时间里，李天院士在学术研究、技术创新和型号科研工作中始终领导、指导着我的工作和学习。我也从一个初出校园的大学生，成长为专业技术骨干。在我成长和成熟的这些年里，李天院士的学识和人格魅力时时刻刻都在影响着我，他是我学术上的导师，工作和生活中的学习榜样。我们今天推行的"航空报国"、"创新超越"的中航集团理念,早在多年前,在以李天院士为代表的老一代航空人的实际行动中得到了真实版的诠释。

在我刚入所工作的时候,经历的第一项基本功训练是研读以前的工作报告,老同志说这是气动力设计室多少年来的工作传统。当我面对着20多个一人多高的深绿色铁皮保密柜,柜内整整齐齐排满的图包时,我体会到了601所气动设计技术的厚重。在我研读的过程中,看到很多很多报告首页的签字栏中都有李天院士的那种特有气质的签名,这些报告包括方案论证、布局设计、气动试验、导数计算和载荷分析,等等,几乎涵盖了气动设计专业的各个研究方向。记录着摸透歼7、设计歼8和论证歼13等方方面面的设计工作,也记录着李天院士作为601所气动设计专业的技术奠基人之一,为航空事业发展所付出的劳动和心血。

"要提高国内的设计水平,就必须要明白国际上航空先进技术的发展趋势。"这是李天院士经常对我们这些年轻人的告诫,也是他身体力行的写照。李天院士通晓英、俄两门外语,阅读外文资料的速度很快,能够非常敏锐地观察到国外航空技术的发展动态,他把关编制的《战斗机先进技术文集》、《飞机设计/参考资料》和《飞机设计》等刊物,登载了大量国内外航空技术最新进展文献。在20世纪90年代之前,601所资料室每年都引进STAR(Scientific and Technical Aerospace Report),也就是美国出版的《航空航天科技报告》,它记录着欧美国家航空航天领域最新发表的研究方法、成果和发展方向。这种报告每本都有一两百页厚。我们这些晚辈学人看到这些报告时,发现每一本报告都有一些文章号被做了标记,资料室的同志告诉我这些记号是领导看到的关键文章,他会请资料部门帮忙将这些资料收集到国内,作为我们设计工作的参考,领导看过的STAR报告会在某个位置留下签名。我再看这些报告时发现,在早期报告扉页上都留有顾诵芬院士的签名,顾诵芬院士离开601所后的报告上都有李天院士的签名。

"21世纪的竞争靠什么,人才。"这是一句电影台词,却反映了20世纪80年代末航空领域人才流失的尴尬。当时,我国经济发展处于转型期,军工单位普遍工作不饱满,型号任务很少,收入也不高,年轻同志纷纷跳槽转行,其中一种跳槽的方式是考研究生,进行二次分配。李天院士以科学家的敏感很早就发现了问题,李天院士曾说过这种技术部门年轻人的流失现象可能会产生文革之后的第二次人才断层。不过他并没有生硬地限制年轻人的发展,而是想方设法开辟航空前沿研究课题,亲自指导年轻人去创新技术并提升能力。他先后申请并负责了《先进气动布局研究》、《超声速巡航、高机动性、短距起落布局研究》和《军用飞机先进气动布局及舰载机关键技术研究》等国防领域前沿课题,每个课题都联合国内的飞机设计、试验单位和高等院校参加,在与航空院校的课题合作中为601所的年轻人创造继续深造的机会,用技术留人,用事业留人,用感情留人。我就是李天院士这项工作的受益者之一。

同我一年分到气动室的有3个同志,80年代末就有两个人报考硕士研究生,我是其中之一。有一次去北京开会,李天副总师对我说:"你要考研究生啊,跟着我做先进气动布局研究吧,这是很有前途的研究方向。目前航空领域的情况只是暂时的,今后国家经济发展了,一定会大力发展航空科研技术的。"我没有想到一直敬仰的专家学者会这样看重我,也没有犹豫,报考了北京航空航天大学流体力学研究生,北航的指导老师是吕志咏教授,601所的指导老师是李天院士。在研究生期间,李天院士对我的要求是研究边条翼布局、前翼布局的大迎角气动特性,研究机身、机翼分离涡流破裂后的流动特性和相互干扰,这在当时都是气动专业非常前沿的课题,是改进第三代战斗机和设计新一代战斗机气动布局的技术基础。毕业后我带着研究心得在601所继续从事气动布局设计工作。像我这样的研究生,李天院士前前后后指导了30多个。他的航空科研大发展的预言也在10年之后得以实现,他的这些学生大都成为科研一线的技术骨干。

"在空气动力学上有重大突破,会促使飞机的更新换代。新一代飞机的出现是与其具有先进的气动措施、新的气动布局形式分不开的。"这是李天院士为我们讲述先进飞机气动布局的开场词。他说一代飞机的材料和机载设备可能会更新几轮,但气动布局一旦确定二三十年都不会改变,所以研究气动布局的人,不但要对全局设计有很好的技术前瞻性,还要对所有细节问题有明确的认识。为了得到先进的气动措施和新的气动布局形式,为我国战斗机实现跨代发展，李天院士几十年如一日孜孜不倦地钻研。在我同他一起工作的20多年里，每项气动研究的工作计划制定、方案选型、试验大纲确定、结果分析、结论评价，都在他的指导下完成。不论是白天、晚上，也不管身体是否能够承受，只要让他知道出现了技术问题，他都会很快到达工作现场，指导大家一起分析问题，拿出解决方案。他对科研工作考虑得非常周到、细致，但对自己的生活却安排得非常简单，除了出差开会之外，白天的行动路线基本上就是办公室、资料室和实验室，在手机没有普及的时候，打这三个地方的电话准能找到他。

1995年，我负责一项气动布局选择研究试验，要求是选出亚声速升力特性好、跨声速升阻比大、超声速零升阻力小、具有良好的稳定性和操纵能力的布局方案。为此设计了多组试验方案，有飞机部件平面形状变化、部件位置变化和机翼翼型变化等对比研究项目，也有部件组合试验，列出了很长的试验大纲。试验是在626所就是今天的中航工业空气动力研究院沈阳FL-1风洞中做的。随着试验的进展，试验数据接二连三地出来了，飞机部件参数变化对气动特性的影响量显示出来了，但是，影响规律却很难找出来，试验前制定的试验大纲显得不太准确了。下一步综合性试验应该朝哪个方向走，很难把握，如果按照前期的试验大纲继续做下去，试验能完成，但结果未必是我们预期的。就在我们迷茫的时候，试验单位的同志通知我李天副总师已经到风洞现场了。我们急忙迎了出去，我问道："李副总，你怎么来了？"李天副总师笑了一下，说："601所下班了，我就到实验室来看看，试验进展怎么样了？"我把试验进展情况向他述说了一遍。李天副总师说："把试验曲线画出来，仔细分析一下。"话还没说完，李天副总师就已经坐在计算机前了。我们就在李天副总师的带领下，进行数据分析。李天副总师告诉我们不但要按照模型编号一组一组地看气动数据变化情况，还要按照气动设计的规律，一组一组地分析飞机部件变化的影响趋势。那天晚上，李天副总师带着我们像过筛子一样，把本期和前期的试验结果逐条进行分析和研究，找出其中的物理规律，制定部件组合试验方案，排定风洞试验运转计划，并规定根据不同的试验结果执行不同的试验运转项目。当所有的事情都安排妥当，我们走出实验室时已经是第二天的凌晨了。在他领导下，我们这项研究全面达到预期的设计指标，荣获"八五"期间部级科技进步二等奖。

"真知出自实践。"这是李天院士指导我们工作时常说的一句话。他非常讨厌浮夸，在讨论工作时，我们有时说出"我认为结果是什么什么"或者是"我敢说应该如何如何"，他就会严肃地对发言者说："你这么说，理论依据是什么，有试验数据佐证吗？不要把推测当事实来说。"对有些领导不太懂技术的发言，他也不给人面子。有的时候，我们都替他直着急。万幸的是，我们的领导们从来都很虚心地接受李天院士的批评。2000年，我跟随李天院士到北京汇报"九五"预研课题，那是我第一次坐软卧。因为按规定，没达到研究员级别的人员只有携带保密物品才能坐软卧。李天院士和我拿了两个大包，里面没有个人用具，全是试验用支撑材料。在火车上，李天院士对自己的汇报稿还在反复推敲，这个讲稿他早已成竹于胸了，但是，对稿件中提到的技术数据还要进行核实。第二天的汇报会上，李天院士以扎实的工作成绩、严谨的表达逻辑、精彩的演讲风格得到了所有与会者的好评。那次汇报会李天院士是年纪最大的，也是汇报效果最好的。对领导和专家提出的问题，他总是先用物理现象说明，再用试验数据佐证，对比国内外的研究结论，用客观的事实回答提问。他的这种演讲和答辩风格影响了很大一批像我一样的年轻人。

由于我们"九五"期间的研究工作成绩突出，业内专家提醒我们应适时申报相应的科技进步奖。我们对五年的工作进展情况进行了重新梳理，用一种新的视角来总结过去的工作。由于当时没有什么经验，在填写成果申报书时，参照了一些其他申报文件的用词习惯，如"填补了……空白"、"实现了……创新"、"领先世界水平……年"，这些用词都被李天院士审查文件时删掉了。他说："我们做的是实实在在的工作，申报成果的材料也要实实在在地写。五年来我们挑战的关键技术是什么，突破到什么程度，与国外的差距有多少，哪些成果可以用到工程型号中，哪些需要进一步验证。实事求是地写，不要用华丽的词藻去拔高。"我当时问他："这么个写法，能评上奖吗？"他很严肃地对我说：

"评奖为什么？是为了做事，不是为了作文。"我们的成果申报材料就是按这种要求写成的。成果评审答辩的那天是李天院士亲自去讲的。别的单位上报材料说有些成果达到国际领先的，还有说成果填补国内空白的，李天院士讲的却都是很实在的结论。而最终的结果是，评委们被李天院士打动了，给出的评价意见超出了我们的想象。我们的这个项目成果获得了国防科工委科技进步一等奖。

李天院士非常善于总结，跟他一起工作，既提高技术，学到了知识，又能掌握方法，提高管理水平。2000年，李天院士在总结课题管理方法时提出了6条经验，这些经验成为了此后我做课题研究时的指导方法。

从需要与可能出发，考虑未来型号的发展，选准课题的研究目标，是保证预研课题出成果的首要条件。我国的经济实力有限，为使预研经费充分发挥作用，在选定预研课题的方向时，必须密切地与型号需求相结合，围绕新一代飞机所需要的关键技术，确定预研的选题和研究项目。

大型预研课题也是一个系统工程，必须大力发扬团结协作，联合攻关的精神。组成了一个团结、协作、和谐、共同攻关的战斗集体。为一个共同目标努力，在技术上互相开诚布公地交流经验，取长补短，团结一心去攻克技术难关，不扯皮，不互相保密。人和是课题研究取得显著成果的重要因素之一。

作为主承包单位，要善于发挥各承包单位的特长，对课题任务和经费做出合理的分配。主承包单位的技术负责人要认真制定每年度各项目的研究内容和考核指标，对能出成果的单位及有较大实用价值的题目要重点支持，在经费有限情况下，要保证重点课题。主承包单位自己更不能多留经费。在技术上发扬民主作风，充分调动专家们的积极性。课题应成立顾问组，请专家顾问参加重大技术问题及关键技术的协商，集中专家智慧，把握课题方向。

课题的技术交流非常重要，学术年会是一个互相学习、共同进步、启发思路、扩充知识面的好机会。也是促进出成果、出人才，检查工作，互相评比，表扬先进，督促后进的好方法。

选择项目时，承包单位要考虑其技术优势、设备及人力情况。课题负责人的选择很重要，既要具有一定的技术水平和工作能力，又要有事业心、责任心及奉献精神。课题组要由有经验的专家牵头,组成老、中、青搭配的班子,可以加速青年人的成长,培养接班人。

注意情报资料的收集、跟踪,及时提供新的信息,这是促进预研少走弯路、多出成果的捷径。

我是李天院士的学生。从一个大学生毕业生成长为一名专业副总师,我成长的每一步都与李天院士的指导和培养分不开,李天院士在学术上的无止境的追求,工作上的永不言败,生活中的简朴朴素,一直是我学习的榜样。

我认识的李天院士

南航航空宇航学院教授　沈宏良

李院士是我2005—2008年在601所兼职从事博士后时的指导老师,期间得到了李院士悉心的指导,深深为李院士渊博的学术造诣、高尚的品格和谦逊的作风所感动,他不仅是我学术、科研上的导师,也是我学习的楷模。

我第一次见到李院士是在1998年北京召开的中国航空学会飞行力学与飞行试验学术年会上,会上亲耳聆听了李院士《关于先进战斗机飞行力学问题》的学术报告,触动很大。我当时刚工作不久,虽然从事飞机飞行力学研究,但本科、硕士学的都是导弹飞行力学,对飞机尤其是战斗机的飞行力学问题还缺乏深刻认识和了解。李院士在报告中将理论研究和工程应用紧密结合,系统介绍了飞行力学在先进战斗机设计中的意义、面临的关键技术,以及未来的发展方向,使自己迅速而又充分地认识到了战斗机飞行力学的相关问题,坚定了专业研究的信心。李院士提出的"飞行性能、飞行品质是飞行器设计的出发点和归宿点"的见解,至今还是我教学中首先向学生们阐述的观念。李院士当时的报告深深感染了我这名青年老师,一直指引着我的教学和科研工作。我想,在高校中肯定还有许多像我这样受到李院士熏陶、教诲和指引的年轻老师和学生,最后走进航空领域，为航空事业做出贡献。

李院士十分关心我国各相关单位飞行力学事业的发展。在国家"十五"末、"十一五"规划之初，南航的飞行力学方向呈现出了人员断层、研究经费枯竭的颓势，自己也倍感迷茫。南航的飞行力学路在何方、何以为继？一次到沈阳601所出差，跟李院士倾诉了心中的忧虑和苦闷。李院士系统分析了国内先进战斗机研制的现状，再次强调了飞行力学的关键作用，鼓励我苦练内功，必有所为。并指出，气动/飞力/控制的一体化研究，将是未来飞行器研制一个重要的发展趋势。为了能够设身处地地感受飞机飞行力学的研究氛围、尽快提升自己的实用型研究能力，本人申请到601所在李院士名下做博士后研究。进入"十一五"时，在李院士关心及总装备部气专组组长陈作斌总师支持下，得到了气动预研在飞行力学方向的资助。同时在601所相关领导和同仁的帮助支持下，本人在南航逐步开始打造新的研究团队，目前在非定常气动建模、非线性飞行动力学分析方法、控制律初步设计方法、敏捷性评估技术等方面研究中已取得良好进展和业绩，部分成果已在设计单位得到工程应用，如601所某型飞机的缩比试飞项目。

博士后工作结束后，李院士还一如既往地关心我的成长和发展，在课题研究、学术发展等方面悉心指导，目前南航课题组正在承担着李院士主持的《大客载荷计算分析》课题的部分研究，并已取得了阶段性成果。

李院士也十分关心南航的发展和建设。与南航开展了多项合作；牵线南航与英国德蒙特福德大学建立了校际合作关系，联合培养博士生；为南航师生作学术讲座等。他为南航的学科发展做出了重要的贡献。

李院士精深的造诣、高尚的品格和谦逊的作风在航空界颇负盛名。这是李院士长期学术追求、人格修炼的积淀，是很值得我们晚辈学习和传承的。

第十章　爱是你我苦酸甜

李天院士的家庭是一个和谐、和睦、温馨、幸福、其乐融融的家庭，正像莎士比亚说的那样"爱情不是花荫下的甜言，不是桃花园中的蜜语，不是轻绵的眼泪，更不是死硬的强迫，爱情是建立在共同基础之上的"。李天院士和王景翰教授的爱情真正做到了相知相爱、互相理解、互相支持、互相体贴，正像周恩来总理说的那样"夫妻之间要互敬、互信、互学、互助、互爱、互让、互励、互谅"。他们同甘共苦、相濡以沫，无论是在初恋和新婚的两地生活时，也不管是在绥中插队的艰苦岁月中，不论在调到同一单位住房紧张时，还是在今天的幸福生活中，他们始终是志同道合、相敬如宾、艰苦创业、无私奉献。他们共同创建了一个敬业家庭，一位是资深的航空气动力专家、中国科学院院士，一位是中国刑警学院资深首席教授、二级英模、一级警监。可以说他们的爱情是年青时的恋人、成年时的爱人、老年时的亲人。

> 爱是你我相呼应，
> 情真意切之所钟。
> 磨砺执鞭创伟业，
> 保国卫民夕阳红。

互励互勉

李天与夫人王景翰是在高中时相识的同班同学。李天是班长,王景翰是班上宣传委员,两人在班里学习成绩好,活动能力强。在学习和生活中有些接触,逐渐产生了一定感情,在那个年代,彼此之间的好感只能埋在心里,不能表露,默默地相互勉励、相互鼓舞,实现各自

李天与夫人结婚照

的理想和抱负。1957年考大学,李天考上清华大学,而王景翰考上哈尔滨师范学院,两人天各一方,勤奋和刻苦的学习解除相思之苦,只有通过书信往来了解对方的近况,放假可见上一面,六年的苦读后,本应二人相聚,但现实是残酷的,1963年李天毕业后分到沈阳中国人民解放军总字922部队工作,王景翰1964年在哈尔滨师范学院研究生班毕业,分在哈尔滨市的黑龙江商学院工作。距离虽然拉近了,仍是两地工作,每年利用假期才得以见面。直到1966年初他们结为夫妻,当时他们二人提着李天在所里分的20斤大米一起去婚姻登记处登记,然后到抚顺岳父家。他们的婚礼很简单,只是家里人一起吃顿饭庆祝一下。当时正值春节,在抚顺住了几天,二人一起回到沈阳,乌克力替他把一包喜糖发给大家,在所里住了一段时间,李天开始工作,王景翰又回到哈尔滨,开始自己的教学工作,那时仍没有结束两地生活。因为当时通信设备还很不发达,主要还是靠书信来往,互相关心、互相勉励。

情志蓝天——记航空气动专家中国科学院院士李天

共苦同甘

1970年1月，李天被下放到绥中插队走"五七道路"，当时他们的儿子不到1岁。那时正是王景翰所在学院提出要复课闹革命的时候，很多老教师有"问题"，年青教师是主力，都要上课，她很高兴，已停课几年了，多么想再上讲台，这回机会到了。但又节外生枝，冒出个随爱人到农村插队，当时王景翰实在接受不了，加之，她是在城市长大的，把农村的生活想象得很苦，有点怕。但一想到李天一个人下去就更担心了，他不仅要克服生活上的苦，而且要战胜离开自己喜爱的工作到陌生环境的磨难。夫妻应能同甘共苦，一想到这些，王景翰决定离开她喜爱的教学岗位，与李天一起到农村去，一起承受这些痛苦和磨难，这时甜蜜的爱情里掺和着苦涩的泪。当时，因为他们是两省两个单位的调动，比较麻烦，还需要进一步联系。为了能够陪同李天一起下乡，当时小孩还没有断奶，最后把孩子托付给外婆，王景翰亲自到人地两生的绥中联系。到绥中时已经中午，她与李天联系，当时李天在离山海关有40余里的山神庙村的宣传队工作。他接到电话，向领导请假后，一个人翻越数座大山，步行4个多小时，到达山海关。晚上乘火车到达绥中，第二天他们一起与县里负责人联系，这种精神感动了办事人员，当场同意他们一起到绥中加碑岩公社东梢树大队东道子小队插队。绥中加碑岩乡现隶属辽宁省葫芦岛绥中县，属燕山余脉，地形为丘陵山地，沟壑纵横。东道子小队四周环山，村民的房子建在山坡上，要进村需要在两山口间往上爬一里多地才能到村，不能走车，只有一条人和牲口走的小路。

到绥中生活确实比较艰难，东梢树大队还没通电，他们家里没有电灯，晚上只能点油灯。孩子白天睡足了，晚上有精神，要看小人书，要讲故事。只好点着小油灯给儿子念小人书，讲故事。睡的火炕需要烧柴火，必须到很远很高的山上打柴火。为了节约柴火，每天只在晚上把炕烧热，冬天屋子里的水盆中的水都是结冰的。他们的家就住在深山沟里，没有路，汽车和马车都进不去，买粮食需用小毛驴驼进去。山里和小道上时常有蛇出入，王景翰一个人是不敢自己出山的。那里的环境是很艰苦的，有句顺口溜："一进大山沟，步步是石头，一天三顿饭，顿顿糊糊粥。"这是那里生活的真实写照，他们是插队的，有粮食供应，生活算是比较好的。在绥中时，为了在队里劳动，他们把不满周岁的儿子托付在老乡家，每天与农民一起劳动。当时的劳动对他们是很艰苦的，需要和农民一起种地、铲地、刨地瓜和收粮食，这些农活对他们都是陌生的，他们跟不上其他人，但也得咬牙坚持，每天回到家里都是汗流浃背的，腰酸背痛，什么都不想干了，真正体会到汗滴禾下土的含义。虽然很辛苦，但两人在一起开始新的生活，互相鼓励，他们牢记在遇到困难时应乐观开朗，在遇到艰难困苦的时候，永远不怕艰险，深信一定能战胜困难，要有取得成功的毅力和决心。一定要咬紧牙关，别人能干的我们就应该能干，总算挺过来了，逐渐适应了这种劳动。当时唯一的电器是一个小收音机，它跟随他们在农村3年，每天晚上听听新闻，听听样板戏，这就是当时的娱乐活动，也可以使他们心情愉快，他们回忆起那时虽然生活艰苦，但过得很开心。

后来由于工作的需要，李天到宣传队工作。因为公社的中学教电工的老师临时有事，让王景翰到中学代课，先后讲授了电工、数学等课。每天与邻居的学生一起上学，她对这门课不够熟悉，有些内容需要李天的帮助，有些问题李天先讲解后，她再讲给学生，讲课效果得到学校和学生们认可，以后有些老师生孩子等临时的各种事情缺课，她就随时为之代课。在担任数学教师时，有一天突然下大雨，他们住的小山沟的山很高很滑，出口被大水堵住，王景翰去不了学校，为了不耽误学生的课程，他俩临时商量由李天去代课，他与邻居的学生一起，从另一条山路，经过翻山越岭，花了两小时来到学校。学校的领导、老师和学生都很感动，李天临时替她讲课，学生听后反映很好，学校领导向公社请示希望让他也来学校教课，公社批准他来教数学。这时学校正要开设化工课，李天就教数学，王景翰开始讲化学课，每天他们和邻居的学生早晨一起从家出发，爬山越岭走50分钟才能到达学校，大约有五千米的路程，虽然比较辛苦，也不觉得累。他们每天都很高兴，在路上他们可以谈论所见所闻和学生的学习情况。他们教的都是八、九年级的学生，学生很欢迎他们，上课认真听讲。看到学生们可望学习的热情，他们觉得责任的重大，应该对得起这些孩子，应该让他们教的学生也和城里的孩子一样受到良好的教育。他们每天认真的备课，使讲课内容既丰富又有趣，在教学工作中形成了他们自己独特的"以趣导课、以疑启思"的教学特点，提高学生们的学习兴趣，深受学生们的欢迎。他们走后，这批八、九年级的学生，在恢复高考后有3名学生考上省内大学，公社的人们说这是当时这个公社仅有的考上大学的3名大学生。听到这个消息他们很欣慰，他们给大山里的孩子带去了一点知识。

1972 年底，601 所插队的同志们陆续返回所里工作，但由于王景翰是外省、外单位调来的，涉及她的工作安排问题，迟迟没有调回所里。当时他们很着急，不知是什么原因，他们猜想是不是所里不想要了，如果在这里待一辈子，过去学过的东西全白费了，觉得很可惜。他们决定回所了解情况，王景翰亲自回沈阳，王景翰到所里与人事部门负责同志见面，才知道是因她的工作安排问题，而不能马上调李天回所，知道她是学化学的，与航空材料也有一定联系，但她的档案仍在黑龙江商学院，还需与对方联系商调档案问题。所里对王景翰的工作安排没有肯定的答复，她又与沈阳药学院联系，当时药学院立即同意接受。不久，接到所里通知，她可以与李天一起回所，她到材料室工作。因为药学院离所太远，小孩又小，王景翰忍痛放弃了到药学院从事她所热爱的教学工作。1973 年 2 月，李天全家离开插队的绥中回到沈阳，开始了新生活。回所后，由于当时所里的住房条件不是很好。李天当时是住在车间四排楼区，住房条件相对较差。楼内没有卫生间和像样的厨房，做饭都在外面楼道处，因此给生活带来了诸多不便。特别是夏天卫生环境有不尽人意的地方，苍蝇、蚊子比较多。冬天楼道的墙壁上挂满了冰霜。由于楼内没有上、下生活用水管道，有个别人从二楼往楼下泼生活用水，时间长了在楼外面形成一道瀑布般的冰溜子。这道奇特景观犹如李白大诗人在描绘庐山香炉峰瀑布的壮观场景的感觉，"遥看瀑布挂前川，飞流直下三千尺，疑是银河落九天"。李天就是在这种居住环境下继续从事歼 8 飞机和歼 13 飞机的科研设计工作的。

第十章 爱是你我苦酸甜

李天与夫人、儿子在天安门合影

李天与夫人在哈尔滨留念

敬业之家

回到所里，李天开始他多年从事的气动力研究工作，因为3年脱离工作，即使是熟悉的，也要加倍努力，以便很好地完成工作。王景翰与所里研究，最后分配到材料室，开始有人说她是学化学的对航空一窍不通，不知道飞机上有多少个螺钉。她听到后有点紧张，也有点生气。她说："我就不相信学化学的搞不了材料，飞机上到底有多少螺钉，你知道有多少，你告诉我，只要工作需要，我可以牢牢记在心，这不是问题。"由于她对工作不熟悉，加之外人不认可，她的压力较大，在此得到李天的大力支持，李天鼓励她，让她安心，提醒她，人生是一场搏斗。为了减轻生活负担，用更多时间进行工作和学习，他们经反复研究，最后下决心只要一个孩子（当时可以生二胎）。李天经常向她介绍有关飞机设计及对材料的要求等问题，使她增强了信心，她努力工作，虚心学习，1975年，在李天的支持下，她主动要求到工厂去跟产。跟产期间比较辛苦，家里事情和孩子照顾都由李天主动承担。她在跟产期间能够主动到车间了解情况解决问题，虚心向老同志和工人师傅学习和请教，努力学习有关飞机的知识，使她较好地完成了自己的工作，得到同志和领导的好评，年底获得所先进工作者称号。李天认为自己的工作压力相对小些，重点支持她熟悉新的工作，她的工作经常到外地出差，那时家务事李天承担较多。记得有一次，王景翰出差在外，儿子在外面玩，前额被一个小孩打出血。孩子哭着说："快给我爸爸打电话，他在二室工作。"李天接到电话后立即把儿子抱到医务所处理，缝了3针，怕她着急，没有告诉她。他们深深体会到在真正的幸福婚姻中友谊必须与爱情融合在一起，才能发出更多的光和热。

李天与夫人、儿子在哈尔滨江北公园

原626所所长李光里回忆说："我在一所时和李天在一个研究室，他基础好，进入快，很聪明。到室里不久就能挑大梁。在摸透歼7和歼8首飞前，解决关键问题时都发挥了很大作用，李天的工作特别扎实，而且特别好学。后来，我调到605所工作，有一次回所办事，听说李天从农村刚回来，晚上到他家窜门，我看见他们两口子各在一间屋里都在干业务工作。白天上班，晚上回家也不休闲，而且一干干到很晚。李天为人厚道，工作兢兢业业。我记得和他一起工作时，他身体不好还坚持工作，还昏倒过一次。就是在外面开会，别人都休息了他仍在工作，一有时间就看书。他这个人很有代表性，简直就是个工作狂。"

第十章 爱是你我苦酸甜

李天院士与夫人在书房留影

1982年春天，王景翰得知在601所附近的中央民警干校变成了全日制的中国刑事警察学院，学院设有化验专业，与她所学化学专业一致。李天深知她是喜爱教书的，更愿意教与她专业相符的化学。李天很清楚在幸福的婚姻中应该尊重对方的兴趣和爱好，尽管在所里上下班方便，她已经能胜任飞机材料专业的工作，所里的待遇还高于警院，但李天还非常支持她放弃航空材料专业，去警院教书的决定，并帮助她与所里联系。在得到所里的同意后，她决定到警院联系工作。她自己带着工作证件去学院面试，一周后经过试讲，她很快就收到录用的通知，于1982年6月4日她离开工作9年的601所，到公安部所属的中国刑事警察学院法化教研室教书。从事公安工作以来，她始终工作在法化学专业教学的第一线，20多年来她分别为本科生、干训生和研究生讲授《有机化学》、《仪器分析选论》、《微量物证分析》和《毒品分析》等课程。共培养了8名硕士研究生，给18届本科生讲课，现全国各地公安机关都有她的学生，可谓桃李满天下。在教学中，老师的责任是要把打开知识大门的钥匙，连同一张寻宝图一起交给学生，还要培养学生的创新思维和创新方法。她在多年的教学中形成了"以趣导课、以疑启思、以法解惑、以律求知"的课堂教学特色，深受学生欢迎。在警院工作的二十几年间还开展多项与公安办案有关的科研课题,在进行科研时,得到李天的大力支持和帮助。她是学化学的,对设计比较生疏,在她科研项目中需要一个小型裂解器,李天发挥他设计的才能,帮助她画出草图,经与研制单位协商确定了生产方案,并制造成功。自制的小型仪器比较适用,使用这个小型仪器较好地完成了这个科研项目,获公安部科技进步四等奖。另外一项科研任务中,需要一个微型提取器,她提出要求,李天帮助设计出了微型提取器,加工后用于试验,使用方便,后来经过改进,并提供给很多公安化验部门,应用情况较好,这项设计获国家发明专利及实用新型专利各一项。

李天院士夫人王景翰教授在家里弹钢琴

近年来经济犯罪案件呈逐年上升趋势,在各类经济犯罪案件中,作案人常利用伪造文件和篡改原文件上的标称时间,来达到篡改事实、逃脱罪责的目的。很多情况下,文件上字迹的形成时间是鉴定文件真伪的唯一证据。鉴定文件上字迹的形成时间,各国科学家虽然进行了大量的研究工作,但一直没有建立起准确、可靠、实用的方法,使其成为法庭科学领域一项公认的世界性难题。王景翰主持完成的国家级课题《色谱法鉴定蓝色圆珠笔油墨字迹形成时间的研究》,在进行此项研究中需要大量的圆珠笔油墨样品,他们收集了国内的许多样品,但缺少国外的样品,正好李天到俄罗斯考察,他与国外朋友联系,并帮助收集了十几种国外圆珠笔样品,使这个课题的研究更加全面,更有价值。专家鉴定认为立题起点高、难度大，建立的技术方法先进，其研究成果达到国际先进水平，2005年获公安部科学技术一等奖，2007年获国家科学技术二等奖。她由于教学科研成果突出被授予政府特殊津贴，晋升为一级警监，评为中国刑事警察学院的首席教授，获公安部科技英才和二级英模等荣誉。在多年的教学、科研和办案工作中，她始终勤奋工作，淡泊名利，甘当人梯，注重培养年轻人，为人师表。在课题获奖、发表学术论文时，总是主动将年轻教师排在前面。承担科研项目让年轻教师任课题组长，她作课题研究指导和具体工作，在她的言传身教下，已形成了一支勇于攻关、团结进步的科研群体。这个群体先后获公安部"先进科研集体"、沈阳市"科技创新先进集体"等荣誉称号。

王景翰与美专家李昌钰（中）等合影

王景翰被公安部授予"科技英才"称号

可见王景翰所获得的各项成绩，都有李天在背后默默的帮助和支持。二人携手并进。李天在他的专业方面努力钻研，在飞机气动力方面做出较大成绩。2001年第一次申报工程院院士，当他申报院士落选时，他们互相安慰，王景翰鼓励他不要泄气，还有不足之处，要继续努力。他们认识到：这些事情，得到更好，得不到也无所谓，只要自己努力了，干自己喜欢的工作这就是最大的幸福和安慰。经继续努力，李天于2005年当选为中国科学院院士，他知道这不仅是荣誉，更重要的是肩负的重任，要在航空事业中做出更大的贡献。

李天的儿子李晨1991年大学毕业，分配到626所工作，1999年在北航工程硕士研究生班毕业，获工程硕士学位，2008年获北航飞机设计专业博士学位。从技术员到所科技处处长，现任中航工业空气动力研究院（简称气动院）副院长，主管风洞试验工作。1994年与冷菊丽结婚，生了一个美丽可爱的女儿，现已高中一年级。他们的儿子李晨回忆其父母对自己的培养教育写道："我是在一个温馨和谐的家庭环境中成长起来的，还不记事时我随爸爸妈妈到农村生活，那时我不满1周岁。后来听妈妈说，她和爸爸要下地劳动，后来爸爸要到公社宣传队工作，妈妈又要到公社中学去教书，就把我托付给后院的老乡奶奶家。早晨他们把我送去，晚上接回，中午饭在奶奶家吃，白天在奶奶家还有两个阿姨陪我玩。记得最清楚的是他们给我抓洋蜡罐虫在火盆上烤着吃，很香。晚上回来是我们全家团聚的时间，和爸爸妈妈在一起吃完晚饭，就是我们很快乐的时刻。有时爸爸给我讲故事，有时妈妈给我念小人书，每天都要听收音机，听革命歌曲，那时学会了一些歌曲，常常高兴的唱。还学了一些样板戏和电影《小兵张嘎》中的一些对话，常常给叔叔阿姨们表演，引得他们哄堂大笑，受到他们的称赞。我在农村的童年生活很快乐。

我4岁时回到沈阳开始上幼儿园，晚上回家与爸爸妈妈在一起，我讲述在幼儿园发生的有趣的事情，还给他们表演在幼儿园学的文娱节目，讲到高兴时我们全家人哈哈大笑。有时看看小人书，不懂的地方爸爸再给讲一讲，那时的生活非常轻松愉快。爸爸对我要求是要做一个诚实的孩子，不能说谎，不要与小朋友吵架。

李天院士与儿子在北航合影

上小学和中学以后,爸爸经常教导我要好好学习,希望我能有较好的学习成绩,将来继承他的事业,让我每天能学好老师讲的课程,回家自己认真做作业,抽时间多看些课外书,扩展自己的知识面,不要死读书。上大学后,他经常教导我要打好基础,学好数学、物理和外语,树立远大理想,将来为社会主义建设贡献力量。大学毕业后分配到沈阳空气动力研究所,开始进行预研课题的工作。因为我是学机械设计的,领导给我的第一项工作是设计歼7机翼测压模型,我对气动力知识了解不多,晚上下班回家后爸爸就结合测压模型给我讲些气动力基本知识,并让我边干边学。教育我设计一定要认真仔细,对每个数据都要认真计算、认真校对。设计图样是基础,图样出错会影响模型加工生产的质量和进度,严重错误会使产品报废,造成极大的浪费。爸爸的教导既增强了我工作的信心,也使我逐步树立起对工作认真负责的思想,'要么不做,要做就做到最好'。从此对领导分配给我的工作都能较好地完成。爸爸还教育我要虚心向老同志学习,要不耻下问,对同志要以诚相待,要关心集体,关心同志,广交朋友,同志遇到困难要伸出援助之手,不能事不关己,高高挂起,更不能自命清高,做孤家寡人。爸爸的教导使我很快地融入新的集体中,与同志们相处得很好,工作有干劲有热情,生活愉快。我爸爸虽然希望我从事技术工作,但他认为对孩子教育更重要的是顺应孩子的天性和兴趣爱好，才能发挥他的积极性，在我成长的过程中，爸爸没有勉强我做什么和不做什么，很尊重我的爱好和特长及选择。在工作一段时间后，我向爸爸提出想搞科研管理工作。他说：'你要考虑好，不能朝三暮四，管理工作也是一门学问。'并告诉我做管理工作最大的特点是要认真负责，特别是气动院科技处工作要树立'型号单位是上帝'的思想，为他们做好服务工作，虚心听取他们的意见，这使我和型号单位建立了较好的合作关系。从我当上科技处长和副院长以后他经常教导我要谦虚谨慎，低调做人，要关心同志，不能高高在上，更不能以势压人。对自己所负责的工作要兢兢业业，同时要注意经常学习，要多读书，不断充实自己的知识，努力做好本职工作。"

夕阳烂漫

李天的家庭是一个温馨、幸福的家庭，他有一个独生子和儿媳妇及一个可爱的小孙女。爱情是建立在共同基础上的相知与相爱、理解与支持、沟通与默契。四十多年来夫妻二人相濡以沫、相互支持、相互帮助、互相体贴、同甘共苦，他们携手共同度过了一段艰辛的岁月，共同为自己热爱的事业奋斗与拚搏，他们又共同享受人生的美好幸福时光。人生快如梭，转眼他们已步入古稀之年，李天仍然与年青同志们一起为航空事业作贡献，他夫人刚刚离开教学岗位，但仍为学校教学做督导工作，并全力支持李天的工作。相依为命，共度时光。

他们除完成应做的事情外，二人有了比较充裕的业余时间，每天坚持锻炼，现在他们晚上一起散步，周日一起游泳，放长假一起到外地旅游，看风景拍照片。他们非常开心的是2009年国庆期间，与老朋友崔德刚全家一起到本溪看红叶，实在是太美了。崔德刚说他到过国外很多地方，本溪红叶可以与这

李天院士与夫人在三亚合影

些地方比美。到沈阳几十年,离本溪这么近,这还是第一次去,大开了眼界。他们平时还经常听音乐、上网、看电视剧,在一起谈论他们感兴趣的各种事情。平时他们还养鱼,看见一群红鹦鹉鱼一天天长大,每天在水中自由游荡和相互抢吃食物的样子,他们很开心。还养了一些花,有兰花,其中有蝴蝶兰、吊兰等。当看见自己亲手栽培的花长得很茂盛,开出漂亮的花朵时,他们心情

李天院士夫妇与崔德刚(左)在本溪赏红叶留念

非常愉快，真是心旷神怡。正如王蒙所说，老年是人生最美好的时候。成熟，沧桑，见识，自由，超脱；可以更客观地审视一切，审视自己；已经有权利谈论人生，谈论年青人、中年人和自己这一代人了。人生最缺的是什么？是时间，是经验，是学问，更是一种比较纯净的心情。老了以后，这方面的本钱便多起来了。

在周末便可享受天伦之乐，儿子全家与他们相聚，在一起吃饭、一起聊天、一起玩，来解除小孙女一周学习的疲劳。全家聚会时小孙女是主要人物，首先她要点她喜欢吃的菜，每次来家一定要点爷爷做的红烧肉，无论冬夏这是餐桌上必备的一道保留菜，吃完饭后还要玩，有时捉迷藏，有时打乒乓球或打扑克等，玩得很开心，人人脸上都喜气洋洋，每次都要提醒她，回去吧，明天还要上课，一般都要玩到天黑才走。放长假时，全家有时去鞍山、本溪、棋盘山或汤岗子等地去旅游，在那里游泳、泡温泉、摘鲜果、骑马，晚上全家在一起打扑克，在玩时不分长辈和晚辈，都很认真地为一张牌而争执，互相指则某某玩赖了，大家哈哈一笑，甚是开心，休假结束时大家都很满意且高兴而归。欢乐之后，他们都没有忘记自己的责任和工作，年青人去奋力拼搏，二位老人也都在为保国卫民发挥余热。

王景翰与孙女在千山合影

第十章　爱是你我苦酸甜

李天院士与孙女

李天院士与孙女在船上谈论外星人

李天院士与夫人、孙女在世博园

第十一章　平生磊落信步行

李天院士多年如一日为航空科研事业而求索。他无怨无悔、无私奉献，他的言行和他的工作态度真正体现出"团结拼搏、严谨求实、艰苦创新、献身航空"的601所的精神。他是航空科研知识分子优秀代表，他襟怀坦白、谦虚谨慎、和蔼可亲、平易近人、团结同志、办事认真，凡事他总是先考虑别人，总是严格要求自己。他总是默默耕耘、淡泊名利、不计报酬，一心扑在航空科研事业上。尽管在事业中做出了非凡的成绩，受到领导和同志们的尊崇，但他始终保持一个普通人的心态和同志们在一起，哪怕是最艰苦的地方、最累的地方也和大家一起动手工作。真抓实干、不辞辛苦，无论遇到多么复杂的问题都能仔细分析、认真处理，都能得到合理的解决。他关心同志，热心帮助别人解决困难，他言必行、行必果。他的一言一行使人敬佩。

> 德高望重诚信谦，
> 科研同舟结情缘。
> 平生磊落襟怀坦，
> 润物无声树典范。

团结协作

李天院士在国内气动界享有很高威望,作为国家和集团多个重要研究课题的总负责人,他凭借其在专业领域的斐然成就和富有感召力的人格魅力,充分调动起各参研单位的积极性,使整个课题组成为一个有战斗力的团队。凭他的组织能力、决策能力、民主作风、公平公正、大公无私、身先示范、讲究诚信和团结协作精神成为重要预研课题的"国家队"的领军人物。许多参研单位在他的指导下,在课题研究许多方面均有所创新和突破,他所主持的大型课题多次获得国家和集团的大奖,他在各协作单位中享有很高威信。参研单位人员对他的专业能力、管理水平和高尚人品有口皆碑,纷纷表示愿意与其长期合作。他们感觉课题组具有非常浓厚的学术气氛,能够出成果、出人才,而且在他的领导下各单位之间和谐共处,像一个大家庭,让人心情愉悦。

李天院士不仅关注本单位的技术发展,而且关心其他科研单位的发展,目的只有一个:就是共同努力,使我国尽快赶超世界先进水平,成为航空大国和强国。他大力支持有创新愿望和能力的单位和个人,并时时刻刻关心、关注、指导他们的研究工作,并给予悉心帮助。在"973"重大课题《雷达低可探测飞行器外形隐身机理研究》(北航为组长单位,共4个单位作为研究主体单位)中,李天作为专家组组长与首席专家武哲一起奔波于北京、绵阳和成都等地,他关注研究的进度,严格把关,注重每一个关键细节、每一个数据,确保了研究的正确性和时效性,使所有的参研单位深受感动,从内心里敬服并感激他的付出。

李天院士不仅是飞机设计专家,在气动布局设计、隐身技术研究领域做了大量创造性工作,他还对气动力基础研究,对气动院的未来发展十分关心,同时倾注了心血和汗水。气动布局设计和研究,主要依靠风洞试验。气动院与601所有着很深的历史渊源,原626所科技处处长黄春霞说:"可以说,气动院气动力设计水平的提升离不开李天的指导与帮助。"由601所牵头的《先进气动布局研究》课题,从"八五"开始,气动院(原626、627所)就参加了,当时由李天担任整个项目团队的领头人。626所研究机翼平面形状,627所研究三翼面布局。从"八五"至"十一五",李天一直是整个项目的技术负责人,在他的悉心指导和帮助下,626所在《先进气动布局研究》中,锻炼成长了一批人,他们的设计能力和水平也有了长足的进步。

李天(右二)在气动院八项成果鉴定会上

最近几年,从"94"方案、"96"方案到"98"方案研究中,气动院建立起了机翼平面形状系列数据库,里面有上百种机翼平面形状。机翼平面形状设计也是气动布局的一个重要组成部分,对气动院的设计能力与水平的提高有相当大的帮助。一改只是一个"吹风匠"的偏见,用自己学习和掌握的气动设计知识,能对型号数据进行分析,这些能力的提升与李天的帮助是分不开的。

现代战斗机都携带大量的武器装备,大型的军用运输机装有大量的军需物资等。飞行器在飞行过程中将需要投放或发射相应的武器装备。如何保证这些装备在投放、发射过程中不危及母机和相邻挂物的安全,同时保证投放发射准确命中目标,需要在风洞中模拟这些气动特性的测量。这是现代飞行器性能测量中必不可少的试验项目,但是在风洞中模拟是相当困难的。外挂物模型的位置、运动速度、行程范围、模型姿态的确定、数据信号的采集处理、模型运动轨迹的模拟,等等。FC-2风洞要上 CTS 仿真试验系统,系统的方案需要论证,上述问题怎样解决,关键时刻,得到了李天的悉心指导、热情帮助。一次次的方案选取、计算,如何确定使用的距离限制、定位的准确、数据的使用,每一步都凝结了他的汗水和心血。2000 年,气动院的方案评审在北京顺利通过,当时参加评审的有集团公司领导、总装备部、空军装备部、国防科工委的领导和型号单位的有关专家,李天是评审组组长。

李天(右二)在气动院四项成果鉴定会上

2005 年,CTS 系统研制成功,在 1.2 米风洞投入使用,也就是说在气动院的 FC-2 风洞中实现了该技术,能够进行多外挂物投放及发射轨迹的模拟,并能够准确获得外挂物的运行轨迹和其在不同位置的气动特性,得到了用户的肯定。

某重型战斗机是先进战斗机,其先进的气动性能需要自己去测量,而其不同寻常的布局形式,气动院从来没有遇到过,特别是其细长的机身尾部无法采用常规的形式测量,必须采用局部放大的形式,但这样就改变了飞机本身的气动性能。他们请教李天,在他的启示、指导下,采用局部放大、外式天平进行尾部支撑测量方法,同时采用腹部支撑形式修正。经过反复摸索,CFD 计算分析,终于得到了合适的放大范围,利用尾部和腹部支撑两种方式修形,获得了比较满意的结果。后经过不同风洞验证,数据是可信的,证明这种方法是正确的,为气动院开拓了视野,为今后完成类似的外形布局风洞试验打下了良好的基础。而今,走进哈尔滨的气动院办公大楼我们看到了李天的办公室,他成为了气动院的特聘高级技术顾问。

气动院聘任李天院士为高级技术顾问仪式

原626所总师程厚梅说:"李天这个人干工作就是全身心的投入,他牵头的课题,从不指手画脚地乱指挥,总是亲自参加到实践中去,亲自试验、亲自计算、亲自写报告。确实怀着一颗航空人赤子之心,发挥带头作用。和他打交道多年,他这个人具有求实精神,很重视基础研究。在预研课题中,他认真负责,开动脑筋,特别是在计划经济向市场经济转化中,他从不钻到钱眼里,而是从国家的利益出发,把有限的经费,精打细算,合理分配,充分调动各单位的积极性,用小钱办大事。鼓励大家多出成果。他对工作抓得很紧,开会时也抓紧时间,从不拖延,快去快回。他以身作则,严格要求,把兄弟单位、院校的专家学者团结到一起。他基础好,水平高,自己的目标明确。对每个单位的要求也非常清楚,突出每个单位的优势,发挥每个院校的长处,公正、公平的分配科研经费,让大家心服口服。他谦虚谨慎、尊重别人,和大家关系都很好,能够很好地处理各种矛盾,各种问题。他的人格魅力和学术水平起了重要作用。"

气动院金凤武回忆与李天院士一起工作的往事谈道:"李天院士担任《未来战斗机先进气动布局研究》课题组长时,课题下设十几个子课题,《科技声像跟踪》也是其中子课题之一。从'七五'~'十五'期间与李天院士共事20多年。李天受到全课题人员的尊敬和敬仰。他谦虚、严谨、作风正派,工作中是一位严师,为人师表,有创新精神,善于攻关,带领各方面有技术特长的专家、教授、学者打硬仗,是一位优秀的组织者、领导者、参与者。他关心同事,与下属的工作人员打成一片,从没有大专家、大学者的架子。他就是我们心中一位和蔼可亲的老大哥。在李天院士的领导下,先进气动布局课题攻关项目取得了喜人的成绩,达到了课题研究的总目标,同时还培养了一大批优秀的青年科技人才,为我国的航空事业填补了空白。"

在29基地,我们见到了科技将军朱国林。他说:"在气动力方面李天是顶梁柱,在顾诵芬院士的指导下,引领了战斗机在气动力方面的研究发展,起到了举足轻重的作用。李天一直在做气动力研究,这是国防科工委跨行业项目,当时代表国家水平。李天牵头,把整个战斗机气动布局研究牵头做起来。对于601所来说,从歼8飞机、新一代飞机到重点型号飞机以及改进改型,在气动设计研究方面,601所李天无疑是技术的领头人,有独到的见解,如对三翼面布局有很深的研究。对新的事物他也很敏感,如计算空气动力学,在气动方面,他做了大量的工作。李天很专、很强,在多次大型会议上,都有李天引领性的发言。"

"李天为人谦和,待人诚恳,团结、包容。他在ACT项目中做了大量工作,飞控与气动力的结合,多学科、综合技术,气动吹风,操稳计算等方面,他都做了很多工作。而在这个过程中,他更重视整个团队的团结、协作,自己却在背后做工作。成果评审时,他却把别人排在前头,自己只是踏踏实实做工作。"

李天在预研工作上给了院校很大的支持。对高校来说,李天站得高,看得远。他认为,高校是一个重要的智力库,应该发挥其重要的作用。从空气动力学应用、飞行力学和气动弹性等方面一直给予支持,选教师、选题目进行研究,在预研的整体规划上开展得非常好,对专业人员素质、手段上的提高都有很大的帮助,并且不断取得新成果。李天院士也关心航空高等院校的发展和建设,南航航空宇航学院院长赵宁说:"李天院士在气动、稳身和飞机设计等研究领域具有深厚的学术造诣,创造性地解决了许多飞机研制的重大技术难题,尤其在国内先进飞机气动布局方面做出了重要贡献,在航空界颇负盛名。李天院士在负责型号研制任务的同时,高度重视基础研究和预先研究,注重发挥高校科研力量在飞机设计、气动布局和隐身技术等预研领域的作用。在李天院士负责的国防预研课题中,推进了多项与高校的合作项目,其中南航也承担了较多任务。如我院承担的合作项目《大迎角非对称涡系及侧力的特性及控制》,取得创造性成果,获 2005 年国防科技进步二等奖。"

全国政协委员西工大高正红教授说:"李天院士从事的预研课题前瞻性比较强,很多东西都是新的。1990 年,刚刚提出气动隐身,尤其在外形隐身概念,气动隐身怎样融合,外形设计气动/隐身一体化综合设计等是一系列大难题,他领导我们攻关。'九五'、'十五'两个五年规划期间,研究所与院校有非常好的合作。这种合作很好地解决了理论与实践相结合的问题,充分发挥了院校的特点,院校的基础研究与所里的型号要求相结合起来,取得了比较好的成绩,站在了国内的领先地位,为国家后续新一代飞机的设计打下了非常好的基础。"

清华大学航天航空学院副院长符松博士说:"601 所和清华大学创办了'联合研究中心',这是孙聪所长在位时成立的,对科研所和高等院校理论研究与科研实际相结合迈出了一大步,科研题目到院校来做,理论联系实际,双方都能受益。李天院士在其中起了很大作用。他看问题很准,所里需要清华理论基础好的特点,学生又能参加科研工作,可以提高实践能力,这样的结合协作对国家、对单位、对学校、对学生都十分有利。"

情志蓝天——记航空气动专家中国科学院院士李天

虚怀若谷

李天院士他襟怀坦白、谦虚谨慎、虚心学习、没有架子、具有民主作风、有群众观点、深入实际、真抓实干，他尊师爱生、爱岗敬业、宽以待人、严格要求自己、关心同志，他的好品质、好作风给人们留下深刻的印象。

作为国内气动布局的著名专家，李天院士是多个国家和中航集团大型重大课题的总负责人，但他丝毫没有领导和专家的架子。在《总体气动隐身综合设计》课题研究的试验过程中遇到了难题，为选择出正确合理的背景机系列气动布局方案，他亲赴试验现场，在风洞内与参试人员共同现场分析试验结果，进行试验方案选型，并亲自绘制草图，与大家一起动手改制试验模型部件，并亲自到风洞内指导。当时正值炎炎夏日，哈尔滨FL-8低速风洞内的气温高达60多摄氏度，不动都是一身汗，更何况还要现场安装修配调试模型，每人出来都像洗了桑拿浴，衣服透湿。大家都劝他不要进洞，只要在外面指导就行了，但他说："没关系，大家能进去，我也一样可以，试验成功才是最重要的。"他从来没说过华丽的语言，有的只是朴实无华的行动。不光是参加试验的人员倍受鼓舞，就连风洞单位的人员都深受感动，他们说，这么多年，从来没有看到地位这么高的年长专家亲临试验现场，平易近人，像普通技术员一样工作。在他以身作则的感召下，所有参试人员信心十足，团结一致，试验顺利圆满地完成了。

在远景机系列方案直至新一代机研究的近20年的研究工作中，他经常亲临风洞现场指导。沈阳气动院FL-2风洞的试验通常是在夜里进行，每当试验过程中出现新问题，需要现场解决时，他经常在夜里第一时间赶到风洞现场，仔细分析试验结果，讨论解决方案，确定试验方案。高速风洞试验是从早到晚连续运转，他不顾年事已高，通宵达旦地同参试人员一同工作。他对待试验数据

李天院士（中）在627所视察风洞

精益求精，工作上一丝不苟的工作态度深深地感染了大家，试验人员不仅佩服他的专业学术水平和对待工作的态度，更敬佩他的人品和为人。与他一起工作，大家学到了许多做事、做人的道理和方法，让人感到如沐春风。

李天在工作上很严肃、很严谨。他总是替别人考虑，跟他合作共事，把活儿干好是前提。提出的新思路、新思想、新观念，只要对研究有利，他就给予全力的支持。每次西工大请他来做学术报告，他都是匆匆而来，匆匆而去，做完报告就走，很少到西安名胜古迹去游览。他现在年龄大了，仍然如此。他还是西工大国防科技重点实验室学术委员会主任，对于学术方向的确定，提出了很好的意见和建议。

601所现任副总师沈琪对李天院士的印象是虽然身居院士、行业专家、副总设计师等技术高位，但从不放松学习。为了在第一时间掌握国外飞机设计、气动力设计等技术发展最新动态，多少年来从不间断地定期大量阅读原版专业杂志、NASA报告等。即使是在网上购买外版书籍渠道还不是很畅通的年代，也想尽办法购回许多宝贵的参考书籍、软件工具等用于学习，并积极推介给相关专业技术人员学习使用。

李天院士作为行业专家，平日受邀参加各大院校、研究所等单位的技术研讨会、技术评审会等，会议期间细心收集和虚心学习其他单位的先进设计概念、方法和技术手段等，经常回所后马上安排相关专业技术人员学习研究，并寻求深度合作。

长期以来，工作在李院士身边的年轻技术人员已经养成了习惯，他们经常定期到李院士办公室去晃一下，或只要李院士出差回所，就纷纷拥到李院士的办公室问候一下，都期望与百忙之中的李院士能聊上几句，因为大家心里清楚，李院士一定又收集或又带回了有价值的学术信息与他们分享，而李院士总是热情地接待大家，并经常与大家热烈地讨论一番。

亲自编写或主持编写重要的技术发展规划报告或重大的技术报告完成初稿后，李院士经常送给中航集团老院士、空军资深专家等审阅，虚心听取他们的意见。这也是长期以来他的技术思路和技术观点视野宽、定位高、针对军方需求吻合度好的重要原因之一。

无论是快要退休的老技术员，还是他的博士研究生，年龄不同、性格不同、职位不同，大家都喜欢李院士没有架子、平易近人、直言快语、尊重真理、平等共事的工作作风。

李院士不讲究排场，甚至近乎讨厌排场。他最怕让他发表官场式的讲话，也不擅长此类讲话，总是觉得这样做太浪费大家宝贵的时间。

平时出差，他总是喜欢与同行的同志一起坐所里往返机场或火车站的接站车，经常不让所里专门为他安排车辆，他珍惜同大家在一起的交流讨论的机会，拉拉家常也让他很开心，谈足球比赛、谈体育赛事、谈时事趣闻，大家发现他有时比年轻人还了解行情，他兴趣广泛、关心新鲜事物、喜欢集体文体活动。大家常说，李院士长得年轻，主要也得益于他心态年轻。

工作在他身边的下属或年轻人，无论是职业发展、工作待遇、家庭生活遇到什么问题，都乐于向他倾诉，他会与他们一起客观分析，理性认识，积极争取。孩子毕业就业、配偶工作落实、年轻人住房困难，在力所能及的情况下，他都竭尽全力帮忙。李院士自己注重工作哲学、注重生活哲学，家庭和睦，夫人孩子都事业有成。他也希望他的下属们都生活幸福、工作安心、事业不断进步。

李院士对资深的老技术人员非常理解和尊重,深知他们对工作无法割舍的内心情感。著书立作、技术咨询,只要在条件和政策允许的情况下,就组织他们一起开展一些深度知识积累的工作,对技术的传承起到了至关重要的作用。

长期以来,李天院士对于本所顶级技术专家的培养尤为重视。他很早就提出对所里年轻的未来院士应有具体的培养目标和培养规划,应有针对性地帮助其成长。李天院士不但是这么提议,也是这么做的,大到技术发展规划和学术方向的定夺,小到具体文稿的逐句审查。对于年轻首席专家的培养和选拔也倾注了大量的心血。孙聪、王永庆、赵霞等领导的成长和发展都受到李天院士的鼓励和帮助。

作为国内气动隐身专业领域的领军级人物,李天院士在专业方面渊博的学识、深厚的功力鲜有人能及,但他的学习热情丝毫不亚于年轻人,"学习、学习、再学习"在他身上得到了真正体现。

在办公室,经常可以看到他边接电话边批阅文件、阅读技术报告,其孜孜不倦地努力学习,对时间的利用效率可见一斑。

李天院士在办公室

在出差的火车、飞机上,候车室内,甚至在会议的休息间隙,他抓紧一切可以利用的时间学习,与同志们探讨技术问题,交流学术思想,时间总是安排得紧张而满负荷，好像永不知疲倦。

原626所科技处处长朱华民说："我在601所时和李天在一个研究室工作，他很谦和，后来又在一起搞课题，他这个人从不浮夸、不吹牛、实事求是。他作为课题带头人也是这样，把大家组织起来，很好完成任务。他这个人特别认真、很实在、很本分。当时我们二室参加所里排球比赛时，他特别积极。认真组织大家参赛，他调到总师办后，还经常参加所里举行的体育比赛。虽说是小事，却看到一个人的品德。"

冰洁无瑕

李天院士他一心为公、不谋私利、实事求是、敢讲真话、坚持原则、大胆批评、艰苦朴素、不怕困难、一身正气、让人佩服。

李天院士对601所科研工作的重大技术思路和技术管理决策从来都是积极参与、认真负责。无论是本所五年发展规划还是新一代飞机研发项目的顶层发展思路的讨论，他从来都是视为己任、观点鲜明、实事求是而且富有全局意识，充分体现了科学院士的大家风范。有时为了更深入地表述自己的技术思想意图，他经常在会后主动找到相关的领导和同志，认真细致地进一步阐述观点，进行深度的沟通。

李天院士认为在实际的技术攻关工作中，技术研究结果常常不尽人意，甚至没有达到预定技术指标，这是在所难免的客观存在，但弄虚作假是他最为痛恨和不能容忍的行为。一次课题验收评审会上，某单位的试验结果曲线，从逻辑分析角度显现出明显的不合理的人为改动，李天院士当场就予以指出，不留情面。但对于一些非主观故意的客观不足之处，他通常会及时发现问题，或在会上善意直言，或会下细致沟通。因为如此，许多课题项目愿意请他作为评审专家参与技术把关，常常是应接不暇。

在西工大，全国政协委员高正红教授讲述了与李天相遇，不打不成交的相识过程。那是20世纪80年代末、90年代初，西工大承担了601所牵头的课题项目，课题开始进行得并不很顺利。李天当时是项目的负责人，对大学的研究不太满意，学校更换了人员，由刘千刚教授和高正红教授接替原来工作。第一次见到李天，李天就不顾情面，当时对他们的工作提出了严肃的批评。高正红那时刚刚毕业留校工作，刘千刚教授已经是国内著名的教授专家了，但李天全然没有顾及面子。他强调，一定要把产、学、研有机结合，脱离实际的研究没有任何意义。后来，这个课题在李天指导下，增加了力量，开展了相关的大量工作，一直进行得很顺利。李天的执著、敬业精神深深地触动了他们。

618所原副总师张汝鳞研究员至今仍记得那次欧洲之行。1990年，顾总带领李明、李天和631所所长等一行去欧洲考察，在这个团队里李天的年龄最小，就让他来管理团队的日常生活开销。当时出国的费用很紧张，李天精打细算，认真细致，将很琐碎、繁杂的账目、生活管理得井井有条。

601所现任副总师范彦铭研究员说："李天院士从不计较个人得失，某个项目由于工作的需要和任务的安排调整，他从项目负责人调整为助手，他从不叫屈，没有沉沦，更没有消极怠工，而是一如既往地努力工作，刻苦钻研技术，积极支持项目新负责人的工作，这一点很多人是做不到的，充分体现了李天院士的高风亮节、高尚的品格。"

601所退休高工孙品良回忆说："隐身技术试验研究成果获1999年国防科学技术进步二等奖，在获奖申报材料时，我的印象很深刻。李天副总师执意要把我排在第一名，我说这么大的试验，涉及厂所专业这么大的事，绝不是我能承担的，我最多排在第二名，由此可见李副总推功揽过的高尚品质。另外，这次试验采集数据过程中曾发生过差错，也耽误了一定时间周期。李副总建议，如果不对就重做吧，数据必须是客观真实的，好就是好，不行就重做。但并没有追究下面技术人员的责任。科学试验嘛，不可能百分之百成功的！"

601所高级工程师李洪杰回忆说："我与李天在工作方面的正式接触是在1977年，当时我刚从南航毕业分配到二室操稳组，李天当时在二室导数组。我刚毕业那几年，可能是出于热情，喜欢看一些国外的资料和感兴趣的技术报告，当我遇到比较难译的英语句子时，有时会向他请教，每次问到他的时候，他都是不厌其烦地告诉你，没有一点架子。所以我们室里的很多人都愿意和他接触，1981年由于工作上的原因，我从操稳专业调到了导数组，同年6月，由于李天工作业绩突出，由导数组组长提升为室副主任。在我的记忆中我们在一起工作的日子里，有一件小事，李天给我留下了很深刻的印象。那是在1983年9月，为了歼8Ⅱ型飞机设计定型，我们准备在沈阳626所FL-1做一轮歼8Ⅱ高速校核风洞试验，当时主要是天平原因导致零升阻力系数比原来选型试验吹的高了许多，误差较大，为了澄清其原因，626所天平设计员陈广玉做了许多工作最终也没能找到问题的原因。在这种特定的情况下，为了不影响歼8Ⅱ设计定型工作的节点，室里决定把这项校核试验拿到29基地AT-1风洞去吹风。该项试验由李天副主任亲自带队（一行四人）前往四川安县。我记得我们乘飞机先到的北京，不巧的是那天沈阳的航班晚点了，等我们到达北京的时间已经是晚上8点多钟了。当我们乘车赶到三机部二招时已经是晚上9点多钟了，到了二招一登记，服务员说已经客满了，一个床位也没有啦。由于天色已晚，再加上9月份的天气也感到有一丝凉意，在我们的再三请求下，服务员说有一个废旧的锅炉房，又没有床你们能去吗？这时李天抢着说："只要有个地方就行，你能每人借给我们一张凉席吗？"就这样，我们在服务员的指引下，来到了那废旧的锅炉房。一进门，一股潮湿发霉的气味扑鼻而来，我还记得我们当中有人看到这种场景还说了一句比较风趣的话："刚才我们还在天上呢，这一会儿我们就得躺地上了，真是天地之差呀！"那一晚上我们4个人谁都没有睡，都仰面朝天躺在冰凉的地上，望着那毫无表情的废旧锅炉度过了一个极其漫长的不眠之夜。通过这件小小的逸事插曲也能够反映出李天的吃苦耐劳的精神，关键时刻能和大家同甘苦共患难，从不搞特殊化。

李天在生活方面也是一个勤俭节约的典范，按理说他的地位变了，就凭他每月的收入买什么不能买，但多少年如一日从没有看他穿过什么高档的服装（外事活动除外），至今还骑着多年陈旧的永久牌自行车上下班。在生活方面他不和任何人攀比，这种高尚的品质值得我们每一个人学习。

气动院金凤武回忆说："难忘的苇子坑——北京翔云宾馆。这是多次接待李天院士召集的先进气动布局课题学术交流、年终总结的会议地点，也是601所课题组成员最熟悉的地方，该课题组很少到风景优美的旅游点去开会。反映出李天院士一心为了工作，主要精力都用在课题的发展、完成总目标的方向上，一是能请到在京的领导和专家参加会议，二是为大课题组节约大量的差旅费。"

北航副校长武哲说："李天院士已被我校聘为正式教授，不再是兼职教授，我们就想请李天院士到北航安度晚年，在学校里授课不用坐班，北京条件比沈阳好，何必还待在沈阳呢？可是李天院士却说：'我还是待在601所好，那里的科研工作还需要我，我在所里能够接触实际，对北航的科研工作有好处，比来北航作用更大。'可见李天院士的思想境界确实很高，值得敬仰。"

润物无声

李天院士总是那么平和、淡泊。每天上下班仍骑着那早该下岗的自行车，总是关心年轻人的生活与成长，他经常是换位思考、关心他人，解决实际困难，从不指手画脚，身教重于言教。李天院士淡泊名利、不虚荣、不浮夸、不张扬、踏实肯干、脚踏实地、敢打硬仗，经常深入一线、亲自抓、亲自干，使我们真正体会到榜样的力量是无穷的。

李天院士不仅是一个学者型专家，同时也是一个极富人情的人，对下属的关心不仅局限在专业和工作上，而且关心其生活并尽力帮助解决实际困难。

20世纪八九十年代，所内的住房很紧张，许多年轻人结婚后相当长时间内都没有自己的房子住。李天当时是主管气动力专业的副总师，他帮助许多年轻人向所里打报告说明情况，并通过私人关系帮助暂借闲置房，想方设法解决他们的困难，使他们能安心航空事业，不被生活琐事所烦扰。当时，航空事业正处于艰难时期，许多航空人才流失了，但在李天副总师的积极努力下，受其人格魅力影响，气动力人才非但没有流失，相反得到了很好的发展。这不能不说是他对航空人才建设的一大贡献。中航工业空气动力研究院的赵波院长，601所总设计师王永庆，副所长刘志敏、赵霞等当年都受到他的指导和培养。

同事家中有困难，李天都第一时间慰问关心。气动力室就像一个暖意融融的大家庭，他就是一个令人敬重的长辈。他关心下属自然亲切，让人备受感动，如沐春风。他爱好广泛，在多方面具有深厚修养，是一个富有生活情趣的人。有时在出差的路途中，不便于谈论工作（涉及保密），为了活跃气氛，他与大家一起津津有味地谈论足球赛事，NBA篮球赛事等，无论长幼，与同事们极为融洽，笑声爽朗，语言风趣，具有极强的亲和力。

一切替他人着想，在夜间的风洞试验间隙，他为了使大家从夜里的困顿疲劳中恢复精神，经常谈论一些轻松的话题，待大家恢复精神后，再投入到紧张的工作之中。

风洞试验是气动力专业的一项重要工作，气动力设计中具有不可替代的作用，特别是在气动布局方案的预选阶段和验证阶段尤其重要。但风洞大都建立在偏远的山区或城郊，由于风洞耗电量很大，风洞单位为避开用电高峰和降低用电成本，大都将试验安排在夜间进行。风洞洞体内夏天蚊虫叮咬、热浪扑面，冬日寒风刺骨、哈气结霜，工作条件很艰苦。

李天院士是一位诲人不倦的良师益友，他对范彦铭的关心与教诲让他终生受益。那是一件令范彦铭终生难忘的事，在评定高级技术职称时，范彦铭根据自己的工作成绩和表现，认为应该不是什么大问题，但是迟迟未能评上，工作年限比自己短、业绩一般的都评上了，心里很是不平衡，思想上有些想法。李天当时虽然不是他的主管领导，但却细心地察觉到了，一方面与他的直接领导沟通，一方面找他谈心，告诫他一定经受住困难的考验，要心胸宽广，对任何事情不能斤斤计较，眼光要看远些，任何付出都不会白费、会有回报的，要静下心来，换位思考，既要看到自己的优点，也要看到自己的缺点和不足，在学问上不能放松要求，不能气馁，更不能颓废。这些话范彦铭牢记心中，而今每当在工作中遇到不顺心的事情时，就会想到李天的教诲，提醒自己，这对范彦铭后来在工作中取得的一些成绩起到了很大的作用。

李天对每一个向他请教的人都一视同仁，这一点深受年轻人的爱戴。通过多年的交往，李天已成为范彦铭的良师益友，无话不谈。无论什么事，范彦铭总愿向李天表述，愿意听取他的建议与见解，他高尚的人品和崇高的人格魅力是他和年轻同志学习的楷模。

张澎研究员谈起在隐身课题中李天与大家同甘共苦的事例时说，2003年的9月11日，总装备部预研局预研管理中心安排在北京进行"十五"隐身技术预研的中期评估，汇报进行得很成功，专家对601所隐身团队的工作给予很高的评价，就在汇报快要结尾，演示文稿已经显现汇报结束的时候，李天院士插话说："后面还有一张。"张澎愣了一下，下意识地说："没有了，这已经是最后一张图了。"李院士说："你翻到下一页吧！我送大家一份礼物。"鼠标动处，一轮金黄色的满月投现在投影屏幕上，旁边是桂花洁白的花瓣，"祝大家中秋节愉快！"李天院士说道。"哗！"参加评审的专家、领导一片掌声！今天是中秋节啊！每个人疲惫的脸上都绽出微笑。是啊，为了准备这次汇报，李院士和大家一起辛苦准备了20多天，谁都没有意识到会在北京过中秋！"今天谁都不许走，我和大家一块过个难忘的中秋节！"晚饭后，迎着挂在天上皎洁的月光，大家忘情地聊着，在脑海里形成了永久的记忆。

气动院金凤武回忆说："李天院士关心下属的工作人员，我们每次出差到601所，李天院士自己工作再忙当天晚上必到招待所看望大家，问寒问暖，安排好工作日程，让出差的同志有到家的感觉。不仅一次两次，次次都是一样，会议开完把我们送走后，李天院士再急急忙忙返回单位，雷厉风行，抓紧时间，全心投入到工作中。"

原627所副所长郝卫东说："我虽然不是李天的学生，但我一直把李天院士当成我的恩师，李天院士的教诲我永远牢记在心中，李院士的'只要你努力，到老了就不会后悔'和'先做人，后做事'让我受益终身。我的每一点滴进步都与李天院士的教导分不开，我45岁获硕士学位，55岁获博士学位，现在又进了专家组。这些都与李天院士辛勤栽培分不开。李天院士精心组织'国家队'，攻下几个大课题，他高瞻远瞩，慧眼识珠，他呕心沥血，团结大伙，一心一意搞科研。每年都到苇子坑开会。这些都叫我终身难忘。我在职时，工作中遇到困难就请教李院士，1995年我是副所长，让我在3个月内用100万元改造建设3米风洞，时间紧、任务重，当时确实没有什么办法完成，还是李天院士给我提出了很好的建议，让我分期分批，抓住重点，逐个突破，最后很好地完成了任务。李天院士以党的事业为重，不管分内分外，随叫随到，他爱岗敬业，有什么难题解决不了，只要请李天院士到场就会提出解决问题的办法。能和他在一个团队工作，深感荣幸。"

"谁言寸草心，报得三春晖。"有许多学生在李天院士的润物无声中成长起来，他们用朴实的语言来表达对恩师的感激之情。

从师李天院士的学习工作杂记

王永恩（1986年北航毕业生）

我从1986年开始攻读顾诵芬院士的硕士学位研究生，在这期间，李天院士是我的辅导老师，对我具体的学习给于帮助和指导。

在研究生学习期间，两位导师严谨的工作作风和广博的学识，使我受益匪浅。

1. 博览群书、及时把握最新发展动态

在课题研究之初，为了了解课题的发展动态，需查阅相关的研究情况，查找的范围大多是所内馆藏的文献报告，如AIAA，AGARD，NASA，J. of Aircraft，IEEE等。在我所见到的这些资料中，都有两位老师阅后的标记。

2. 循序渐进、悉心指导、注重独立工作能力的培养

在研究生课题研究期间，老师并不是一下子把研究方向、内容和步骤全告诉我，而是先明确研究方向，要求我去找相关资料学习，之后汇报学习体会，再确定下一步的工作和重点研究目标。在汇报和讨论时，两位老师总会耐心听我的汇报和下一步研究设想，然后在详细地指出不足和改进建议，始终是和蔼的讨论态度和语气。这样的训练，培养了我今后的独立工作的研究思路和能力，也使我由衷地赞佩老师的谦逊的美德。

当时我还是北航的学生，在课题的研究中，遇到了许多的技术细节和实际的问题，如试验模型设计、加工、试验，资料的借阅，等等，李天院士都给予了热心和周到的帮助和指导。如给我介绍了最好的模型设计专家指导我的模型设计工作，以自己的名义从所资料室借阅所需的研究资料，并把从对外交流中获得的最新情况资料转交给我等。

3. 课题研究注重实际应用

在课题研究中，不仅关注课题本身的机理研究，更注重于新概念的实际应用价值。当时涡襟翼的研究者比较多，大多关注于概念的机理、算法和试验验证。而老师的要求是在此基础上，验证工程应用的实际效果和可实现性。因而，养成了课题理论研究不能光考虑气动力的需要，还要考虑到工程实现性和为此需要付出的代价，一定要结合实际应用可行性的思维方式。为以后从事飞机气动布局设计工作打下了基础。

1989年毕业后，我来到601所气动室，从事气动力设计工作。在李天院士的带领下，参与了一系列的课题研究工作。研究工作包括复合平面形状机翼布局、边条翼布局和三翼面布局等先进气动布局研究，以下一代发展为背景的总体/气动/隐身一体化综合设计技术研究等课题。其中：

在先进气动布局课题中，李天院士根据战斗机发展的需求，提出了以突破复合平面形状机翼、边条翼、三翼面布局的流动机理、设计优化原则为研究方向的课题研究，并率领课题组成功地完成了课题任务，为气动布局综合优化提供了设计手段和方法。

在总体/气动/隐身一体化综合设计技术研究课题中，李天院士根据新一代战斗机发展的需求，提出了以背景型号设计为牵引，以突破总体/气动/隐身综合优化设计为研究方向的课题研究。并在1991年开始与俄罗斯中央流体动力研究院开展了一系列技术合作，引进了一大批分析软件和设计参考资料，并与俄方一起开展了背景机方案的总体/气动/隐身一体化设计方案，以及后续一系列的气动布局/进气道选型风洞试验研究。启动了飞机隐身技术的研究和应用、评估技术的研究。

在课题的每一项专题工作中，李天院士对研究的目的、研究方案、研究步骤，特别是对可能遇到的问题和解决预案的合理性、可行性均一一审查确认，并提出明确的建议和意见。在布局方案研究中，李天院士对每个方案的优缺点和可能遇到的问题、相应的关键技术都仔细分析，听取各方面的意见，综合权衡给出决策意见。特别是在风洞试验选型中，常常亲临风洞试验现场，对试验结果及其原因进行分析，提出改进和需要补充研究的项目，确定最终方案。

通过这些课题的国内研究和国际合作，为发展新一代飞机奠定了坚实的理论基础、设计手段和综合优化方法。

我的严师益友

卢恩巍（2006年清华大学毕业生）

大四上学期，在决定毕业去向的时候，我有幸认识了李院士。初次见面，这位和蔼的老校友亲切和善，谈吐中充满了智慧与风趣，给一位憧憬未来的青年留下了深刻印象。

从师三年，李老师在工作和生活上都给予了我很大帮助。下面，让我用记忆中的点滴来回味李老师的教诲。

硕士学业初期，李老师根据科研前沿的动态，为我量身设定了一个研究课题。第一年在校学习，工作繁忙的李老师不能亲临学校指导，但也一直关注我的学业，并针对课题给我选择了许多重要课程。到601所后，所里安排我挂靠在专业室做论文研究工作，但李老师还是不忘亲自向我传授科研工作的经验，并多次挑选专业书籍和一些开阔专业视野的资料给我。"学业要精、视野要广"是李老师让我体会到的科研精髓。

进行课题研究工作后，指导学习工作之余，李老师不时地询问我的生活状况。他知道我是南方人，担心我初到沈阳不适应，还特地请我的同事们多加照顾，给我介绍本地的风土人情，帮我尽快融入单位生活。每天走路、骑车上下班的李老师，总是那么的平易近人，从办公室里讨论研究工作，到傍晚散步时闲聊生活、思想，年届古稀的李老师成为我远离故乡之地的一位真诚的忘年好友。

课题研究工作曾经遇到困难，进展缓慢，当时我面临两个选择：一是采用成熟的技术手段来完成预定的工程研究；另一个是削减研究内容，重点研究新方法、新技术。我前去咨询李老师，他略作思索就果断建议我选择后者。他强调，科研工作不一定要大而全，但一定要推陈出新。李老师重视创新的精神令我记忆犹新。

在完成论文初稿后，我如释重负地向李老师交上了一份纸质论文。第二天，李老师让我去他办公室，摊开他批阅过的论文初稿，几十页的论文几乎每页都有标记和批文。李老师给我一一讲解了存在的问题和纰漏，甚至包括关键字眼的措辞和未加核实引用的数据。我感到非常羞愧，李老师对论文的用心程度甚至超过了身为作者的我。由小见大，我切身体会到什么是治学严谨。

李老师在我眼中就是这么一位严师益友。虽然工作经验不足的我尚未直接参与到他组织的重要研究工作中，但他却用上述的点滴小事言传身教地指导着我的学习工作，让我很快融入科研队伍。

在此，我要再次向李老师致以弟子最诚挚的谢意。愿李老身体康健、事事如意！

我的恩师

601 所总体气动部研究员　杨士富（1992 年南航毕业）

我现在总体气动部隐身外形室任主任设计师，主要从事飞机外形设计。我曾在南航攻读硕士学位，当时所做的论文题目与所内课题紧密相关。李天院士作为我的指导老师，从论文选题、创新点的选取到章节构成都给予了认真的指导，还给我提供了许多参考资料。论文初稿形成后，李天院士仔细阅读，提出了许多宝贵的修改意见。在李天院士的指导下，我最终以较高水平完成了论文，该论文获得南航颁发的优秀论文奖。

李天院士对学术研究极其认真，考虑问题全面，能抓住要害，特别是知识面宽，对多学科的综合优化能力很强。多年来，我参与了多个型号研制和课题研究工作，每当遇到难题，都愿意去请教他。每次请教问题，他都热心地指导，使我受益匪浅。李天院士学识很深，却非常平易近人，向他请教问题与其说是师生的交谈，不如说是朋友之间的交流。

第十二章 与时俱进再登攀

李天院士是在 2005 年 11 月 16 日中国科学院院士增选新闻发布会上宣布当选的，这不仅是李天个人的荣誉，也是航空工业的光荣和自豪。李天院士面对这个殊荣深感"盛名之下其实难副"，他深知院士不仅是荣誉而更重要的是责任。所以他还是那么从容、那么平静，他面对院士的荣誉称号却说："这不仅是对我个人的认可，也是对 601 所的认可，更是对航空事业高技术的认可，荣誉并不重要，重要的是人要有一种精神，要为科学事业扎扎实实地做点工作。"他牢记党中央总书记、国家主席、国家军委主席胡锦涛同志的讲话，"希望同志们自觉弘扬科学精神，以科学兴国为己任，坚持科技为经济社会发展服务，为人民服务，把自己的事业抱负、科技专长同国家发展、社会进步、人民幸福更加紧密地联系起来，把为加快转变经济方式提供科技支持作为重要目标，勇于探索，敢为人先，努力攀登世界科技高峰，悉心培养和提携优秀青年人才，为建设发展做出新的更大的贡献。"他成为中国科学院院士后，成为首批沈阳市获得 500 万科研支持资金的人，他打算组建军民两用先进飞行设计方案的试验平台，为国家、为地方做出更大的贡献。

院士责任重如山，

蓝天探险步履艰。

老骥伏枥志千里，

实践科学发展观。

院士风范

2005年10月,李天当选为中国科学院院士,当时正值"十五"末期,总装备部的各项重点课题处于结题验收阶段,李天作为课题负责人的《隐身技术》及《先进气动布局技术》分别安排在10月底和11月验收。验收采用集中汇报和专家打分评审方式。为了做好"十五"的总结,李天组织601所《隐身技术》

课题的成员对所承担的五个子课题进行课题《技术总结报告》和《工作总结报告》的编写工作,他花大量时间对每个报告都进行认真的审阅和修改,使报告的内容充实、数据正确、结论清楚。对课题创新点的提炼,阐述尤为关注,有些他自己亲自编写,使601所上交的技术报告和工作报告受到专家和领导机关的好评。对向大会汇报的5个演示文稿亲自修改后,组织全体课题成员一起听报告人的试讲和严格把关,包括文字内容、插图及版面布置,字体及颜色都不放过。大家对他的细微认真、负责精神都很敬佩。在隐身课题验收会上,601所的5个技术报告有4个获得优(90分以上),一个良(87分)。总分列20几个单位的第一名。大家们对601所"十五"期间在隐身技术预研方面取得的创新、突破和丰硕成果给予了充分的肯定和赞扬,这是和李天的领导和亲自参加课题研究、指导和花费大量心血分不开的。课题验收结束后他又参加了"十一五"隐身技术规划的编制和开题论证工作,他提出了"十一五"在军机方面研究内容、目标及技术指标,较"十五"有了一个量级的提高。他组织601所对"十一五"承担的5个新的专题编制了开题论证报告和任务书,他亲自修改和听取演示文稿的试讲,使601所在专家组审查开题报告会顺利通过评审。"十一五"的预研任务不仅增多而且难度加大了,需要更多的创新。2006年开始执行"十一五"的预研规划,李天虽然当选为院士,但他没有在技术上止步。所里仍然让他担任总装备部的《隐身技术》课题的技术负责人,这5年他从未放松对隐身技术预研的指导和技术工作,每年年初与课题组成员一起制定课题计划,确定本年度的重点任务,分析技术难点和重点攻关的内容,并一起研究技术措施,在执行中出现问题他及时组织课题的同志一起分析原因,找出关键问题所在,采取各种措施加以解决,使课题顺利进行,年底认真审查技术报告。2010年10月,总装备部组织《隐身技术》课题在北京验收"十一五"预研成果。李天仍如"十五"末一样,认真查阅5个专题的技术总结和工作总结,审查试讲汇报稿(演示文稿)。在验收会上,601所汇报的5个专题所取得的成果和创新性受到专家的好评。顺利通过验收。目前他正领导课题组编制"十二五"隐身课题中6个专题的开题论证报告及任务书的编写。601所的隐身专业技术人员在原所长孙聪及李天的领导和扶植、培养下，已成为601所的重要专业，已有20多名隐身专业的技术人才，年青的隐身室主任张澎2010年6月评为研究员，12月被评为中航工业的一级专家，已成为601所隐身专业领域的技术带头人。601所经过几年的努力已建成了航空界的第一个隐身测试实验室（具有很大的紧缩场），测试水平处于国内领先地位，并于2011年1月18日通过专家评审，被中航集团授予了中航工业隐身技术重点实验室，并进行了揭牌仪式，聘李天为实验室的首席专家，实验室学术委员会副主任（主任为北航武哲教授）。他将继续为我国的隐身技术发展及601所隐身专业的进步和壮大贡献自己的力量。

李天院士（左二）参加隐身技术重点实验室揭牌仪式

1. 技术科学部的常委工作

2008年6月院士大会期间，各学部常委会换届，李天当选为中国科学院技术科学部第14届常务委员会委员。

在院士大会闭会期间，院士的活动主要由各学部来抓，各学部结合本学科的特点，不断开拓工作思路，在学部的咨询研究、院士队伍建设、学术交流和科学普及等多方面开展工作。开展咨询研究是常委会的中心工作之一，是体现中国科学院学部作为国家科学技术方面的最高咨询机构的重要职责。技术科学部常委会在科学发展观指导下,从国家战略出发,发挥技术科学部院士的综合优势,拓宽选题,不断加强常委会的组织与督促力度,开展在能源电力、材料、水利、航空航天、国家安全和人才培养等多个领域的咨询研究课题,为国务院的有关部门提供咨询意见,为相关决策提供科学依据,对国家科技事业和国民经济的发展起到了一定的推动作用。

开展学术交流与科普活动是发挥学部的社会职能的重要途径。科学院带头弘扬追求真理、实事求是的科学精神,承担起向社会展示创新成果,传播创新文化,培养广大人民群众对科技的兴趣与爱好,加深全社会对科技创新的认知和感知是院士们义不容辞的责任。组织开展技术科学论坛学术报告会是技术科学部的主要活动之一,它是院士和专家共同参与的高水平的学术活动,在学术界和社会上有一定的影响。通过交流,院士们了解了由一批近年来涌现的优秀中青年专家所取得的最新理论和技术研究成果,并在结合世界科技发展动态和国家战略需求的基础上,深入探讨了前沿学科领域的发展战略和技术路线等问题。从 2002 年至今已举行 40 多次各种主题的学术报告会。已逐步将论坛活动制度化、规范化,受到社会广泛的关注,并产生了积极的效果,已成为技术科学部开展多样咨询服务的平台。近期的论坛活动除学科前沿论坛外,常委会的论坛策划工作更加注重与国家发展战略紧密结合。围绕国家当前特有的重大问题开展战略研究,对我国自主核心技术创新与科技跨越式发展起到重要的学术引领作用,也将对我国经济建设和社会文明进步产生重大和深刻的影响。如在国家若干重大项目建设中的科学技术问题论坛中,围绕信息化建设、铁路交通、航空运输、电网建设、先进制造、计算技术、航天技术和水利工程等国家若干重大项目建设中的技术科学前沿和发展战略问题进行了咨询评议。2010 年 6 月,由顾诵芬、朱森元、李天和陈达 4 位院士共同发起组织一次航空航天科学技术论坛,目的是向院士们和各界人士介绍航空航天领域近年来的新进展。由李天和顾诵芬院士组织航空领域的发言人,朱森元院士组织航天界的发言人,陈达院士与南航筹备在南航举办。经与顾院士商定,由李天让中航副总师孙聪做关于数字化工程进展的报告,北航武哲教授做关于临界空间飞行器的报告,一飞院唐长红做关于大型运输机问题的报告，中航工业机载公司卢广山总经理做航空电子技术进展的报告，顾院士请发动机研究院院长张健做关于发动机研制进展的报告。这次论坛于 2010 年 9 月在南航校园举行，有近 30 位院士和 50 多位航空航天专家参加了论坛。因顾院士临时有事没能到会，会议由朱森元、李天和陈达三人轮流主持。李天在会上做了《利用航空技术夺取空天优势的报告》，这是他与顾院士合写的。论坛开得很成功，演讲人讲得很精彩，讨论也很热烈，看到航空航天领域的成绩大家深受鼓舞，对未来的发展充满了信心。会后南航为每位院士准备了一棵树，在南航的新校区一块绿地上各位院士亲自栽种了一棵小树。

院士评选工作也是学部的一项重要工作。为搞好评选，学部常委多次召开会议，研究评选操作规程的重点环节，包括候选人材料公示单位的选取，涉密材料处理及评阅人、投诉处理操作原则和办法。常委会本着严肃、认真和慎重的原则，根据投诉信的实质内容确定调查小组，特别是对投诉人材料的调查，都由常委做小组长到相关单位，找相关人员对投诉内容进行调查核实。李天在 2009 年 7 月参加了对清华大学一位院士候选人投诉的调查，他们本着高度的责任感和认真的态度分别走访相关人员，听取了单位、课题组和被投诉本人的意见，客观、公正地了解情况。调查后调查小组经过认真分析、研究，给出了明确的结论意见。对投诉意见本着公正、尊重实事、实事求是的原则，既不袒护也不夸大，努力做到客观公正。

学部常委会每年开 4 次，基本上是每季度 1 次，但院士评选年工作较多，次数多些，李天担任常委后，不管工作多忙，也都安排好日程，按时参加学部常委会的会议，为学部工作做出应有的贡献。

2. 战略规划工作

（1）航空技术"十二五"规划的编制

2009 年 9 月初，中航工业召集集团的全体院士及各专业的专家近百人在北京开会，由副总经理张新国动员开展《"十二五"航空科技发展规划》研究及编写工作，时间紧，任务重，要求在年底完成总报告的初稿，要求各专业提本专业的总目标、研究内容及关键技术分解等。李天被任命为空气动力学专业的编写组组长,成员包括601所、611所、一飞院、气动院和发展中心等气动专业副总师和专家十几人。第一次会议上,大家讨论了编写大纲和任务分工,确定一个月后交草稿,由李天来汇总。会后他组织601所的赵霞副总师、黎军副部长等进行收集资料及分析,根据国外的进展及未来所面临的形式,提出了在空气动力学方面应突破的关键技术及"十二五"的研究目标及相关研究内容,结合各单位送来的初稿,经过几次讨论,在李天的主持下,完成了第一稿。10月中旬在北京召开了课题组的审稿会,作为本组的顾问顾诵芬院士参加了这次会,并提出了许多方向性的意见,使规划更完善。会后,李天根据会上的意见,经过半个多月的工作,对规划草稿又进行了一次全面的补充和修改,并补充了对各项研究的成熟度分析,强调远近结合,以近期为主,兼顾长远发展。报告于11月底上交中航工业,为集团、空军制定"十二五"规划提供重要参考。

(2)"十二五"战略新兴产业发展重点咨询研究

2010年4月初,中国工程院及中国科学院联合召开了"十二五"战略性新兴产业发展重点咨询研究项目启动会。工程院院长徐匡迪、副院长邬贺铨、科学院副院长李静海及负责各个课题的院士参加了会议。这是受国务院国家发改委委托,由中国工程院牵头、中国科学院协助组织有关院士及专家开展战略性新兴产业发展重点的咨询研究工作。

战略性新兴产业的基本特性就是新兴科技和新兴产业的深度融合,代表着科技创新和产业发展的方向。历史经验证明,大力培育战略性新兴产业是抢占国际竞争制高点的需要,也是我国转变发展方式的重中之重。因此,要实现我国发展方式的根本转变,实现经济健康可持续发展,就必须大力培育新兴产业。党中央、国务院对于培育战略性新兴产业十分关注,温总理在2010年政府工作报告当中也明确提出要发展战略性新兴产业,抢占经济科技制高点。战略性新兴产业决定着国家的未来,必须抓住机遇、明确重点、有所作为。国家要对此做出全面、超前的部署。

发改委希望两院院士能够按照党中央、国务院的要求发挥国家科技思想库的作用，集中一段时间和必要的精力强化培育战略性新兴产业重点的咨询研究工作，提出有高质量的研究报告，为起草战略性新兴产业的发展规划提供决策的依据。

战略性新兴产业咨询研究分设 11 个专题，包括信息、生物、航空航天、新能源和新材料等产业，要求各专题组在 2010 年底前提出一个专题研究报告和一个综合报告。报告要给出本领域的发展目标和总体思路，发展重点及发展战略图。每个领域列出的专题和项目不超过 20 项，并排出优先顺序。

航空产业由张彦仲院士任组长，李天院士任副组长，成员包括顾诵芬院士、陈一坚院士、刘大响院士、冯培德院士、尹泽勇院士、李未院士、李家春院士以及科技委崔德刚研究员、杨新军研究员和商飞原 640 所总师吴兴世研究员等。第一次会议于 5 月 10 日在北京工程院召开，除课题组员外，工程院党委书记周济院士也参加了会议。大家讨论了报告框架以及航空领域应列出的专项，初步确定大客（C919）、支线客机（ARJ-21 及发展型）、通用飞机及民用直升机、涡桨及涡轴发动机、空管和地面航空电子、民机航空电子等产业为新兴产业。会上进行了分工，通用飞机由顾总和李天负责，吴兴世负责大客及支线客机，发动机由刘大响及尹泽勇负责，航空电子由冯培德和李未负责，统稿由陈少军及杨新军负责。7 月初开第二次会对初稿进行了讨论和修改。10 月，工程院召集各领域的组长和副组长开会，审查了总报告，李天参加了会议，会后组织陈少军、杨新军对稿件进行了修改，于年底上报了工程院。

3. 院士资金

2005 年 12 月 30 日，沈阳市副市长邹大挺、沈阳市科协党组书记王运升、副主席李力、秘书长刘丰、组宣部部长王文革和学会部部长贾德海等领导来 601 所祝贺李天当选中科院院士。601 所所长、总设计师孙聪，党委书记李燕，中科院院士李天，工会主席张葆晨，以及有关部门领导参加了祝贺仪式。邹副市长代表沈阳市政府对李天当选中科院院士表示祝贺，宣读了沈阳市政府的贺信，并为李天院士送上了鲜花。

601所领导祝贺李天当选院士（中）

邹副市长说，感谢601所为科技工作者提供的优良环境，培养了李天院士等一大批优秀科技人才，并且601所本身也得到了很大发展。未来5年，是沈阳发展的关键时期，希望包括601所在内的驻沈单位与全市人民共同努力，为沈阳更好地发展，做出自己的一份贡献。

所长孙聪代表601所对邹副市长和科协领导的到来表示热烈欢迎。党委书记李燕说，李天是航空系统内的知名专家，在所内也是非常受人尊重的，除了个人努力之外，与沈阳市政府，市科协的大力支持是分不开的。

最后，李天院士说，能够当选中科院院士是科技界对601所和我本人的肯定。今后，将一如既往地为601所工作，通过传、帮、带，培养出更多的优秀科技人才，为振兴沈阳做出自己的贡献。

座谈结束后，在所领导和李天院士的陪同下，邹副市长一行参观了601所展览室和综合设计大楼文化走廊。

2006年1月24日下午，沈阳市委副书记苏宏章、副市长邹大挺、市委副秘书长谢国富和市委组织部常务副部长连加诚等领导来所慰问李天院士。

情志蓝天——记航空气动专家中国科学院院士李天

沈阳市领导慰问李天院士（左二）

市委副书记苏宏章首先代表市委、市政府领导对李天院士表示祝贺，同时对全所广大科技工作者表示慰问。苏宏章说，多年来，601所为沈阳的发展做出了重要贡献，党和国家领导人对601所的发展非常关注。今后，市委和市政府要进一步支持601所的工作，希望601所继续努力，再接再厉，为国家和沈阳培养更多的高级人才，为国防建设和沈阳的发展做出更大的贡献。

在会上，苏宏章宣布，从今年起沈阳市政府将为每个新当选的两院院士资助500万元科研支持资金，用于支持院士科研和创新活动。2005年10月，沈阳市有两位新当选的院士，另一位是东北大学的王国栋教授当选为中国工程院院士。苏宏章副书记说，这是沈阳市首次向院士发放的大额科研支持资金，当前全国地区间、城市间的竞争日趋激烈，突出表现在人才方面的竞争，特别是高端人才的竞争。高端人才队伍的规模和质量，是一个城市核心竞争力的关键和体现，决定着一个城市发展的动力和潜力。目前，沈阳市已有院士27人，但远远不够。沈阳市委、市政府历来高度重视人才工作，确立了人才强市战略，将其上升到战略高度来认真对待、切实推进。尤其是针对高端人才引进和培养工作，我们制定了《沈阳市高端人才培养开发计划》，其中，为新引进和新当选的院士提供500万元科研支持资金,就是沈阳高端人才队伍建设的一项重要举措。

在所长、总设计师孙聪,党委书记李燕,副所长赵波、孙志德、奚继兴,李天院士,专务董惠新,工会主席张葆晨等领导的陪同下,市领导参观了601所展室,并合影留念。

2007年7月6日,沈阳市副市长赵长义,市政府副秘书长张福乐,人事局局长陈仲兴及有关部门领导一行10余人,前往601所为李天院士颁发科研支持资金500万元。科研支持资金是沈阳市首次发放的针对院士个人的大额科研支持款项。李天是首批得到科研支持资金的两位院士之一。

在颁发资金仪式现场,赵长义副市长为李天院士颁发了科研支持资金支票500万元。赵长义说,目前,沈阳市已进入又好又快的发展期,因此更要重视人才培养工作,颁发科研支持资金是沈阳市尊重知识、尊重人才、加快发展的一个重要举措。他强调,沈阳市的振兴发展离不开广大工程技术人员。为新当选的院士颁发资金,意义在于激励所有人不断进取,鼓励技术进步、技术创新,努力创造人才振兴的时代。同时,通过奖励,加大全社会关心、支持对院士的培养。他希望,601所多出院士,多培养领军人才,为国家的飞机制造业多作贡献。

李天院士(左)在沈阳市资助院士科研支持资金颁发仪式上

情志蓝天——记航空气动专家中国科学院院士李天

李天院士长期以来从事飞机气动设计和隐身技术研究工作,为飞机气动布局改进发展及新技术应用做出了重大贡献。作为首批享受市委市政府颁发科研支持资金的院士之一,李天深感荣幸,同时深深体会到市委市政府对科研工作的重视和对人才的亲切关怀。他表示,一定不辜负市领导的期望,使用好支持资金,为航空产业发展做出贡献。

所长孙聪说,这次李天院士获得科研支持资金,不仅是李天个人的荣誉,也是601所的荣誉。这是沈阳市推进科技创新的重大举措,彰显出沈阳市尊重知识、尊重人才、营造环境和创新发展的风采。他代表全所干部职工表示,要选好航空技术优势和沈阳市科技发展的对接点,为振兴东北老工业基地,继续做好科技创新工作和为沈阳市的振兴做出贡献。

作为沈阳市首批获得500万元科研支持资金的中国科学院院士,李天与所领导商量决定用这笔专款建立一个先进的军民两用的飞行器设计仿真实验室。他说:"我要打造一个新一代飞机的研发平台,带起一支航空科技的年轻团队,为沈阳军用、民用航空产业发展尽一份力。""让中国的航空技术赶上世界先进水平,是我最大的心愿。而沈阳市对于科技创新的重视、对于科研人员的支持,让我如虎添翼。"一提起沈阳市为院士们提供的科研基金支持,李天就特别兴奋。他说,这在全国其他省市是没有先例的。

目前,该仿真实验室已初具规模,可以为军、民飞行器初步设计提供较准确而可靠的方法和手段,并在型号设计中发挥了作用。

李天院士独具慧眼,高瞻远瞩,用自己的院士基金,与英国大学世界知名的教授合作,进行目前仍为世界难题——大迎角非定常气动/飞行控制综合设计技术的研究,就其工作机理、建模与分析方法、风洞技术、操稳分析及控制律设计等方面都取得了一定的进展,并制定了下一步的合作计划。

变体飞机

人类的航空百年辉煌，产生了基于固定翼与旋翼两类飞行器的一个成熟的航空产业。人类研制的各种飞行器由飞鸟梦而始，但飞行原理却与扑翼飞全然不同。固定翼飞机的升力来自机翼相对于空气前行时，气流作用于机翼上下两表面（类似风筝）所形成的气压差。旋翼飞行器的升力来自当翼面受到驱动在空气中环行时，空气对其产生不间断的反作用力（上下表面也有一定的气压差）。

在实现扑翼飞行之前，作为一个重要的阶段，人类将十分关注可变体飞行。可变体飞行器通过自主感知速度、压力等环境参数，可按指令弯曲、扭转成不同结构形状，以主动改变外形来适合不同飞行任务和飞行条件下的性能要求。可变体飞行器的优点是，可以兼顾高低速飞行性能，提高机动性与续航性能，改善操纵稳定性，改善飞机的任务适应能力，以减少飞机种类，增强通用性。目前对可变体飞机有一个变体量的界定，按美国DARPA的定义，通过柔性结构自适应，可控的几何形状至少产生200%的展弦比变化，50%的机翼面积变化，5度的机翼扭转角变化和20度的后掠角变化，才能称为可变体飞机。可变体飞行器涉及众多技术领域，如变形体空气动力学、微流体力学、智能流动控制、动力装置与新型高效能源，以及新材料、新结构、新工艺。主要的技术挑战有：可变体飞行器气动原理和气动性能预测，变形过程中的飞行稳定性与操纵性，轻质高强抗疲劳的结构/功能一体化新材料，形状记忆复合材料及其有源、无源的变形控制，可变体飞行器结构的力学建模与设计，气动弹性问题，以及先进传感器与作动机构等。

中国科学院学部是国家在科学技术方面的最高咨询机构，对国家经济建设，社会发展中的重大科学技术问题，科学技术发展规划，学科发展战略研究和重大科学技术决策提供咨询建议是学部的重要职能。李天院士所在的技术科学部为发挥院士对国家科学技术发展的推动作用，每年都向学部的院士征集对国家安全和国民经济有重大作用的咨询研究和学科发展战略立项建议，以发挥好学部的决策咨询作用和学术的引领作用。

每年年初，学部都向院士们发出通知，希望院士们结合国家经济建设及国土安全方面问题提出咨询建议。2006年初，顾院士与李天商量是以发展民用航空问题还是发展变体飞机问题提出咨询项目。对如何发展小型民用飞机，顾院士有许多想法，但考虑到中国当时空域还未开放，大飞机刚刚启动，问题较多，发展思路不太清晰；相反，变体飞机的研究，随着智能材料、微电子、控制和仿生学等的发展，在国外已成为热点的问题，美国已将变体飞机技术确定为保持21世纪武器装备领先必须发展的关键技术之一。我国目前还是零散的各自开展机理研究，差距较大。由于变体飞行器的多学科属性，涉及材料科学、微电子、计算机、能源、动力（如超声电机）、空气动力学和结构力学等学科，而且最后是要集成起来才能很好发展出新的飞行器。各专业如果只按各自专业的发展独立研究是搞不出创新的飞行器来，必须集合各专业的专家进行综合研究。所以，两人决定选变体飞机较合适。

我国在科研院所和高等院校与此相关专业的研究刚刚起步，如何发展还没有规划，因此科学院技术科学部义不容辞地应该来推动此项研究的开展，以推动航空科学技术的创新发展。因此，在2006年下半年他们俩人共同商定以如何发展我国变体飞机的问题向学部提出咨询研究项目，他们分头收集国外有关变体飞行器方面的资料，顾院士把收集到的许多资料寄给李院士，两人商定了编写大纲后，由李院士执笔进行撰写。李院士写好初稿，经顾院士修改后成文，于2006年底，将申请书提交中科院技术科学部。申请书内容包括：引言、项目的发展现状和意义、项目预期达到的目标、主要研究内容、工作基础、工作计划及进度安排，以及主要参加人员等。2007年3月，李天代表课题组向技术科学部常委汇报了开展该项目的背景，重要意义和国内外现状，研究目标及内容，以及我们的对策。得到了常委们的赞同。2007年5月初，该项目经技术科学部常委会讨论通过批准立项，项目的目标是通过课题组专家集体研究，提出我国发展变体飞行器技术途径的建议。

变体飞行器是一种仿鸟类的飞行器,它能在各种飞行状态中连续光顺地改变几何形状。由于结构材料和设计技术的限制,目前,飞机的机翼结构是刚性的。

从航空科学诞生时开始,人们就一直梦想能设计像鸟类那样的飞行器,根据不同飞行状态调整机翼的形状,在各种飞行状态下都达到最优的性能。由于结构材料和设计技术的限制,这个梦想始终没能实现。

早在20世纪50年代,美国开始研究可变后掠的机翼,由于机构、控制的难点,直到60年代中才研制出F-111等可变后掠翼战斗机,但由于重量代价太大,性能不好而不再采用。

近20年来,随着智能材料与结构、复合材料结构、微电子、控制和仿生学等高新技术的发展,可以将驱动器和传感器紧密地融合在结构中,同时将控制、逻辑电路和信号处理器等无缝集成到飞行器的机翼上,对不断改变的飞行条件做出响应,可光滑而连续地改变机翼的几何形状,从而为设计变体飞行器创造了条件。

美国国家航空航天局(NASA)和国防预研局(DARPA)首先开展这方面的研究,先在现有飞机上进行部件级的改进研究,美国DARPA的SMART计划将F-18飞机的机翼用形状记忆合金(SMA)制造,使机翼能够按飞行状态光顺地改变弯扭,得到最佳气动力性能。F-15飞机进气道及唇口用形状记忆合金来调节其几何形状,使航程增加。根据美国NASA专家预测,由于变体技术的兴起,将出现新一代低噪声、节油、容易驾驶,并且更安全的新一代变体飞机。这类飞机首先可用于小型通用航空飞机上,便于小城镇间的快速运输。

至于在国家安全方面,美国DARPA首先将变体技术用于多功能无人机,既能适应高空长航时侦察监视,又能作低空高速攻击,还有隐身效果。变体飞行器可以在飞行过程中根据需要自适应地改变几何形状,解决了飞行器在起降、巡航和机动等不同阶段对翼面的不同要求,使飞行器始终保持最佳的性能和可执行多种形式的作战任务,提高飞行效率,改善隐身性能,降低结构重量,抑制结构振动及噪声，提高飞行器的寿命和安全性。

从20世纪90年代开始，很多欧美发达国家投入巨资资助"变体飞机结构计划"，对变体飞机的结构材料、驱动器、结构设计，以及相关的技术开展了系统的研究。美国通过长期的探索，验证了变体飞机在多任务、高效率、降低阻力和减少噪声等方面具有很大的优越性。同时能够降低能源消耗，保证飞行器安全可靠和环保友好，这是世界航空器未来发展的趋势，也是我们应当追求的目标。例如，与固定翼飞机相比，采用变形机翼后，军用战斗机的航程可提高30%左右，而民用客机在同样航程下可节省燃油20%左右，具有重大军用和民用价值。因此，美国已将变体飞机技术确定为保持21世纪武器装备领先必须发展的关键技术之一。

由此可见，变体飞机是未来飞行器的发展方向。智能材料及变形技术可应用于地面、水上、空中和空间所有运载器的结构完整性监控、振动和噪声抑制和控制形状改变等方面。变体飞行器是智能材料与结构、信息技术、微电子、计算技术和现代控制等多领域、多学科的集成和创新。

由于变体飞行器的多学科属性，涉及材料科学、微电子、计算机、能源、动力（如超声电机）、空气动力学和结构力学等学科的集成和创新，而且最后是要集成起来才能很好发展出新的飞行器。各专业如果只按各自专业的发展独立研究是搞不出创新的飞行器来，因此必须集合各专业的专家进行综合研究。

该项目的课题组由顾诵芬任组长，李天任副组长，成员包括曹春晓院士（材料院）、程耿东院士（大工）、赵淳生院士（南航）、管德院士（民航），以及金属所副所长杨锐研究员、大工刘书田教授、南航陆予平教授、601所赵霞副所长（研究员）、范彦明研究员、王向明研究员、邱涛研究员、景绿路研究员、黎军研究员和钱卫研究员。秘书为中航工业经济技术研究院的杨新军研究员。

课题组第一次会议于2007年6月10日在北京召开，顾院士讲了背景和会议目的，李天以《变体飞机的发展及我们的对策》作重点发言，提出了课题的研究目的、意义及主要研究内容、进度及建议。各位院士就如何开展课题研究提出了许多宝贵建议，会议进行了技术交流和任务分工，并确定了课题研究计划，决定在 2008 年 4 月以前完成咨询报告。会后，李院士组织 601 所的相关人员开展了有关总体、气动、智能材料、机构及强度和颤振等专题研究，进行了调研、资料分析及多种方案研究、关键技术分析等工作，经过所内几次讨论，形成了三份报告。2007 年 11 月，在北京召开了课题组的第二次会议，李天在会上介绍了课题进展情况，进行了技术交流、形成技术报告 10 份。大家经过讨论，提出了各学科和相关专业关键技术以及我国的发展方向及技术途径。会上责成李天牵头编写咨询报告，回所后他领导课题组编写报告，经过多次讨论修改，完成了报告的初稿。2008 年 1 月下旬在北京召开第三次课题组会议，会上对初稿进行了详细讨论和修改。会后，李天又对报告进行了认真的修改和完善，最后由顾院士审阅后，打印成文于 2008 年 4 月上交中科院技术科学部。2008 年 5 月，技术科学部在武汉召开学部常委会，李天代表课题组向常委们汇报了课题进展情况及研究成果，介绍了我国开展变体飞行器研究的目标和主要科学问题、实施方案和建议。回答了常委们提出的问题，大家一致认为课题完成得很好，可以结题。学部通过评审后，于 2008 年 9 月经中科院咨询委员会评审后同意上报国务院。2008 年 12 月 1 日，以中科院的名义将《我国变体飞行器发展对策及规划建议》咨询报告上报到国务院。当年年底，刘延东国务委员亲自批示让科技部研究办理。2009 年 1 月 5 日，科技部基础司在北京召集会议，基础司张司长及李未院士、大飞机项目专家及课题组的顾院士、曹院士、程院士和赵霞副所长参加了会议，李天代表课题组汇报了项目进展情况及如何开展该课题的建议。讨论后，张司长认为该课题意义重大，应列在"十二五"规划中，目前，科技部正在征求 973 项目专家组的意见，准备在"十二五"规划的"973"项目中给予支持。

情志蓝天——记航空气动专家中国科学院院士李天

空天技术

  航空器按用途可分为军用飞行器、民用飞行器，以及在大气层内外都能飞行的航天飞机与空天飞机。军事航空使用的飞行器，可以是轻于空气的航空器，也可以是重于空气的航空器。现代军事航空使用的航空器主要是飞机和直升机。非军事飞行活动，主要是为国民经济服务的运输航空和通用航空所使用的航空器。民用航空器也包含执行警察、缉私、海关和国土监察等准军事行动的航空器。可以是轻于空气的航空器，也可以是重于空气的航空器。现代民用航空使用的航空器主要是飞机和直升机。

  人类要实现航天飞行，需要飞行器至少达到 2.844×10^4 千米/小时的第一宇宙速度，这是一般航空器使用的动力装置无法达到的速度。最早达到这个速度的飞行器是用运载火箭发射进入太空飞行的宇宙飞船。1961年，苏联航天员加加林乘坐这种飞船成就了人类第一次太空飞行。但是，飞船是一次性使用的航天器，相当昂贵。美国阿波罗登月计划使用了十几艘飞船，耗资225亿美元（1970年美元值）。因此，美国于1969年提出了一种新的飞行器概念，就是研制一种能重复使用，按服役多年而设计的类似于飞机的飞行器——航天飞机。航天飞机的飞行原理，简单地说，就是起飞时像火箭，飞行时像飞船，着陆时像飞机。美国至今共研制了"哥伦比亚号"、"挑战者号"、"发现者号"、"亚特兰蒂斯号"和"奋进号"等5架航天飞机，自1981年首次飞行以来，已完成100多次天地往返飞行（"挑战者号"于1986年发射时爆炸，"哥伦比亚号"于2002年返回地球时爆炸）。苏联研制了一架"暴风雪号"航天飞机，但只进行过一次无人验证飞行。

  航天飞机并不是完全能重复使用的飞行器。它那巨大的燃料箱是一次性使用的，固体火箭发动机也只能使用20次，发射、维修工作十分复杂，研制和使用费用也非常昂贵。因此，人们又提出研制一种能像普通飞机那样从机场起降，既能在大气层内机动飞行，也能在外层空间飞行的飞行器，称为航空航天飞机，简称空天飞机。20世纪80年代中期，美国启动了国家空天飞机计划（NASP），研制了X-30试验机，但在1993年停止了该计划。在美国启动NASP的同时期，国际上出现了一阵空天飞机热，英国提出了霍托尔（HOTOL）方案，德国提出了森格尔计划，苏联、法国、日本和印度等也都提出了一些方案和设想。

李天和顾院士在2009年初完成《关于发展我国变体飞行器技术途径的建议》咨询项目后，他们又在思考未来航空的发展还有哪些值得关注的重要课题和研究方向。他们认为，近些年随着航空航天技术的飞速发展，对于太空的理解已发生了重大的改变。新迹象表明，太空正逐步形成军事和商业（如最近所见的旅客太空游览）应用的共同发展趋势，具体表现为对快速、廉价进入空间技术途径及其载体的迫切需求。他们分析了现在人类进入空间的技术途径所限于运载火箭和航天飞机。这两类以垂直方式发射的运载器为人类的太空探索事业做出了不可磨灭的贡献，然而，一次性运载火箭，需要长途运输至专门的发射场，再垂直组装、调试、加注，最后，从调试车间保持垂直状态平移到发射架上。这一过程非常复杂，需要投入大量的人力、物力，造成准备时间长，发射费用高的缺点，因此，实现"快速、廉价"进入空间，是我们追求的目标！

李天院士（中）与顾诵芬院士（左）开会留影

他们俩人决定以如何开展我国优质、快速、廉价进入空间的技术途径为题目，向科学院技术科学部提出咨询项目建议。李天在顾院士提供的初稿基础上，经过补充加工，编写出该咨询项目建议书及演示文稿文件，并代表顾院士于2009年3月中旬在学部常委会上做了30分钟的报告，介绍了开展该项目的意义和预期达到的目标，主要研究内容和工作基础、工作计划与进度安排等。经过常委们的热烈讨论，认为该项目很重要，有创新想法。对发展我国的空天一体技术有很大的推动作用，一致同意立项开展咨询研究。4月，技术科学部正式下达了咨询研究立项通知。4月下旬，由顾院士和李天两人共同在北京召开了课题组的第一次会议，参加会议的课题组成员为：航天科技集团一院的朱森元院士和余梦伦院士、包为民院士，航天科技集团四院的刑裘痕院士，中科院工程热物理所的徐建中院士，力学所的俞鸿濡院士，北理工校长胡海岩院士，以及601所刘志敏副所长（研究员）、黎军研究员、姚忠信主任，中航工业经济技术研究院杨新军研究员（项目秘书）。会上，顾总介绍了课题的背景，国内外进展情况及我们的初步建议和想法。院士们强调了要充分利用航空航天技术的紧密结合，在发挥各自专长的基础上，为实现快速、廉价夺取空间制高点走出一条创新道路来。会上对课题研究进行了分工及进度安排。会后李天领导601所的几个同志对国外现状又进一步进行了分析和资料收集及整理，初步提出了空基发射运载飞行器的三类技术方案。

为了保障我国的空天安全，我们也必须能够对空天威胁做出快速反应，要缩短发射准备时间和降低发射费用。我们不可能像美国那样从1980年的冲压、2015年的小超燃冲压，到2025年的大型超燃和组合循环发动机那样逐步攀登。

我们应该充分利用我国航空技术和航天技术的融合。以较快的反应和较低廉的成本，迅速进入空间。利用飞机将运载火箭携带到空中进行发射，是一条较好体现航空航天技术融合的可行途径。他们于2010年10月完成了咨询报告。

大型客机

自 20 世纪 50 年代初喷气客机问世以来,大致每隔 10 多年就出现一批具有不同技术特点的大型客机,至今喷气干线客机已进入第五代,并正在酝酿第六代的发展。

第一代喷气干线飞机于 50 年代投入航线运营,代表机型有美国的波音 707、DC-8 和苏联的图-104。第二代喷气干线飞机于 60 年代投入航线运营,代表机型有美国的波音 727/737、DC-9,英国的"三叉戟"和苏联的图-154 等。第三代喷气干线飞机包括 70~80 年代投入使用的众多机型,主要有美国的波音 747/757/767、DC-10、L-1011,欧洲的 A300B、A310,以及苏联的伊尔-86等。

第四代干线运输机从 90 年代开始陆续投入航线运营,机型有波音 777、新一代波音 737(波音 737NG),空客的 A330/A340,俄罗斯的图-204 以及伊尔-96等,2007 年 10 月开始试用的 A380 更是把第四代干线运输机推到了一个新高度。第四代飞机采用推力大、油耗低、停车率低、污染小、噪声低的涵道比7~9 的先进涡扇发动机;在机体结构上广泛使用轻型结构材料,特别是复合材料;采用玻璃化驾驶舱,飞行、导航及发动机信息显示在 6 块液晶平板显示器上,大大减轻了飞行员的工作负担。

典型的第五代干线飞机,预计在 2010 年后投入使用,它们是波音 787 和空客 A350XWB。这一代飞机均采用超宽体机身客舱,舒适性将有明显改善;采用 CFD 设计,融合了机翼和翼梢小翼的一体化机翼,具有更高的空气动力性能和巡航效率;采用推力大、油耗低、环保性好的涵道比 9~11 的涡扇发动机,油耗比同类型现役飞机低 20% 以上。这一代飞机还有一个显著特点是,在机体结构上大量增加复合材料用量,波音 787 和 A350XWB 所用复合材料分别占总结构重量的 50% 和 52%,远高于前几代干线飞机。采用开放式结构的中央计算机,取代传统的数十个独立总线；采用电驱动作动系统和电刹车系统，取代传统的液压系统；驾驶舱则采用更大尺寸的双屏液晶平板显示器和三维合成视景系统，进一步减轻飞行员的工作负担。

目前航空工业界正在酝酿第六代干线飞机的设计问题，波音公司和空客公司准备在2015年推出第六代窄体飞机，用以替代现在的波音737和A320。这一代飞机以减少燃油消耗、降低噪声和污染排放作为优先设计目标；采用涵道比15~20的新型发动机，预计可以减少耗油率10%~15%，氮氧化物排放减少60%，噪声减少10~15分贝，维修成本减少15%。

尽管飞行速度在马赫数2.0以上的作战飞机已经不足为奇，但是超声速民用飞机的发展，在很长一段时间内处在徘徊状态。在20世纪70年代，苏联的图-144和英国、法国联合研制的"协和"超声速客机先后投入航线运营，但因为噪声、安全性和经济性等多种原因，退出了民航市场。航空工业界普遍认为，发展新一代超声速客机的首要任务是要解决环保问题，如果噪声、声爆和污染排放得不到彻底解决，再好的超声速客机也只能是纸上谈兵。目前一些国家正在全力以赴，从气动布局、发动机和低声爆设计等方面寻求突破。

这种差异从根本上讲，军机用于战场，而民机用于市场，战场与市场的差别导致了军机与民机的差别。下面分两个层次分析民机发展的有关问题。

所谓民机根本性问题就是本质性和规律性的问题，是民机发展中必须遵循的，如果与之相违背，必然招致失败。

市场性是民机区别于军机的最大特征。航空公司购买飞机的目的是盈利，航空公司运营所遵循的最大法则是市场经济法则。如果说在民航业发展的早期还有政府补贴的话，如果说计划体制国家还可以忽略市场作用的话，那么在今天经济全球化和市场经济高度发达的社会环境中，民航业已经成为一个最具市场化的社会行业，民航业需要的是能够赚钱的飞机。因而市场赋予民用飞机以商品属性。发展民用飞机必须遵循市场经济规律，坚持以市场为导向，以盈利为号召，以资本为动力。

民机的安全性是指民用航空安全历来受到民众的极大关注。一架飞机失事可能造成几百人丧生，社会影响极大，同时又与航空公司的发展生死攸关。保障民航飞机的安全性，是航空公司、飞机制造商的事情，也是全社会的事情、政府的事情。关于民航飞机的安全性有两个评价标准，一个是适航标准，这是最低的安全标准；另一个是高于适航标准的"高安全性"标准。适航证是民航市场的适航标准入门证。由于适航标准随着时代的发展而变化，飞机制造厂商为了竞争未来市场的需要，往往自己制定出高于适航标准的高安全性标准。

提高飞机安全性主要措施包括：提高结构和系统的可靠性，提高飞机"健康"状况监测能力，改善空中交通管理及导航系统，发展辅助驾驶和自动防撞系统，防止飞行员人为差错等。此外，由于近年来恐怖主义对民航飞行安全的威胁日益严重，对民航飞机的防护与防卫，受到越来越多的关注。

民机的经济性是指追求利润是航空公司最重要的目标之一，提高民航飞机的经济性可以为航空公司带来更多的利润，有助于降低票价，使更多的人坐得起飞机，从而提高人们的生活质量。为了提高经济性，一是要降低油耗，二是要降低飞机的价格，三是要降低飞机的维护费用。在降低油耗方面的主要措施有：选用低阻力的气动布局，采用大涵道比发动机，减轻结构重量和机载设备的重量等；在降低飞机价格方面，主要手段是尽可能多地采用成熟技术和商用货架产品，尽可能提高飞机零部件和子系统的通用性；在降低维护费用方面，主要是提高飞机结构、设备寿命和可靠性，提高飞机的维修性。

民机的环保性是指环保问题已经是全人类共同面对的一个严重问题。目前国际民航组织严加控制的是二氧化碳、氮氧化物和噪声等三种主要污染。21世纪设计的民用飞机必须将环保问题置于极其重要的地位。要想彻底解决污染排放，必须采用清洁能源；在以石油为能源的条件下，则要对发动机控制和发动机燃烧室进行更好的设计。在降低噪声方面，主要措施包括改进气动设计、降低发动机排气速度、改进结构的振动特性和采用主动降噪等。

欧盟于2008年2月正式启动"清洁天空"联合技术创新计划，其目标是到2020年，飞机的氮化物排放量减少80%，感觉噪声降低一半，排放减少50%，以及在飞机制造业中推行绿色设计、绿色制造、绿色维修和绿色产品寿命周期的"绿色工程"概念。荷兰代尔夫大学提出了一种2025年以后使用的低污染、静噪声的125座的新型"超绿色"区域客机。

民机的舒适性是指乘客对客机舒适性的要求越来越高，使航空公司和制造商也越来越关注舒适性。影响舒适性的因素很多，如座椅尺寸、排距、客舱空间、布局装饰、情调氛围，等等。舒适性没有统一的评判标准，而且与经济性往往相互矛盾，两者必须权衡。

我国把发展大型客机作为国家重大专项来发展，表明决心要改变中国的天空和机场都为波音和空客的大型客机所占领的落后局面。经过专家论证，大型客机的研制从2007年2月26日国务院总理温家宝主持召开常务会议，听取大型飞机重大专项领导小组关于大型飞机方案论证工作汇报，原则批准大型飞机研制重大科技专项正式立项，同意组建大型客机股份公司，尽快开展工作。2008年，中国商飞公司正式成立，张庆伟任董事长，金兆龙任总经理，以中航工业一飞院上海分院为基地，开始了大型客机的研制。张庆伟总经理考虑到中国民机设计力量比较薄弱，曾对当时任601所的所长孙聪说，希望601所在气动载荷设计方面给予帮助，孙所长表示尽全力给予支持。不久，中国商飞常务副总师陈迎春与沈阳的气动载荷主任设计师邓立东研究员进行了初步沟通，并希望能请李天院士作为课题组长来完成大型客机气动载荷的计算及设计工作。李天虽然军机工作也很多，但考虑到大型客机的研制是国家行为，中央决心很大，一定要在2020年前让我们国产的大型客机在祖国的蓝天飞翔，形成与波音、空客三足鼎立的新局面。作为航空人责无旁贷地要为我国大型客机的研制贡献力量，李天没有犹豫就答应下来，并告之陈迎春副总师，601所一定全力做好此项工作。此件事也得到了新上任的赵民所长的支持。2009年5月上旬，中国商飞副总经理兼总设计师吴光辉亲自带队来601所商谈此事，陈迎春常务副总师等8人随行来沈。601所所长赵民及李天等接待他们，在601所102会议室开会。吴光辉总师说明了他们的来意，希望与601所合作，请601所协助完成大型客机的载荷设计工作。赵所长表示欢迎并一定做好此项工作。601所气动载荷专家邓立东介绍了主要承担的工作内容及进度安排，李天代表课题组表示请吴总放心，601

所一定能高质量地按时完成大客飞机的载荷计算和设计工作，为大客优质安全的飞上蓝天做好技术保障工作，为大客研制贡献一份力量。会后经过双方技术人员的协商确定：大客飞机的飞行载荷设计严格按照《中国民用航空规章》25部运输类飞机适航标准（CCAR-25-R3）执行。在飞机不同的设计阶段，飞行载荷和疲劳载荷的计算需使用不同的载荷计算方法和计算软件，输入不同的原始数据（包括CFD计算数据、全机测压、部件测力风洞试验结果，以及飞行控制线等）。用三年半的时间完成方案论证、打样设计以及详细设计3个阶段的飞行载荷设计工作。从2010年初开始工作。为完成好此项工作，李天主持召开多次会议，研制如何完成好该项工作，虽然这是601所型号计划外的工作，但李天要求大家把此项工作当做601所自己的型号任务来对待，一定要高质量完成，不能马虎、应付了事。因为这是关于国家重大专项大客飞机能否安全上天的事，责任重大，不可掉以轻心，这也关于601所的声誉，不应辜负上海商飞领导及同志的信任和期望，也是显示601所技术实力的一个机会。赵民所长也很关心和支持这项工作，开展这项工作需要一个新的计算环境，在601所管林副总师的领导下很快就建立起来。2010年7月，赵民所长亲自带队到上海与商飞设计院郭博智院长正式签订了技术合同。实质性工作从2009年下半年在李天的领导下就开始了。2010年11月已完成了第一轮计算，双方进行了初步验收，计算结果满意。为搞好此项工作，李天让所里订了20册《中国民用航空适航审定规章汇编》，让大家仔细阅读和掌握有关要求，因民机设计与军机设计有很大的不同，李天自己也认真地学习了有关章节，以保证设计工作少走弯路。为了使大家对民机设计有更深的了解，李天与中航科技委崔德刚研究员联系，邀请了空客气动设计总师在北京和沈阳各讲一次民机气动设计有关问题，大家反映收获不少。目前该项工作在李天的领导下按计划节点正顺利地开展设计工作，双方协作的气氛也非常融洽。

中国商飞常务副总师陈迎春说："顾诵芬院士是我们大飞机研发顾问组的副组长，他非常支持大飞机的研发工作，对我们请601所计算C919大客的载荷工作非常支持。601所副总师李天院士非常愿意承担这项工作，李天院士对这项工作非常重视，非常支持，并精心安排组织落实这项任务。"陈迎春副总师还说："李天院士人好，业务强，看问题有独特的见解，他对战斗机的气动方面造诣很深。现在又对大型客机的气动方面研究和探索要作新贡献，他的航空报国之心令人感动，值得学习。"

后　记

祖国发展一日千里，沈阳变化日新月异，塔湾夕照重现壮丽。

沈阳舍利塔民间有种种传说。相传，古时沈阳地区经常出现灾害。一次闹风灾，大风呼呼地刮了七天七夜，以至河水断流，井水干枯，庄稼绝收，百姓无法安生。这时，一位僧人化缘到此，告诉百姓说，这是天上黄龙下凡造成的灾害。百姓听到后恳请僧人制服黄龙，救黎民于水火。僧人查看了沈阳的地势后，确认塔湾就是黄龙的龙头所在。

这里是沈阳的最高点，阳气足、风水好，随即与他的两个弟子在塔湾搭起高台，作法祭天，最终将黄龙锁住，百姓从此过上了太平的日于。百姓为了感戴这位僧人，就在龙头上建造了一座寺庙叫回龙寺，供僧人居住。僧人去世后，他的徒弟为了纪念他，就在寺庙旁修了这座佛塔无垢净光舍利塔。

1985年，人们在重修无垢净光舍利塔时出土了一件石函，上面的文字揭开了无垢净光舍利塔的真实来历。原来，辽代佛教盛行，上自皇帝下自百姓，人人崇佛信佛，因此修庙建塔之风很盛。百姓为了祈求"风调雨顺，国泰民安，万民乐业"，共有1500人自愿出资建造佛塔。每人施资多少都记在石函上，以示功德的大小。据说，集资办事并将集资者名单和施资额记载下来的做法，就是从这里传下来的。

传说归传说，我们接触到的和看得见的是现实。过去一片荒凉的旧塔湾，如今变成风景秀丽的新塔湾。在舍利塔南面建起了塔南公园，与沈阳的北运河连成一片。又在塔旁重新修建了当年的回龙寺，在举行公园的奠基仪式那天，天空清朗、风和日丽，当宣布奠基仪式开始时，天空突然飘来一块白云，遮住太阳，并瞬间下起小雨。当剪彩时，刚拉起红绸布时，太阳就露出一半，当把红绸布全部拉开时，太阳就完全出来了，立刻雨过天晴，又变成万里晴空。参加奠基仪式的人们顿时觉得一股灵气降临，大有身在福地之感觉。唯物主义者从不讲迷信，也许这是天时、地利、人和而出现的一种偶然现象，被人们传为人杰地灵的佳话。

如今的塔湾确实改变了模样，庙宇红墙，鼓乐钟声，楼台亭阁，花草树木，小桥流水，路径弯弯，修建起一块块健身场地和休闲广场。这里人来人往，有的翩翩起舞，有的放声歌唱，有的打拳挥剑，有的舞枪弄棒，到处是一片和谐欢乐的景象。这里确实是中老年的休闲好去处。可是近在咫尺的601所的人们却很少在这里游逛。特别是已到古稀之年的李天院士却从来没来到过这个地方。他每日仍然骑着自行车上班，他的办公室总是人来人往，电话响声不断，会议、文件、编审和科研等事务十分繁忙。还要经常到外地出差，不是去讲学，就是参加评审和试验，他还是在无休止地为航空工业"两融、三新、五化、万亿"的目标实现默默奉献。601所以院士为代表的广大知识分子、工人和干部也正在这里建设一座宝塔，与无垢净光舍利塔比美。这是一座航空科研知识的宝塔，这里深藏的科研成果、型号图样、技术报告要比舍利塔里珍藏的舍利子更加珍贵。601所这座宝塔也呈现出一道塔影夕照独特风景线。

我们大约花了半年左右的时间，从接受任务到收集素材，为李天院士写传记，从他的人生轨迹中，没有找到惊天动地的非常事件，也没有轰轰烈烈的惊人场面，他没有人大政协的头衔，也没有和中央领导的合影照片，他没有传奇人生的感叹，也没有动人的状语豪言，看起来就是一个普通航空科技工作者的淡泊平凡，但我们却深深感觉到他的人生淡泊不淡，平凡不凡，在淡泊平凡中找到他人生具有时代感的闪光点，他的一举一动、他的一言一行真实地塑造了一个航空科研战线院士风范，让人折服，令人敬佩。

他理想远大、信念坚定、对党忠诚、廉洁奉公，是一个名副其实的优秀党员。

他刻苦攻读、不畏艰险、敢打敢拼、勇于担当，是一个锲而不舍的科研尖兵。

他高瞻远瞩、严谨治学、执着探索、开拓创新，是一个勇于实践的预研先锋。

他坚持原则、敢讲真话、扶正压邪、实事求是，是一个敢于亮剑的科学卫士。

他深入一线、身先示范、求真务实、真抓实干，是一个无私奉献的敬业标兵。

他发扬民主、组织团队、凝心聚力、踔厉攻关，是一个德高望重的领引帅才。

他尊师敬学、育才举贤、传承事业、为人师表，是一个甘为人梯的辛勤园丁。

他襟怀坦白、淡泊名利、厚德载物、自强不息，是一个品德高尚的员工楷模。

那真是

> 淡泊不凡志高远，
> 院士挥笔巧绘蓝。
> 鲲鹏展翅江山捍，
> 国泰家和民自安。

从李天院士身上有学不完的宝贵财富和高尚品质，使我们真正体会到榜样的力量是无穷的……

本传记得到李天院士及夫人王景翰教授及其子李晨提供的宝贵素材和珍贵照片。

本传记得到绥中县加碑岩乡党委王书记和中学骆校长及范老师、董老师及房东白淑英等的支持与帮助。

本传记得到气动院原626所程厚梅、李光里、朱华民、黄春霞及原627所郝卫东、张家信、金凤武、刘玉忠等领导和专家们的支持与帮助。

本传记得到606所高为民，611所李玉甫，618所张汝林，上海飞机公司陈迎春，29基地杨其德、朱国林、刘刚，集团公司魏金钟、金淑惠、樊玉辰等各位领导和专家的支持和帮助。

本传记得到清华大学符松，北航武哲、刘虎、杨超、王晋军，南航赵宁、陆志良、张召明、沈宏良，西工大高正红等各位领导和教授的支持与帮助。

本传记得到601所柴凤城、云梦东、方继忠、孙品良、杨永和、骆素娟、杨士富、李洪杰、卢恩巍、王永恩、黎军、唐莉、单素娟、范彦铭、沈琪、张澎、李志、赵霞、刘志敏等各位领导和专家的帮助和支持。

这里一并表示崇高敬意、衷心感谢。

由于时间紧迫和编者水平有限，本传记定有不足之处，敬请批评指正，谢谢！

编著者
2011年3月20日于沈阳

附录一　院士简历

个人简况

姓名	李天	性别	男	出生年月日	1938年10月2日	民族	汉族
党派	中国共产党	籍贯	辽宁省锦西市	出生地	吉林省吉林市		
专业	飞机空气动力学	专业技术职务	研究员	工作单位与职务	中航工业601所副总师		

主要学历

起止年月	校（院）、系及专业	学位
1949.03—1951.07	吉林市德二完小	
1951.9—1954.07	吉林省实验中学初中部	
1954.9—1957.07	吉林省实验中学高中部	
1957.09—1963.07	清华大学工程力学数学系流体力学专业	

主要工作经历

起止年月	工作单位	职务
1963.09—1964.09	601所	见习技术员
1964.10—1965.05	601所	中尉（技术员）
1965.06—1979.12	601所	专业组长（工程师）
1980.01—1985.08	601所	副主任（高级工程师）
1985.09—1987.09	601所	副总设计师（高级工程师）
1987.10至今	601所	副总设计师（研究员）
现	601所	国家重点预研课题负责人

重要学术任(兼)职

起止年月	名 称	职 务
1986.06 至今	北航、中国航空研究院、南航、西工大	教授、博士导师
1984.10—2000.05	中国航空学会空气动力专业委员会	委员
1993.03—2002.04	国防科工委及总装备部隐身技术专业组	成员
1999.09—2002.04	总装备部飞机总体技术专业组	成员
2001.03—2005.03	海军预研专家组专用航空装备组	成员
1994.06 至今	中航工业预研专家组飞机组	组长

附录二　主要论文、著作和重要报告

［1］李天. 飞机减速板的增阻减振研究［J］. 航空学报工程版, 1986, 8.

［2］李天. 放宽静安定度的近耦合鸭翼布局的一个问题［J］. 航空学报工程版, 1986, 4.

［3］李天. 边条翼与近耦合鸭翼布局的气动布局研究［C］. 中国航空科技文献, 1988.

［4］李天. Investigation of the blended complex planform wing – body Aerodynamics Configuration［C］//第一届中俄空气动力学会大会. 俄罗斯新西伯利亚, 1991.

［5］李天. 先进飞机气动布局问题［C］//香山科学会议第176次学术讨论会. 2001.

［6］李天. 飞机布局的气动与隐身综合技术［C］//中国科学院技术科学部科学技术论坛学术报告会文集（第十、第十一次学术报告会）. 2004：367–374.

［7］李敬, 李天. 飞机气动力与隐身一体化外形参数模糊优化［J］. 航空学报, 1999, 5.

［8］朱宇, 李椿萱, 李天. 三维进气道黏性流场数值模拟［J］. 空气动力学学报, 2003, 21 (3).

［9］邓立东, 李天. 飞机非线性载荷计算方法研究［J］. 航空学报, 2002, 7.

［10］夏露, 高正红, 李天. 飞行器外形多目标多学科综合优化设计方法研究［J］. 空气动力学学报, 2003, 21 (3).

［11］朱宇, 李椿萱, 李天. 后掠压缩斜板进气道进口流场数值研究［J］. 航空动力学报, 2003, 2.

[12] 李天, 孙品良. 歼8Ⅱ飞机RCS减缩技术外场试验研究报告 [R]. 沈阳: 601所, 1999.

[13] 李天, 赵霞. ××战斗机总体综合设计研究报告 [R]. 2000.

[14] 李天. 高机动隐身战斗机气动布局研究技术报告 [R]. 沈阳: 601所, 1995.

[15] 李天, 顾诵芬. 新歼击机气动布局 [R]. 沈阳: 601所, 1984.

[16] 李天, 顾诵芬. 歼8Ⅱ型飞机空气动力特性分析报告 [R]. 沈阳: 601所, 1984.

[17] 李天. 战斗机的发展对隐身与气动技术的需求 [J]. 流体力学试验与测量, 2002, 16 (3): 1-6.

[18] 李天. 飞机隐身技术指南 [R]. 北京: 中国航空研究院, 1995.

[19] 李天. 新一代战斗机背景型号预研立项论证报告 [R]. 沈阳: 601所, 1995.

[20] 李天. 歼11改××机总体方案可行性论证报告 [R]. 沈阳: 601所, 2002.

[21] 李天. 苏-27飞机加装推力矢量喷管总体方案及气动特性研究 [R]. 沈阳: 601所, 1998.

[22] 李天, 顾诵芬. 飞机推力矢量技术立项论证报告 [R]. 北京: 中航一集团, 1999.

[23] 李天. 目标特征信号控制技术发展战略 [R]. 沈阳: 601所, 1999.

[24] 李天. 歼8系列飞机隐身性能改进方案论证 [R]. 沈阳: 601所, 1999.

[25] 李天. 军用飞机新技术展望 [C] //中俄21世纪航空技术发展论坛大会报告. 沈阳: 601所, 1998.

[26] 李天. 武器平台总体技术 [R]. 沈阳: 601所, 2000.

[27] 李天. 我国新一代战斗机的发展思路 [R]. 沈阳: 601所, 2000.

[28] 李天. 超声速飞行器RCS总体设计技术, 101K0559 [R]. 沈阳: 601

所，2001.

［29］李天. 我国新一代战斗机的总体思路和发展设想［R］. 沈阳：601所，2002.

［30］朱宇，李椿萱，李天. CARET 进气道超声速气动特性研究［J］. 航空动力学报，2002，10.

［31］方宝瑞，李天. 高机动歼击机气动布局的一些问题［J］. 航空学报，1979.

［32］李静，李天. 进气道进口几何参数模糊优化设计［J］. 北京航空航天大学学报，1999，10.

［33］赵霞，李天. Investigation of Leading Edge Slates effects on aerodynamic characteristics of a combat aircraft［C］//第二届中俄空气动力学术会议大会发言稿. 北京，1992.

［34］李天，张利义. 复合平面形状机翼及其涡襟翼的低速风洞试验［C］//中国航空科技文献 HJB880593. 北京：航空航天工业部，1988.

［35］李天，付居强. 低阻外挂研究［C］//中国航空科技文献 HJB880603. 北京：航空航天工业部，1988.

［36］李天. 双三角翼布局的高速气动特性研究［C］//中国航空科技文献 HJB900916. 北京：航空航天工业部，1990.

［37］李天，张利义. 复合平面形状翼身融合体气动布局研究［C］//空气动力学研究文集. 沈阳：国防科技预研空气动力学项目管理办，1992：273－285.

［38］李天，张利义. 超声速巡航战斗机气动布局研究［C］//中国航空科技文献 HJB931156. 北京：航空航天工业部，1993.

［39］高为民，李天. ××机"98"型第一期低速试验研究［C］//空气动力学研究文集. 沈阳：国防科技预研空气动力学项目管理办，1998：203－213.

［40］李天，赵霞. 新一代战斗机先进气动布局研究［C］//空气动力学研究文集. 沈阳：国防科技预研空气动力学项目管理办，2000：203－210.

［41］李天. 歼7、歼8飞机的方向安定性研究［C］//军用飞机设计经验

选编. 沈阳：601 所, 1999：151-158.

[42] 李天. 歼 8 飞机减速板的气动力设计及改进 [C] //军用飞机设计经验选编. 沈阳：601 所, 1999：159-167.

[43] 李天. 新一代战斗机的气动布局设计问题 [C] //军用飞机设计经验选编. 沈阳：601 所, 1999：133-150.

[44] 李天. 新一代战斗机概念研究报告 [C] // 601 所建所 40 周年论文集. 沈阳：601 所, 2001：50-65.

[45] 王永恩, 李天. Su-27 飞机改××襟翼低速风洞试验研究 [C] // 601 所建所 40 周年论文集. 沈阳：601 所, 2001：161-183.

[46] 李天. 新一代飞机先进总体方案研究 [R]. 沈阳：601 所, 2001.

[47] 李天. 推力矢量设计技术 [R]. 沈阳：601 所, 2001.

[48] 李天. 新一代军用飞机气动问题研究, 413130301 [R]. 沈阳：601 所, 2001.

[49] 李天, 等. 航空气动力手册 [M]. 北京：航空工业出版社, 1978.

[50] 李天, 等. 航空气动力工程计算手册：第 1 册 [M]. 北京：航空工业出版社, 1995.

[51] 李天, 等. 飞机设计手册 [M]. 北京：航空工业出版社, 2000.

[52] 李天, 武哲, 李敬. 飞机外形参数的气动与隐身综合优化设计 [J]. 北京航空航天大学学报, 2001, 27 (1).

[53] 朱宇, 李椿萱, 李天. CARET 进气道亚声速气动特性研究 [J]. 北京航空航天大学学报, 2003, 29 (6).

[54] 李敬, 李天. 基于变权的飞机外形参数模糊优化 [J]. 北京航空航天大学学报, 2000, 26 (1).

[55] 李敬, 李天, 武哲. 模糊优化在飞机总体设计中的应用 [J]. 北京航空航天大学学报, 2000, 26 (1).

[56] 朱宇, 李椿萱, 李天. 一种 CARET 进气道超声速特性试验研究 [J]. 航空动力学报, 2003, 18 (2).

[57] 李天. 新一代军用飞机布局研究技术报告 [R]. 沈阳：601 所, 2003.

[58] 李天. 轻型多用途战斗机总体方案论证报告 [R]. 沈阳：601 所, 2003.

[59] 李天. 新一代飞机研制进展情况 [R]. 沈阳：601 所, 2004.

[60] 李天. 我国新一代战斗机气动布局研究进展 [C]. //中国科学院技术科学部第十三届技术科学论坛. 2004.

[61] 李天. 从范堡罗航展看军用战斗机的发展趋势 [J]. 飞机设计, 1996 (4): 1-5.

[62] 朱宇, 李天. CARET 进气道研究综述 [J]. 飞机设计, 2003 (3): 1-6.

[63] 梅东牧, 李天. 隐身技术在进气道设计中的研究 [J]. 飞机设计, 2003 (3): 6-9.

附录三 院士文稿

我的良师益友
——贺顾诵芬院士80华诞

顾诵芬院士1951年从上海交大毕业开始参加航空工业建设至今已近60年了，这60年来他一直勤奋地为我国航空工业振兴，推动军、民用飞机的研制与发展呕心沥血地工作，建立了不可磨灭的丰功伟绩，是当之无愧的中国飞机设计大师。他以航空界的科学院院士参与组建中国工程院的工作，推荐了一批工程院院士，他在航空界及中国科技界是德高望重的。如今，他虽已近80岁高龄，但仍在为中国的大飞机，各种军用飞机，以及航空技术远景规划等不遗余力地勤奋工作着，在一系列的科学技术活动中，依然能看到他那活跃而矫健的身影。

我有幸从1963年开始同他一道在601所工作，他为航空献身的强烈事业心、勤奋学习、严谨治学的精神，以及高尚的人格魅力影响了我一生，我的成长和进步与他的亲切教诲、无私的帮助，以及热情的支持是分不开的，可谓是我的良师益友。

一、勤奋学习、刻苦钻研，大家称他为"活图书馆"

1963年7月，我从清华大学工程力学数学系毕业分到601所气动力室的导数组工作。当时顾院士是室里的唯一少校工程师（7级），指导操稳组、导数组、载荷组及性能组等专业的工作。他给我的第一件工作是建立飞机动导数的计算方法，他随手拿纸就写出十几篇美国NACA的各种报告，包括名称、文献号和主要内容等，让我仔细阅读，从中寻求好的计算方法。他对601所图书馆中几千篇美国和北大西洋公约组织的文献资料都通读了一遍，重要的文章他都熟记了。

室里同志想要找哪方面的资料，只要问一下他，他马上脱口而出，告诉你文献号及文章题目、概略内容，以及在图书馆第几排第几格上的位置，因此大家都称他为"活图书馆"。他所以有这个本领，一是他勤奋学习，抓紧一切时间读书；二是有惊人的记忆力，看过一遍全记住了。当时老同志说起顾院士爱学习精神的一个故事，那是 1960 年困难时期，每月粮食定量不足 30 斤，肉、油很少，大家都吃不饱。为了节省体力，晚饭后都早早上床休息，而唯独顾院士是每晚打一壶热水，坐在床边一边泡脚，一边手里拿一本书看到深夜才上床睡觉，可见他的勤奋好学、持之以恒的可贵精神。

二、认真履行总设计师职责 对工作严谨求实

他对工作极端认真、严谨。我负责计算出的歼 7 和歼 8 飞机的动导数及编写的报告，他不仅在文字上严格要求，连标点符号都给予更正，对近千个数据的计算结果他更是亲自一个数据一个数据地校对，发现了不少错误，并进行更正。他这种认真负责的精神深深打动了我，使我在以后的工作中更加细致、认真。

超声速飞机的方向安定性是设计超声速战斗机必须满足的一个重要指标，它是保证高速飞机飞行安全和实现大迎角高机动的重要因素。在飞机设计过程中，必须确定飞机的方向安定性，即 $C_{n\beta}$ 值。当时，由于技术储备不够，还无准确的计算 $C_{n\beta}$ 值的方法，主要靠风洞试验来确定。在摸透米格 – 21 气动特性时，我们在 AT – 1 风洞测得的 $C_{n\beta}$ 在马赫数 2.0 时的数值与苏联资料值相差近 10 倍，这个问题不澄清，将直接影响歼 8 飞机的自行设计，这成了气动力设计的一个关键问题。为此，顾院士经过研究和思考，决定从两方面进行：一是试飞测 $C_{n\beta}$ 值，二是对风洞试验不模拟的因素进行研究。关于试飞测 $C_{n\beta}$ 问题，当时国内从未有人做过。顾院士在参阅了大量国外有关文献资料后，经分析研究，首次提出了用时间向量法试飞测米格 –21 的方向安定性的方案。他亲自推导公式，确定测试参数和试飞方法，向试飞员葛文墉（原空军副参谋长）讲解试飞中的动作和应注意的问题，特别是脉冲蹬舵要非常准确的要求。同时，他和大家一起在现场及时计算分析每一个起落的数据，然后确定下一个起落的试飞科目。

工作中他虽然是领导，但和大家打成一片，亲自计算，认真分析数据，详细向飞行员交待试飞应注意的问题。他的忘我工作、一丝不苟、认真细致的作风给我们新同志树立了良好的榜样，是我们心中的楷模。经过半个多月的奋战，终于首次在国内成功地测得了米格-21在马赫数2.0时方向安定性的大小（即 $C_{n\beta}$ 值），也摸清了超声速战斗机在最大飞行马赫数时应有的方向安定性指标。与此同时，顾院士又详细研究了风洞试验结果，发现由于风洞尺寸较小，风洞试验模型并没有完全模拟真实飞机的条件，不同之处是：飞机翼面是弹性的，风洞模型是刚性金属的；飞机机头进气，尾部喷气，而模型头部用堵锥代替，尾部因加支撑而加粗且无喷流。据此，他提出请管德院士（当时气动弹性室主任）负责垂尾、机翼等翼面弹性修正的理论计算，进气影响由我计算，而尾喷流影响国内从未做过，他找到北航的陆士嘉教授与徐华舫教授共同商量如何利用北航G-3超声速小风洞做垂尾部件有无喷流对方向安定性的影响试验。由于要模拟喷流，不能在翼面上开测压孔把管子从尾部引出的方法。他提出利用测压耙在垂尾表面移动测出压力变化的方法，北航接受了该项任务，并加工了尾喷流模型及测压耙等测量装置。试验于1966年6月开始，顾院士派我去北航参加试验及分析数据。开始由陆士嘉教授、徐华舫教授及青年教师李志芳、徐长林和陆志芳等共同参加，后来"文化大革命"开展起来，学校停课闹革命，青年教师都出去串联了，试验只能由陆士嘉教授、徐华舫教授和我，以及实验室工作人员共同进行，二位老教授每天按时上下班，和我一起换模型，处理数据，在风洞里爬上、爬下，他们对航空事业的热心支持及认真负责的精神对我也是一种教育，值得我们学习。试验过程中，顾总经常来电话询问进展情况及应注意的问题，他及时的指示和帮助使我们的试验比较顺利地完成了。这也是中国自己第一次开展超声速尾喷流对方向安定性影响的试验，得到了在大马赫数下飞机在有侧滑时尾喷流对垂尾方向安定性不利影响的可靠数据，为修正全机风洞试验数据提供了可靠的依据。在顾院士领导下，完成了试验和理论计算，利用这些修正量对全机风洞试验数据进行修正计算，他提出了对全机每个气动导数的修正方法，并与大家一起进行计算和认真分析每一项的影响量级。采用他提出的方法对风洞测得的方向安定性导数进行修正后得到的结果与试飞测得的值基本一致,证明他建立的修正方法是正确的。由此也准确地给出了歼8飞机的垂尾及腹鳍的设计参数。在此基础上,他又提出了一整套对飞机从风洞试验测得的气动导数进行修正的方法,该方法不仅用于歼8及歼8Ⅱ飞机的气动设计,保证了歼8飞机的飞行性能和操纵品质全面达到了设计指标要求,而且也成为后来进行新机气动设计所使用的方法,并推广到其他主机所广泛应用。

在歼8Ⅱ飞机设计中,作为总设计师的顾院士,不仅解决了由机头进气改为两侧进气的难题,为我国超声速飞机采用侧面进气道的设计方法开辟了道路,还解决了改成两侧进气后其大马赫数方向安定性不足及横滚特性差的问题。为保证研制进度,他亲自组织领导了方案论证、成品协调、样机生产、技术设计和攻关,以及放飞评审全过程的工作。对每一份技术报告及重要图样都仔细审校,包括报告的技术内容,以及文字、标点。他一天工作长达十二三小时,周日也不休息。在一次与气动室进气道组讨论方案时,听到助理叫他到总师办接电话,他抬腿就往外跑,一不小心被拖把绊了一下,摔成轻度脑震荡(头部有个裂纹)。在医大治疗时,每天仍听汇报、发指示。稍稍恢复一点就急着上班了。他的忘我工作精神和对工作认真负责的态度对我产生了很大的影响。

三、勇于探索,具有献身航空的精神

歼8飞机上天后,试飞中在跨声速区出现强烈振动,影响飞机的操纵,成为设计定型的一个拦路虎。顾院士与大家一起分析原因,他提出在风洞中进行尾部流态观察,当时我国只有沈阳气动院的AT-1高速风洞,其试验段尺寸是0.6米×0.62米,尺寸太小,雷诺数小,支撑尾部又不能完全真实模拟。他初步确定振源在后机身,属于跨声速抖振现象,采用加导流片、开进气口、加"裙边"等措施都未彻底解决抖振问题。1978年夏季,顾院士怀着对工作高度的责任感和强烈的事业心,在当时没有空测条件情况下,提出亲自上天观察歼8飞机后机身流场的大胆想法。这对一个年近半百(48岁),长期从事脑力劳动缺乏体育锻炼、体质健康状态一般又从未接受过飞行训练的顾院士来说是有很大风险的。

因为乘歼教6飞机上天，要同歼8飞机保持近距离等速飞行，有时偏离要有4~5g的过载机动才能保持姿态，要承受4~5g载荷对普通人来说也是难以忍受的。但他决心已下，先取得试飞员鹿鸣东的支持，然后又说服了领导，瞒着爱人，依然决定乘歼教6飞机上天，与歼8飞机进行等距离、等速度，在不同高度、不同速度及不同方位上观察歼8飞机后机身贴毛线条显示的流场情况。第一次上机他是自己骑着他那辆断把的自行车由所里到沈飞公司试飞站的。一次空中观察没有完全解决问题，接着又第二次、第三次上天，直至用望远镜仔细观察，终于发现是后机身机尾罩与平尾后缘根部形成的锐角区造成了气流严重分流（该区毛线全部撕掉）所致。他提出采用局部整流包皮修型方法，并亲自做了整流包皮的修型设计，他与工厂工人师傅一起改装，经试飞证明此法非常有效，彻底排除了跨声速抖振现象。顾院士为歼8飞机设计定型解决了关键问题，做出了非常重要的贡献，使歼8飞机于1979年顺利通过设计定型。顾院士的行为深深感动了我们设计人员，他的赤胆忠心、无私奉献，热爱航空的精神给我留下了深刻的印象，是我学习的榜样。

四、高瞻远瞩、积极探索、勇于创新

顾院士在担任601所所长兼总设计师时，除抓好型号研制外，还不忘"探索一代"的预先研究工作。20世纪70年代末，他提出要研究新的边条翼布局，并委派我和程映雪、何辅佽等人到北航与流体所的刘谋佶教授、邱成昊、吕志咏等青年老师进行合作研究。他提出从流动机理、流态分析与测压测力相结合，摸清边条翼布局的气动特点。他亲自参加会议，指导修改研究计划和设计方案，指出流动机理与工程应用要相结合，找出参数影响规律。他亲自查阅许多外文报告，指出重点阅读的文章。他还多次听取我们与北航研究的阶段成果汇报和审阅技术报告，指出应注意的方向，通过两年多的理论与试验研究，使我们掌握了边条翼布局的特点和设计方法。该技术的掌握，使顾院士在歼×飞机布局设计中果断的采用了边条翼布局方案，通过打样设计和近万次的风洞试验，其气动性能达到了美国F-16的水平，也使我们的气动布局研究跨上了一个新台阶，这和顾院士具有高瞻远瞩、积极探索、勇于创新的精神是分不开的。

歼 8Ⅱ飞机上天，新歼立项后，对战斗机如何发展顾院士在 1985 年提出要考虑如何对付美国 F－16 以后的新一代战斗机——ATF 的问题。尽管当时目标还不十分明确，但他说服了航空工业部科技局及当时的国防科工委六局的领导，在国防科工委"七五"预研规划中设立了《先进气动布局研究》课题。他提出研究具有高机动和超声速巡航能力的气动布局方案，并让我担任该课题的课题组长，组织 601 所、611 所、北航、南航、西工大、气动院（当时的 626 及 627 所）及 628 所等单位参加，共同攻关。从制定课题研究目标、任务及主要研究内容及确定技术途径等，他都亲自与我们讨论、研究并提出中肯的意见。我经常向他汇报课题进展情况及遇到的困难，请他给予帮助。型号工作再忙，他总是抽出许多时间研究国外的进展情况，指出我们要在考虑国外资料情况下进行布局的创新研究。每年开课题年会，他都亲自参加并做学术报告，指导课题的工作进展。在他的指导、参与下，课题组经过 5 年的攻关，完成了双三角翼融合体带涡襟翼的先进气动布局方案，具有低的超声速阻力和高的升阻比气动特性，该课题成果获得部级科技进步二等奖。

1986 年，他又向航空工业部提出开展隐身技术的研究，当时虽然有些高等院校教师已开始探索隐身特性的计算方法研究，但主要是机理和算法，还没考虑与型号结合的问题，航空工业部科技局取得国防科工委的同意，于 1986 年下半年决定开展隐身技术课题研究，由 601 所牵头开展研究，顾院士决定由我担任课题组组长，组织航空工业部的研究所及高校参加（包括北航、南航、西工大、601 所、621 所、611 所和 620 所等多名专家教授）。顾院士提出要以型号为牵引，以歼 8Ⅱ飞机作为研究对象，从机理方法着手，找出主要散射源，提出减缩措施。在他的指导下，该课题在"七五"期间也取得了很大成绩。

1986 年底，顾院士调到航空工业部科技委任副主任，负责预研工作。当时由 601 所负责的在歼 8 飞机上进行模拟式电传操纵系统改装的演示验证项目正在进行。由于电传操纵系统是一种先进的飞机综合操纵系统，是第三代战斗机必须采用的新技术，用电传系统取代了常规的机械操纵系统，试飞验证有很大的风险，国外在验证该项技术时有多次机毁人亡。为保证该重点课题的顺利进行，航空工业部任命顾院士为行政总指挥，负责协调多方关系和技术攻关工作。1988年10月，在歼8飞机加纵向模拟电传操纵验证机首飞前一个月，他由北京来沈阳蹲点，因该项目负责人李明院士去美国参加"八二工程"工作，不在国内。当时我是该项目的副总师，每天陪同他到工厂里工作。他对每一项地面试验、技术方案、飞机改装情况都认真仔细的审查。已年近60的顾院士还多次爬到飞机机翼和尾部上亲自检查操纵系统和舵机的工作情况。出于安全考虑，我曾几次阻止他爬上高的飞机在机身上面检查，但他都说："试飞的安全比人的安全更重要，我一定要亲自看看飞机改装情况，否则不放心。"他这种忘我工作、认真负责的精神又一次教育了我。在沈阳的一个多月里，他亲自组织大家及时解决出现的各种问题，每天都开碰头会，既保质量又保进度，保证首飞的万无一失。他还亲自主持了首飞前的评审工作，保证了该机于1988年11月首飞成功，并连续完成了25个无故障试飞起落，圆满地完成了验证任务。接着在1989年11月顾院士又从北京来到沈阳，与李明院士一起组织领导大家完成了歼8飞机加纵向数字式电传操纵系统的首飞前各项试验和评审工作。通过一个多月的努力，于1989年12月30日实现了首飞，接着飞行了46个起落，完成了验证任务。顾院士为我国掌握三代机必备的先进主动控制——电传操纵技术做出了重大贡献，也为我们树立了献身航空、精益求精、一丝不苟工作的典范。

"七五"期间航空预研没有背景型号，当时我负责《先进气动布局研究》和《隐身技术研究》课题，其间多次与顾院士讨论"八五"期间应开展什么新的课题研究，我觉得除上述两个课题外，还应增加一个飞机总体综合研究课题，因气动与隐身都和外形有关，各自研究气动、隐身领域的关键技术是必要的，但最终在飞机上还需要将气动与隐身综合起来应用。他积极支持这个想法，并与张耀常务副院长进行沟通，取得他的支持后，顾院士让我起草课题研制任务书，他认真修改后，通过航空工业部科技局交到国防科工委六局得到认可，决定作为"八五"期间航空工业部的一个重点课题，名称为《飞机总体综合设计技术》，并任命我为课题组组长，成员有601所、611所、620所和615所等单位。

课题组聘请顾院士、张耀副院长、空军编研室主任朱荣昌研究员、空军司令部朱宝鎏研究员及海军蒋都庭研究员为顾问。每年课题组开年会，他们都参加，对课题的方向、研究路线及内容给予非常重要的建议。顾院士每次都做一个专题发言，介绍国外的进展情况，并谈一些他的想法，对课题研究具有很大的指导意义。平时他经常听取我关于课题进展情况的汇报，并给出一些方向性的指示。

在1988年10月，航空航天工业部重建中国航空研究院，顾院士任副院长。他邀请多位空海军的专家（包括朱荣昌、朱宝鎏、蒋都庭等）进行咨询和座谈，倾听他们对未来战斗机的发展趋势及选择哪些预研题目作为研究方向的意见。顾总综合了大家的意见，认为应把针对美国ATF的下一代战斗机作为背景项目开展相关的预研工作，该想法得到了张耀常务副院长的支持。1991年3月，应顾副院长的邀请，苏联科学院院士比施根斯为团长的苏联中央流体动力研究院代表团（包括研究院的各大部部长）到中国访问，在北京做了短暂停留后，由顾副院长亲自陪同到601所进行访问和讲学。在沈阳期间，经过顾副院长与比施根斯团长共同协商签定了由苏联中央流体动力研究院评审我国设计的远景飞机总体方案的协议，从此打开了中俄在航空科技领域的技术合作。601所让我负责对俄合作，领导远景飞机总体方案的研究。期间我多次到北京与顾副院长汇报我们的方案进展情况及存在的问题，他抽出很多时间详细审阅我们的报告，对我们提出的问题引经据典给予详细的回答，使我们的方案得以顺利的完成。

1991年8月，正逢苏联政局变化，我外交部建议不去苏，但比施根斯副院长不顾这种形势，连续来三次电报要我们送方案去。在这种形势下，顾副院长决定派我和倪景连、郭金锁三人去苏送方案。我们如期送到，比施根斯副院长亲自接见我们，召集各大部长与我们见面及布置评审工作，同时安排我们参观了苏联中央流体动力研究院的主要实验室，使我们大开眼界。"九五"期间总装备部确定飞机总体综合技术为预研重点课题。部里确定由我担任组长，由601所、611所、626所、627所、620所及北航、南航、西工大等单位参加，联合攻关。从而开始了我国新一代飞机的预研。回顾这段历史，充分说明，顾院士是我国在航空领域与俄进行合作的倡导者，开拓者和指路人，也是我国新一代飞机预研的开拓者和奠基人。没有他的热心支持，积极推进，我国新一代飞机的发展不会这么快，这是历史的事实，顾院士的贡献是功不可没的。

回忆这46年与顾院士相处的日子，使我深深感到，我的成长和进步与顾院士的指导、帮助和关怀是分不开的，他确实是我的良师益友。

艰苦的岁月

——忆刚参加工作时的几件小事

1963年7月，我从清华大学工程力学数学系流体力学专业毕业，怀着一颗为祖国航空事业献身的雄心壮志，来到601所工作，开始了我的人生旅途。弹指一挥间，44年过去了，回忆所走过的历程和往事，历历在目。特别有幸的是我参加了我国自行研制的第一架高空高速战斗机的全过程，在那艰苦的年代，奋发图强，努力拼搏，受到很大的磨炼，为后来在事业上的成功打下了坚实的基础。

601所于1961年8月成立，地址在沈阳后塔湾的一个原炮兵学校里，当时国家经济比较困难，无力修建设计楼，就因陋就简，把原学校的教室改成设计室和实验室，一个房间摆二十几张桌子，大家在一起办公，很拥挤。青年设计人员都住双层铺（上层放东西，下层住人）的集体宿舍（也是二十几个人一个大宿舍）。尽管生活条件较差，但大家都有一颗航空报国的事业心，不怕艰苦，不计报酬，全身心地投入到新战斗机的设计和研究工作中去。新机从1963年开始立项论证，到1969年7月首飞上天，仅仅用6年时间就自行研制出与F-104、F-4性能相当的超声速战斗机，创造了我国航空史上的奇迹。该飞机的研制成功，标志着我国年青一代飞机设计师们奋发图强，努力进取，通过自己的实践，开拓出符合国情的自行研制现代超声速战斗机的道路，开创了我国航空工业独立自主发展的新起点。也是坚持立足国内，自力更生、自主创新的典范。1985年该机被授予国家科学技术进步奖的特等奖。下面回忆我亲身经历的几件小事，希望对年青人有所帮助。

一、苦读"缩微卡"，获取新信息

1963年9月，我被分到气动力研究室，室领导让我搞飞机气动特性计算方法研究，特别是超声速大马赫数下气动特性以及动导数的计算还没有成熟的方法，在国内是第一次设计超声速飞机，苏联专家提供的资料也没有，只能自己去收集国外资料，通过分析综合给出计算方法。当时国外情报资料较少，有参考价值的外文资料多是缩微卡（用照相机拍的黑白胶卷），需要在特制的显微阅读仪上阅读，全所只有三台这种阅读仪，集中放在一间暗室里供大家使用。由于任务紧，那段时间里每天一上班我就到黑暗的阅读仪房间阅读英文资料，一坐就是4小时，中午吃完饭又继续阅读到下午下班。晚上到办公室整理、归纳一天的收获。经过一个多月的奋战，查阅近百篇有关的资料、文献及技术报告，通过综合分析，公式推演，算例验证，终于建立起一套计算飞机气动力动导数及大马赫数下静气动特性的计算方法，为战斗机的气动布局设计提供了必要的手段。对比今天的工作环境，601所现在的图书馆已建成电子书库，每人办公桌前都有一台计算机，只要把你想要查的资料名称输进电子书库，一二分钟资料就出现在你的屏幕前，好的资料马上就可打印成纸制的，方便极了，再也不必像我们20世纪60年代那样，每天去有阅读仪的暗室去阅读外文资料了。现在回忆起来，通过那段的苦读，不仅积累和掌握了大量有关飞机气动力设计的资料和文献，学到了课本中所没有的知识，充实了自己的专业基础，也锻炼了自己勤奋读书，刻苦学习的坚强意志，只要有强烈的事业心和追求的目标，就不怕苦，不怕累而忘我地工作。这也是今天年青人应该具备的品格。

二、风洞试验中的"苦"与"乐"

风洞是飞机空气动力设计所不可缺少的试验设备，它是按一定设计要求，在管道内（称试验段）产生可控制的各种速度的人工气流，该气流流过装有天平的飞机模型，测出其升力、阻力等气动性能，为设计飞机提供气动力数据。我国航空工业起步晚，经济实力较差，20世纪60年代国内只有尺寸较小的3米量级的低速风洞和0.6米的高速风洞试验设备，测试设备也比较落后。1964年开始方案设计，领导分配我负责飞机的垂尾及减速板的布局方案选择，我在收集分析大量文献资料及多种飞机参数的基础上，根据我们飞机的技术要求，提出了多种方案，通过大量的理论计算和对比分析（当时只有计算尺和手摇计算器，为计算须不断地摇计算器手柄，手都摇酸了，不像现在用电子计算机省力又省时），最终选出三种垂尾、四种减速板方案，设计加工成试验模型，到高、低速风洞中去验证计算结果和选优。那时风洞单位还无高速计算机，每次吹风试验完成后，只能给出各迎角下对应的升力、阻力和力矩数值，需要我们参试人员自己在方格纸上一点一点地画出来，一项试验下来需要画几百张曲线。在选方案试验过程中，为决定下一次的试验内容，需要对上次的结果给出结论，我们就在现场画，分析研究确定下一次的试验内容（现在吹风试验完，计算机马上就把试验数据及试验曲线打出来了，及时供分析用）。当时试验工人只有一两个人，模型复杂，为抢时间我们就和工人一起爬进风洞帮助换模型。低速风洞是回流封闭式的，夏天风洞里温度高达50~60摄氏度，大家都光膀子干，尽管很热，呼吸困难，但为了选出好的方案，都不计较这些了，特别是当试验结果与计算结果比较一致时，真是高兴极了。回想当年参加风洞试验工作真是苦中有乐。如今风洞试验设备和试验环境都大大改善了，与当年相比，参试人员再也不用自己点点画曲线和换模型了，真是天壤之别，现在年青的气动力设计师们真幸福啊，希望他们在这种好的条件和环境里为新一代飞机设计做出更大的贡献。

三、突破高速风洞尾喷流试验难关

飞机在飞行中，发动机燃烧的气体是由尾部喷管排出的，特别是战斗机，尾喷流温度高、速度大，对飞机尾部的垂尾及平尾的流场影响很大。当时由于条件限制，国内在风洞里还没有做过模拟尾喷流的试验。为了摸清尾喷流在超声速飞行时对垂尾效率的影响，当时任601所副总设计的顾诵芬请北航陆士嘉教授、徐华舫教授等帮助解决这个问题，并确定在北航G-3超声速风洞（风洞试验段尺寸只有0.3米×0.3米）做喷流模拟试验（引一股高压气流到风洞里再由飞机模型尾部喷出），1966年6月派我去参加试验和分析工作，试验设备和装置比较简陋，用自制的六排测压耙测垂尾表面的压力分布，没有扫瞄仪，用水银柱测压仪记录压力变化，每次试验完，我和北航的老师们一起读水银柱和记录数据，用手摇计算机进行积分计算。算出有无喷流的压力分布和侧力以及偏航力矩。学校没有试验工人，我和徐教授既当工人又当试验员和分析员。试验实行两阶段，到1967年"文化大革命"处于高潮时，年青教师和学生都停课闹革命去了，我就和陆士嘉教授（留德的博士，著名流体力学家普朗特的学生）、徐华舫教授一起进行试验，他们没有一点老教授的架子，知道我们这项任务是为新飞机设计服务的，都愿意为我国航空事业的发展贡献一点力量。他们工作非常认真，不辞辛苦，爬上爬下，每天都早来晚走，他们这种认真负责、一丝不苟的精神对我是一个很大的教育，在他们的帮助下，试验圆满完成。虽然办法比较土（现在采取在翼面上开测压孔直接测出压力变化的方法），但所得的修正量与试飞结果很相近，表明试验方法及结果都是正确的，同时也摸清了喷流效应的流动机理。在此也要感谢两位老教授，当时"文化大革命"正处高潮，学校不仅学生不上课，教师的科研活动大多数都停了，青年教师也出去串联了，这几位老师出于对航空事业的热爱，不计报酬，不怕吃苦，每天坚持来工作的崇高精神，给我很大的鼓舞和激励，使我更加坚定对航空事业的执著追求。

四、首飞前的气动力攻关

为保证新机首飞的安全，一般在首飞前半年多的时间里要对设计方案、数据进行复查。1969年初，在复查时发现飞机在起飞着陆状态的气动焦点位置及平尾效率有些问题，这是直接关系到飞机起飞着陆安全的大问题，上天前必须澄清和加以解决。为此成立了攻关组，我是成员之一，主要负责低速风洞试验工作。当初选方案及校核风洞试验都是在原哈尔滨军事工程学院 103 风洞完成的，为了澄清问题和给出准确的数据，决定先在哈尔滨少做一点补充试验，然后把模型运到北京 701 所的低速风洞再做对比试验。我先去哈尔滨很快完成了补充试验，然后联系挂专列把模型运到北京之事，由于时间紧，在通过军管会及铁道部特批下，决定挂一节专列货装模型去北京，并要求我们派人押运模型，当天下午就要发车，所里来不及派保卫科的人去哈，就让我跟货车押运模型到北京，当我把所有手续办完，模型装好，离发车时间只有半小时了。那时我爱人在黑龙江商学院任教，商学院离哈尔滨火车站很远，20 世纪 60 年代不仅没有手机，连电话都不好打，来不及回家取牙具及换洗衣服，也没有与她打招呼，就什么也没带匆匆登上了南下火车，直接去北京了。为了保证飞机早日安全上天，必须尽快完成北京的风洞试验，只好"过家门而不入了"。

模型到北京后，大家齐心协力，试验很快就开始了，为抢时间，每天 24 小时风洞不停地运转，试验分三班倒，我负责数据分析，为保证试验顺利进行，每天只睡几小时（基本上是连轴转），经过 5 天奋战，终于把问题澄清了，结论很快送回所里，放飞评审顺利通过了，新机如期首飞了。

回顾 20 世纪 60 年代为新机上天所做的努力，感到很欣慰，也很幸运。刚刚参加工作，就面临一个难得的机遇——自行设计高空高速战斗机，也面临很大的挑战——没有外援，没有成熟的经验和设计资料，遇到这种情况，需要勇气和自信，勇气来自愿为我国航空事业贡献终生的理想和追求，自信来自相信自己的能力和具备刻苦钻研，勇于创新的精神。

我对航空的热爱始于高中时读到的一本《星际来客》的幻想小说，神秘外星人到地球的来访以及有关火星上是否曾有人类的争论都引起了我的极大兴趣，后来读到有关俄国的莫扎伊斯基设计制造第一架单翼机的故事（1884 年，只跃飞了 20~30 米距离）以及美国莱特兄弟于 1903 年设计出世界上第一架有动力、可操纵、能持续飞行的飞机试飞成功从而开辟了航空新纪元所做的艰苦努力的事迹，开始关注世界各国飞机的研制与发展，并把兴趣转向了流体力学和空气动力学方面。看到美、苏在航空航天事业上的飞速发展，军民用新飞机不断飞上蓝天，而我国自19世纪最早的飞机设计师和飞行家冯如在1909年制成第一架飞机后，直到1958年才有中国自行设计的第一种飞机——歼教1飞机（此时美国已装备了F-4、F-105，苏联装备了米格-21等先进的战斗机），我们与美、苏在航空领域的差距是巨大的。这也激励了我要为我国航空事业的振兴及追赶世界先进水平而努力学习和工作，为航空事业贡献毕生的精力成了我不可动摇的理想和追求。在40多年的生活旅途中，遇到了各种风浪，苦难和干扰，但为祖国的航空事业奋斗终身的理想丝毫没有动摇过，这也是使我40多年来能够始终坚持在航空第一线奋力拼搏，刻苦钻研，勤奋工作，永不放弃的动力。

今天年青一代的飞机设计工作者比我们这一代人更幸运，因为你们处于经济和科学技术飞速发展的21世纪，比起20世纪六七十年代有更好的生活，更优越的工作条件，有更多获取信息的途径和治学的方法，有更丰富的知识资源，更广泛的深造与发展的机会，缺少的是没有经过艰苦的磨炼，但只要有发奋图强，为国争光，把个人与祖国紧密连在一起的雄心壮志，勤奋学习和工作，大胆创新与实践，就会在科学和工程发展史上留下你们光辉的足迹，成为对祖国有贡献的科学家和工程师，年青的科技工作者们，努力吧，我预祝你们成功！

中航工业601所　李天

作 者 简 介

徐德起，辽宁省阜新人，1940年8月生。1964年8月毕业于哈尔滨工业大学航空工程系，同年分配到沈阳飞机设计研究所工作。历任设计员、专业组长、基层支部书记、所团委书记、所党委宣传部长和所工会主席等职务。技术职称为研究员。于2000年退休。工作中曾多次立功受奖，在《航空政工研究》、《航空文艺》和《辽宁工人》等杂志和《中国世纪改革与决策文库》等书刊中发表过文章。

徐德起